KB265791

고전소설과 삽입
문예 양식

고전소설과 삽입
문예 양식

경일남 著

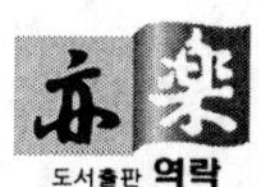

도서출판 역락

소설은 인간의 삶에 대한 이야기다. 그 이야기에는 우리와 닮은 인물들이 등장하고, 그 인물들은 그 속에서 살아 움직인다. 그들은 우리 인간이 그러하듯, 이야기 속에서 생각하고, 행동하고, 느끼고, 말하고, 노래하고, 글을 쓰기도 한다. 소설은 이야기 속의 인물들이 만들어 내는 이 같은 행동과 사고와 감정과 언어 등을 씨줄과 날줄로 삼아 엮어 짠 비단과 같은 존재다.

고전소설에 등장하고 있는 인물들도 이야기 속에서 생각하고, 느끼고, 행동할 뿐만 아니라 말하고, 노래하고, 그리고 여러 문체의 글을 쓰기도 한다. 그리하여 고전소설에는 이들 작중 인물들의 목소리와 더불어 그들이 만들어 내는 다양한 양식의 시가와 산문이 뒤섞여 있다. 이러한 각양각색의 언어 형식들은 제 각각 효과적으로 작용하면서 하나의 이야기가 형상화되는데 기여하게 된다. 이들 다양한 언어 양식의 실상은 어떤 모습이며, 이들은 작품 내에서 어떤 역할을 담당하는가를 밝혀보고자 하는 것이 이 책의 의도다.

이 책은 크게 두 부분으로 구성되어 있다. 제1부는 고전소설 속에 삽입되어 있는 산문 양식의 실상과 기능에 대해 살펴본 것이고, 제2부는 불교 서사물에 끼어 들어 있는 운문 양식의 실태와 기능에 대해 검토한 것이다. 이러한 작업은 고전소설과 불교 서사물에 녹아들어 있는 다양한 언어 양식 중의 일부만을 살펴본 것에 지나지 않는다. 나머지 작업은 앞으로의 과제로 미룬다. 이 책 속의 글들은 대부분 그동안 발표했던 논문들이다. 그 글들의 일부 내용은 수정·보완하기도 하였으나, 이들 논문이 발표된 이후에 나온 이 방면의 업적들은 미처 수용하지 못했다.

이 글들이 한 권의 책으로 엮어지기까지 학문적으로 큰 가르침을 주신 사재동 선생님께 깊은 감사를 드린다. 그리고 부모님께도 이 자리를 빌어 고마움을 표하고 싶고, 사랑하는 아내와 두 딸이 이 책을 자랑스럽게 생각했으면 좋겠다.

끝으로 어려운 출판 상황임에도 불구하고 출판을 맡아준 이대현 사장님과 도서출판 역락 여러분께도 감사를 드린다.

2002년 12월

경일남

차 례

제2부 불교 서사물과 삽입 운문

제1부
고전소설과 삽입 산문

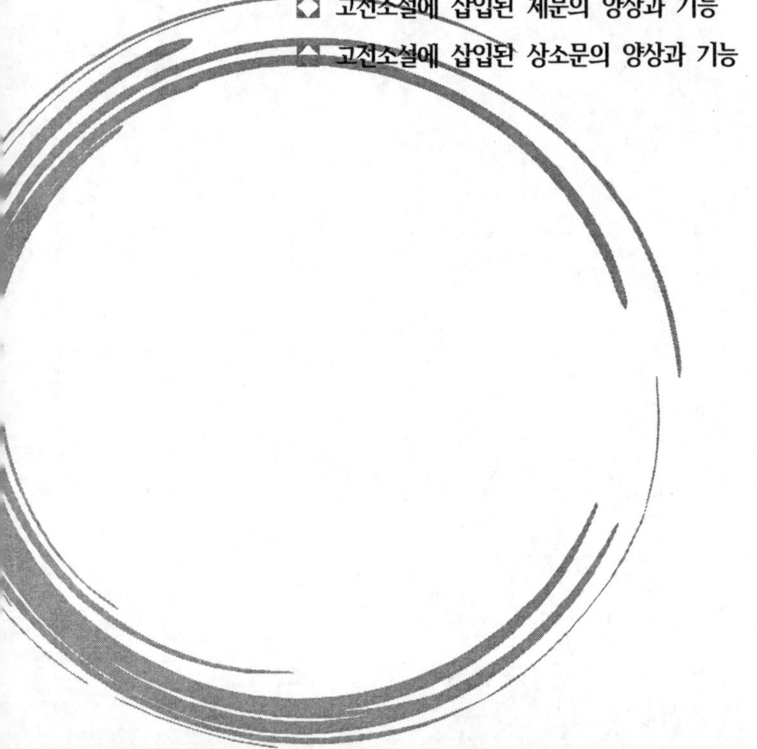

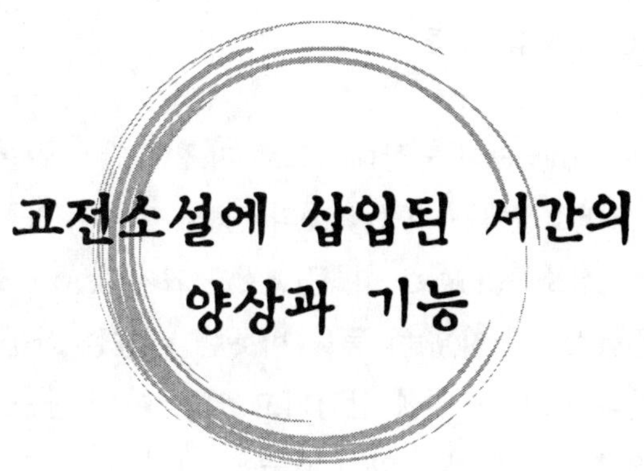

고전소설에 삽입된 서간의 양상과 기능

1. 머리말

고전소설에는 다양한 양식의 시가와 산문이 삽입되어 있으며, 이들은 작품 내에서 중요한 문학적 기능을 발휘하기도 한다. 그리하여 학계에서도 이들 삽입 문예 양식에 관심을 보여, 삽입 시가(揷入詩歌)와 관련된 연구는 이미 상당한 진전을 보이고 있다.[1] 그러나 삽입 시가에 비해 삽입

---

1) 이 방면의 연구 업적은 많이 축적되고 있는데, 그 중 일부를 제시해 보면 다음과 같다.

김동욱, 「판소리 삽입가요 연구」, 『한국가요의 연구』, 을유문화사, 1961.

설중환, 「금오신화의 삽입시 연구 시론」, 『논문집』 1, 우석여대, 1980.

민병수, 「한문소설의 삽입시에 대하여」, 『한국고전산문연구』, 동화문화사, 1981.

문영오, 「한문소설에 삽입된 한시의 기능연구」, 『국문학연구』 제4집, 동국대 한국문학연구소, 1981.

김창현, 「조선조 소설에 삽입된 시가의 기능 연구」, 한양대 대학원, 1983.

이승복, 「고전소설의 서사구조와 삽입 시가의 기능」, 『국문학연구』 제76집, 서울대 산문(揷入散文)에 대한 논의는 상대적으로 미흡한 단계에 머물고 있는 실정이다. 기실 고전소설에는 다종(多種)의 시(詩)·가(歌) 양식의 글 외에도 서간문(書簡文)·상소문(上疏文)·비문(碑文)·교지(敎旨)·조서(詔書)·비답(批答)·표문(表文)·소지(所志) 등을 비롯한 다양한 산문 양식의 글이 개입되기도 한다.[2] 고전소설에 삽입되고 있는 이들 산문 역시 작품 내에서 적잖은 역할을 담당하고 있기 때문에, 이에 대한 연구 검토도 보다 활발해질 필요가 있다 하겠다.

고전소설에 수용되어 있는 다종의 삽입 산문 가운데 특히 주목되는 양식은 서간(書簡)이다. 서간은 고전소설에 삽입된 여러 산문 양식 중 출현 빈도가 높을 뿐만 아니라, 작품 내에서 차지하는 비중도 크기 때문이다. 이로 인해 고전소설에 삽입된 서간에 대한 검토가 그간 학계에서 부분적으로 시도된 바 있기도 하다. 일찍이 김일근(金一根)은 고전소설이 서간 양식을 채용하여 성공을 거두고 있다는 사실을 지적함으로써 삽입 서간의 중요성을 부각시켰다.[3] 또한 근대 서간체 소설의 논의 과정에서도 고전소설의 삽입 서간에 대한 언급이 부분적으로 이루어지기도 하였으며,[4] 고전소설 작품의 문체론적 연구에서 삽입 서간에 대한 논의가

대학원 국문학연구회, 1986.

정충권, 「판소리 삽입가요의 삽입 양상 연구」, 서울대 대학원, 1989.

2) 일 예로 위욱승(韋旭昇)의 조사에 따르면, 「옥루몽」에 삽입되어 있는 산문의 수는 모두 72편이며, 이들의 글자수는 작품 전체의 글자수의 4. 14%에 이르고 있음을 알 수 있다.(위욱승, 「「옥루몽」 가운데서 논설문과 실용문이 논 역할」, 『고소설사의 제 문제』, 성오소재영교수환력기념논총 간행위원회, 집문당, 1993, 873면 참조)

3) 김일근, 『언간의 연구』, 건국대 출판부, 1986, 108~112면.

_____, 「고전소설과 언간」, 『고전소설 연구』, 화경고전문학연구회, 1993, 249~254면.

4) 이재선, 「변이적 대체현상과 해체」, 『한국단편소설연구』, 일조각, 1975.

조진기, 「서간체소설연구 (1)」, 『경남어문논집』 창간호, 경남대 국문과, 1988.

윤수영, 「한국근대 서간체 소설연구」, 이화여대 대학원 박사논문, 1990.

일부 시도되기도 하였다.[5] 그러다가 근자에 이르면서 고전소설의 삽입 서간에 대한 본격적인 논의가 비로소 시작되고 있는 실정이다.[6]

이러한 그간의 논의를 통해 고전소설에 삽입된 서간의 중요성이 크게 부각되었고, 또한 삽입 서간의 윤곽이 어느 정도 드러나게 되었다. 그러나 아직 고전소설의 삽입 서간에 대한 연구는 초보적인 단계에 머물고 있는 것이 사실이며, 이에 대한 보다 종합적이고 보다 체계적인 논의가 시작되어야할 시점에 이르렀다고 보아진다.

이에 본고에서는 이러한 검토의 일환으로 우선 고전소설에 서간이 어떤 모습으로 개입되고 있는지 그 수용 양상을 살펴보고, 그리고 이들 삽입 서간이 고전소설 작품 내에서 다양하게 활용되고 있는 구체적인 실태는 어떠한지 검토해 보겠으며, 또한 이들 삽입 서간이 작품 내에서 어떠한 문학적인 기능을 발휘하면서 소설 구성에 이바지하고 있는지를 살펴보기로 한다.

이러한 논의가 고전소설 내에 삽입되어 있는 서간의 실체를 보다 구체적으로 구명하고, 나아가 이들이 담당하는 문학적 장치로서의 기능을 밝히는데 도움이 되리라 기대한다.

---

5) 윤승준, 「구운몽에 대한 문체론적 연구」, 『민족문화』 제15집, 민족문화추진회, 1992, 62∼69면.
　박태근, 「숙향전의 문체론적 연구」, 단국대 대학원 석사논문, 1994, 34∼36면.
　위욱승, 앞의 논문, 873∼886면.
6) 이장환, 「고소설에 삽입된 서간연구」, 한남대 대학원, 1994.
　민영대, 「최척전에 삽입된 서간에 대한 고찰」, 『유천신상철박사화갑기념 국어국문학논총』, 문양사, 1996.
　＿＿＿, 「서궁일기에 삽입되어 있는 서간의 유형과 기능」, 『한남어문학』 제23집, 한남대 국어국문학회, 1998.

2. 서간의 수용 양상

잘 아는 바와 같이, 서간(書簡)은 장구한 역사를 지닌 문장 형식으로서, 이것은 한문(漢文)이 우리 나라에 전래된 이후 식자층(識者層)을 중심으로 제한적으로 사용되었다. 그러나 국문 서간의 등장으로 인하여 서간의 사용이 보편화되면서, 그 범위는 궁중에서부터 일반 서민층에 이르기까지 확대되었다. 특히 자신들의 생활 감정을 문자화할 기회가 제한되어 있었던 전통 사회 여성들의 생활에서 국문 서간은 그들의 생활 감정을 표현하는 중요한 수단으로 상용되었고, 그로 말미암아 서간은 크게 유행되었던 것이다.[7] 이처럼 국문 서간의 출현에 힘입어 서간은 남녀의 성별이나 신분적 귀천을 막론하고 널리 애용되었으며, 그 사용도 우리의 생활 전반에 걸쳐 폭넓게 이루어지게 되었던 것이다.[8]

서간 사용의 이러한 대중화(大衆化) · 실용화(實用化) 양상은 고전소설 속에 서간 양식의 글이 개입될 수 있는 촉진제의 구실을 했으리라고 쉽게 짐작된다. 그것은 소설 속에는 우리의 삶이 그려지고, 따라서 우리의 삶을 반영하는 소설의 서사 내용 속에 실생활과 밀접히 관련되어 있는 서간이 끼어 드는 것은 당연한 현상이라고 할 수 있겠기 때문이다. 이런 이유로 하여 실제로 고전소설 내에는 '서' · '셔간' · '셔찰' · '글월' · '봉글' · '간필' · '편지' 등의 여러 명칭으로 서간이 빈번하게 개입되고 있는 것이다.

고전소설 속에 수용되고 있는 서간의 형태는 일정하지 않은데, 그 다

---

7) 신정숙, 「한국 전통사회의 내간에 대하여」, 『국어국문학』 37~38, 국어국문학회, 1967, 111~112면.
   조동일, 『한국문학통사』 3, 지식산업사, 1984, 434~437면 참조
8) 김일근, 「언간의 연구」, 『학술지』 제13집, 건국대 학술연구원, 1972, 27~50면 참조

양한 수용 형태는 어떠한지, 그리고 서간이 고전소설 내에 끼어 들고 있는 구체적인 양상은 어떠한지 살펴보기로 한다.

1) 서간의 수용 형태

서간은 발신자(發信者)가 수신자(受信者)에게 전하고자 하는 용건을 문자로 적어 보내는 글이다. 고전소설에 개입되고 있는 서간 역시 실생활에서 쓰이던 서간과 마찬가지로 작품 내에서 등장 인물들이 서로 사연(辭緣)을 주고받는 장치로 이용된다. 따라서 고전소설에 서간이 개입될 경우에 서간의 핵심적인 구성 요건인 사연은 대체로 서사 문맥 내에 끼어 들게 된다.

이와 같이 서간의 온전한 형식을 제대로 갖춘 채 고전소설 작품 내에 끼어 들어 있는 독립된 글이 삽입 서간이다. 고전소설 작품에 나타나는 대다수의 서간은 이처럼 서간의 완전한 형태를 갖춘 삽입 서간의 모습을 보여준다. 그러나 고전소설 속에 개입되고 있는 서간이 모두 이러한 완전한 삽입 서간의 형태를 취하고 있는 것은 물론 아니다. 고전소설 속의 서간은 삽입 서간의 경우처럼 사연을 그대로 인용하기도 하지만, 때로는 사연을 요약해 제시하기도 하고, 또 어떤 경우는 아예 사연을 생략해 버리기도 한다. 다음에는 서간이 고전소설 작품 내에 수용되고 있는 이 같은 다양한 형태에 대해 구체적으로 살펴보기로 한다.

(1) 사연 생략형 서간

고전소설에서 찾아볼 수 있는 서간의 형태 가운데 가장 단순한 서간의 형태는 서간의 핵심 요소인 사연이 전혀 보이지 않는 경우다. 이처럼 사연에 대한 일체의 서술이 보이지 않는 서간 형태가 사연(辭緣) 생략형(省略型) 서간이다. 이런 유형에 해당하는 서간 활용의 예도 고전소설에서 적잖이 보인다.

> 이쩌 양소유 런흐야 회시와 뎐시에 다 장원흐고 곳 한림 벼술을 흐야 일홈이 일셰에 진동흐니 공후귀족에 녀즈 둔 사름이 다 닷토와 쳥혼흐되 다 비각흐고 싱이 례부 권시랑을 가보고 졍소도 집에 통혼홀 뜻을 고흐고 인흐야 소지흠을 쳥흐니 권시랑이 편지를 써주거놀 싱이 밧아 간수흐고 졍부에 나아가 명쳡을 드린디 졍소도ㅣ 마져 드러 긱실에 보니 양장원이 머리에 계화를 쏫고 션악이 옹위흐야 풍치의 아름다옴과 례모의 공손흠이 사름으로 흐여곰 깃거흐게 흐더라9)

위의 인용문은 「구운몽」에서 과거에 장원 급제한 양소유가 정사도 집에 통혼하고자 권시랑에게 서간을 부탁해 이를 가지고 정사도의 집에 이르고 있는 장면이다. 서간이 서사 사건 속에 끼어 들어 있긴 하지만 그 서간의 사연은 작품 내에 일체 언급되어 있지 않다. 고전소설 속에 개입되고 있는 이러한 서간 형태가 사연 생략형 서간이다.

이 사연 생략형 서간의 경우, 사연이 서사 문면 상에 보이지 않아 그 실제적이고 구체적인 사연의 내용은 물론 확인할 수 없다. 그러나 이 사연 생략형 서간이 비록 그 사연을 드러내고 있지는 않지만 전후의 서사 문맥으로 미루어 그 내용의 대체적인 윤곽은 추정이 가능하다. 구체적인 사연까지 자세히 알 필요는 없고, 단지 그 사연의 내용이 어떨 것이라는 정도만을 독자가 짐작할 수 있으면 되는 서간이 바로 사연 생략형 서간인 것이다.

---

9) 「연뎡 구운몽」, 『구활자본 고소설 전집』 제2권, 인천대 민족문화연구소, 1984, 56~57면.

이처럼 사연이 드러나지 않는 서간은 그 서간의 내용이 작품 전개에 크게 활용되는 것이 아니라, 의사 전달 매체라는 서간의 형식이 이야기 전개를 위한 소재적 수단으로 이용되고 있을 뿐이다. 따라서 이 사연 생략형 서간은 작품 내에서 차지하는 문학적 기능은 미미하며, 서간 개입을 통한 문학적인 효과를 만들어 내지도 못한다.

(2) 사연 요약형 서간

사연(辭緣) 요약형(要約型) 서간은 사연의 개요(槪要)를 요약하여 간접화법적(間接話法的)으로 서술하고 있는 서간 형태를 일컫는다. 앞에서 살펴본 사연 생략형 서간보다는 서간의 문학적 기능성(機能性)이 강화된 형태라고는 하겠으나, 서간의 완전한 형태를 갖춘 삽입 서간에 비해 서간을 이용하는 기법 면에서 미숙함이 엿보이며, 서간을 통해 만들어 내는 문학적 효과도 떨어지는 게 사실이다. 고전소설 작품 속에 수용되고 있는 사연 요약형 서간의 실상을 살펴보기로 한다.

> 이때 어떤 건장한 노복이 화살처럼 나는 듯이 앞으로 와서는 길에서 절을 하며 물었다.
> "행차는 어디에서 출발하셨으며 장차 누구의 댁으로 가십니까?"
> 하인배는 어떤 일이 생겼는가 의심하고 주저하면서 대답했다.
> "평양감영으로부터 경성 이재상 댁을 향하여 가거니와 어찌하여 묻습니까?"
> 이에 그 노복이 꿇어앉아 편지 한 장을 올렸다. 이생은 말 위에서 즉시 뜯어 보니 곧 집에서 온 편지로 부친의 병환이 좋아져 약을 쓰지 않고도 완쾌한 것은 경사이나, 구기(拘忌)한 일이 있으니 모름지기 집에 오지말고 그곳에서 도로 돌아가라는 사연인데, 부모님의 당부가 매우 엄하였다.10)

---

10) 「오유란전」, 신해진 역, 『조선후기 세태소설선』, 월인, 1999, 219면.

위의 인용문은 「오유란전(烏有蘭傳)」에서 죽마고우(竹馬故友)인 이생(李生)을 놀리기 위한 평양감사 김생(金生)의 위조 서간(僞造書簡)이 개입되고 있는 부분이다. 김생은 마치 이생의 부친이 보내는 서신(書信)인 양 편지를 위조하여 이생에게 보낸다. 그런데 이 위조된 서간의 사연은 서사 문맥 내에 제시되고 있지 않으며, 위의 인용문이 보여주듯 부친이 쾌차하여 집에 올 필요가 없어졌으니 다시 돌아가라는 서간 사연의 대체적인 윤곽만이 발신자의 언어가 아닌 작가·서술자의 언어에 의해 간접화법적인 서술 방식으로 제시되고 있을 뿐이다.

이처럼 등장 인물의 음성이 아닌 작가·서술자의 목소리로 전달되는 사연 요약형 서간은 사연의 개요를 독자에게 알리고자 하는 전달적(傳達的)·보고적(報告的) 기능이 강조되고 있는 서간의 형태다. 따라서 이러한 사연 요약형 서간은 서간문을 직접 읽는 듯한 실감을 독자에게 제공하지 못하며, 사연의 전문이 등장 인물의 언어로 그대로 재현되고 있는 완전한 형태의 삽입 서간과 같은 생생한 느낌도 만들어 내지 못한다.

(3) 사연 인용형 서간

사연(辭緣) 인용형(引用型) 서간은 사연 생략형 서간이나 사연 요약형 서간과는 분명히 구분되는 서간으로, 작품의 서사 문맥 내에 사연의 전부나 혹은 일부가 직접화법(直接話法)에 의해 그대로 끼어 드는 형태의 서간이다. 이러한 사연 인용형 서간은 사연의 전문(全文)이 그대로 인용

何一健奴 如箭如飛 向前而來 拜於路左曰 行次肇軔於何處 而將向誰某宅耶 下輩疑其有事 躕躇而答曰 自箕營而向李相宅 何爲而問也 奴跪上一書 生於馬上 卽卽開坼 乃是家信 而親瘁快臻 勿藥之慶 且以拘忌 不須入家 自外反程之意 親敎截嚴

되고 있는 전문 인용형 서간과 사연의 일부분만이 인용되고 나머지 부분은 요약·제시되고 있는 병용형 서간으로 구분된다. 다음에는 이 두 유형의 사연 인용형 서간에 대해 살펴보기로 한다.

① 전문 인용형 서간

전문(全文) 인용형(引用型)의 서간은 서간의 사연이 직접화법의 서술 방식으로 서사 문맥 속에 수용된 서간을 말한다. 이 서간은 발신자의 언어 모습 그대로를 보여주는 서간으로, 가장 완벽한 형태의 삽입 서간이다. 고전소설 속에 개입되고 있는 전문 인용 형태의 삽입 서간의 모습을 살펴보기로 한다.

> 니랑이 글을 보고 더욱 슬허ᄒ여 음식을 너여 기룰 먹이며 편지룰 써 기 목의 걸어 경계 왈 한미 쥭엇시니 너는 낭ᄌ룰 보호ᄒ라 ᄒ니 그 기 머리룰 조아 응ᄒ고 가니라 …… (중략) …… 그 기 목을 늘히여 낭ᄌ의 팔 우희 언거눌 고이히 녁여 보니 목의 ᄒ 봉글이 미엿거눌 밧비 글너보니 이 곳 니랑의 필적이라 ᄒ엿시되

> 빅년 가랑 니션은 글월을 숙낭ᄌ의게 부치노니 낭ᄌ의 이러틋 괴로우미 다 싱의 연괴라 너 ᄒ 번 이리 오미 운산이 첩첩ᄒ여 쳥조 소식이 긋쳣더니 의외 낭ᄌ의 친필을 보니 상면ᄒ 듯 반가온 즁 한미가 쥭다 홈은 날로 ᄒ여곰 심신이 혼미ᄒ도다 녯말의 고진감너라 ᄒ니 초간 과거 소문이 들리니 요힝 춤방ᄒ면 평싱 원을 닐을 거시니 낭ᄌ 쳔만 관심ᄒ여 나의 도라가물 고디ᄒ라

> 하엿거눌 낭ᄌ 간필의 일희 일비ᄒ여 습슐이 슈쳔 리룰 일일간의 득달홈을 긔이히 녁이더라11)

---

11) 「숙향전」, 황패강 역주, 『한국고전문학전집』 5, 고려대 민족문화연구소, 1993, 128~130면.

위의 인용문은 「숙향전」의 한 대목이다. 이 부분은 이선(李仙)이 아내인 숙향(淑香)에 대한 자신의 사모의 정을 진솔·담백하게 서간에 적어 이것을 삽살개를 통해 그녀에게 전달하고, 그리고 그녀가 이 연정서(戀情書)를 개탁(開坼)하여 보는 장면이다. 이 인용문 중에 수용되어 있는 이선(李仙)의 서간은 비록 그 사연이 길지는 않지만, 발신자의 언어적 표현 그대로, 그리고 서간의 형식을 완전히 갖춘 모습의 삽입 서간이다.

위의 예문을 통해 확인할 수 있듯이, 전문 인용형의 삽입 서간은 작중 발신자의 일인칭 서술로 된 사연 내용을 서사 문맥 속에 고스란히 드러내고 있다. 때문에 이 전문 인용형의 삽입 서간은 독자들로 하여금 실제 서간을 읽는 듯한 현장적(現場的) 사실감(事實感)과 사실적(寫實的) 환상감(幻想感)을 느끼도록 유도한다.12) 이처럼 이 삽입 서간은 사연 생략형 서간이나 사연 요약형 서간에 비해 작품 내에서 차지하는 비중이 큰 문학적 장치다. 이런 점에서 이 전문 인용형 서간은 고전소설에 개입되고 있는 서간 중 문학적 효과나 기능 면에서 가장 주목되는 서간의 형태라 하겠다.

② 병용형 서간

고전소설에 개입되고 있는 서간 중에는 사연의 직접 인용 방식이 부분적으로 이용되고 있는 경우도 있다. 즉 서간의 어떤 부분은 사연을 그대로 인용하고, 나머지 부분은 사연을 요약적으로 제시하여 인용형의 서술 방식과 요약형의 서술 방식을 병용(竝用)하고 있는 것이다. 이런 점에서 이 유형의 서간 형태는 병용형(竝用型) 서간이라 부를 만하다. 이러한 병용형의 서간 내용에서 직접화법 방식으로 인용된 부분이 간접화법 방

---

12) 윤수영, 앞의 논문, 52면 참조

식으로 요약된 부분보다 작품 내에서 중요한 부분임은 재론의 여지가 없다. 이러한 병용형 서간의 실상을 예문을 통해 살펴보면 다음과 같다.

> 기인이 답왈 그디 아지 못ᄒ얏도다 우리 노애 장사 추관을 ᄒ야 계시더니 나라에셔 한님으로 부르시미 부인이 먼저 상경ᄒᄉ ᄉ부인이 여긔 계시믈 들으시고 놀ᄂᄉ 날을 보너여 문후ᄒ라 ᄒ시니 편지를 가져 왓노라 ᄒ거늘 창뒤 바다 부인긔 드리고 온 ᄉ름에 말을 알외거날 부인이 바다 ᄶ혀보니 【(가) 디긔 리별ᄒ 후 ᄉ렴ᄒ든 말과 아지 경직을 ᄒ야 상경한 ᄉ의요】 ᄶ 닐럿ᄉ되

> 【(나) 노신이 셔울을 ᄶ나기로 이에 일으럿시니 한ᄒ들 엇지 밋츠리오 머문 곳이 셔어ᄒ고 산곡에 강포ᄒ ᄉ름이 침노홀가 두려우니 너 집에 와 셔로 의지ᄒ면 범시 편당ᄒ리니 맛당타 ᄒ거든 교ᄌ를 보너리라】

> 하엿더라[13]

위의 인용문은 「사씨남정기」에서 교씨가 동청과 모의하여 사씨 부인을 음해 하고자 마치 두부인의 서간인 것처럼 꾸며 사씨 부인에게 서간을 보낸 부분이다. 여기에 개입된 위조 서간의 모습은 요약적인 사연 서술 방식과 인용적인 사연 서술 방식을 혼용하여 제시되고 있다. 즉 서간의 주된 용건이 아닌 전반부의 서간 내용인 (가)부분은 사연 요약형의 서간 형태를 취하고 있으며, 사씨 부인을 냉진의 첩으로 만들고자 하는 계략과 관계된 용건의 핵심부인 (나)부분은 사연 인용형의 서간 형태를 취하고 있는 것이다.

이처럼 병용형의 서간은 사건 전개상 중요한 의미를 지니는 부분만을 직접 인용하고, 그다지 필요하지 않은 형식적이고 의례적인 나머지 부분

---

13) 「사씨남정기」, 『구활자본 고소설 전집』 제4권, 인천대 민족문화연구소, 1984, 496면.

은 요약 서술하고 있는 형태의 서간이다. 이런 점에서 이 서간은 사건 전개상 필요한 사연의 핵심적인 내용을 좀더 부각시키고자 하는 작가의 의도성에 의해 만들어진 서간 형태라 하겠다.

그런데 이 병용형의 서간은 작가·서술자의 언어와 작중 발신자의 언어가 뒤섞여 있기 때문에 삽입 서간으로서의 완벽한 면모를 갖추고 있지는 못하며, 또한 작가의 의도가 과도하게 노출됨으로 인해 전문 인용형 서간이 만들어내는 현장적 사실감·사실적 환상감은 반감되고 있는 것이 사실이다. 그러나 이 병용형의 서간 형태가 부분적이지만 삽입 서간의 모습을 보여주고 있으며, 미숙하지만 작가의 의도에 따른 문학적 기능을 발휘하고 있는 소설적 장치라는 점에서 이 유형의 서간 역시 주목할 필요는 충분하다고 보아진다.

2) 서간의 개입 양상

이와 같이 고전소설 속에는 사연 생략형 서간, 사연 요약형 서간, 사연 인용형 서간 등 다양한 서술 방식에 의한 서간의 모습이 보인다. 이러한 서간들은 작가의 의도에 따라 서사 문맥 속에 적절하게 끼어 들어 문학적 장치로서 작용하게 된다. 다음에는 이 서간들이 작품 내에서 어떤 과정으로 송달되고, 또 그것이 서사 문맥 속에서 어떤 모양으로 그려지고 있는지 살펴보기로 한다.

(1) 서간의 송달 방식

잘 아는 바와 같이, 서간은 어느 특정인에게 용건을 알리고자 하는 목적에서 작성되는 글이다. 서간의 발신자는 이 알리고자 하는 용건 때문에 서간을 집필하고, 집필된 서간은 송달 과정(送達過程)을 거쳐 수신자에게 전해진다.

일반적으로 서간의 송달은 인편(人便)을 통해 이루어지는 것이 보통이다. 그리하여 전통 사회에서는 인편이 없으면 서간을 보내고 싶어도 보낼 마땅한 방법이 없었던 것이다.[14] 고전소설 속의 서간 송달도 주로 사람을 통해 이루어지기는 마찬가지다. 그러나 고전소설의 경우는 이러한 현실적인 서간 송달 방식 외에도 동물을 이용하여 서간이 수신자에게 전달되는 예가 적지 않으며, 전달 도구를 통한 송달 방식도 보인다. 다음에는 고전소설에 보이는 이러한 서간 송달 방식에 대해 검토해 보기로 한다.

① 사람에 의한 송달

앞에서 언급하였듯이, 고전소설 작품에서 서간이 수신자에게 전달될 때 그 송달의 역할은 실생활에서의 서간 송달 방식과 마찬가지로 주로 사람이 담당하게 된다. 이 같은 인편에 의한 서간의 전달은 고전소설의 서간 송달 방식 중 가장 현실적이고, 또한 가장 보편적인 방식이다.

고전소설에 삽입되고 있는 서간이 사람을 송달 매체로 수신자에게 전달될 때, 그 주된 존재는 대체로 작중 발신자의 시녀나 하인들이다.

> 슬푸다 ……(중략)…… 만일에 니가 죽기 전에 공자가 쩌는 즉 공자의 마음은 니가 죽은 줄 아지 못ᄒ고 분명이 박가의 혼인을 순종한 줄노 알거시니 죽은 혼인들 엇지 원통치 아니하리요 ᄒ고 필연을 당기여 먹을 갈고 섬섬옥슈로 붓을 잡아 죠희를 페쳐드니 눈물이 먼져 쩌러져 압흘 가리ᄂ지라 딕강 사정

---

14) 신정숙, 앞의 논문 참조

을 기록ᄒᆞ야 시비 계향을 불너 가만이 이르되 이 편지를 쵸당에 가 공자의계 드리라 ᄒᆞ더 계향이 편지를 바다 품에 품고 야삼경 깁흔 밤에 쵸당에 나아가 문틈으로 바리보니 공자 홀노 쵸불을 발키고 쵸연이 안잣거는 계향이 가만히 문을 열고 공자의계 엿자오디 쇼비는 이 딕 쇼져의 시비 계향이옵더니 쇼져의 명으로 이에 이르럿나이다 ᄒᆞ고 일 봉셔를 올이거늘 공자 황망히 바다보니 ……(서간 내용 생략)…… 공자 보기를 다ᄒᆞ고 문득 양안에 누슈 날이물 ᄭᅵ닷지 못ᄒᆞ다가 인ᄒᆞ야 지필을 잇그러 회답ᄒᆞ야 계향을 쥬어 보닉더라[15]

위의 인용문은 「미인도」의 한 부분이다. 「미인도」는 윤경렬과 김춘영이 혼사 장애를 극복하고 혼인에 이르는 과정을 그리고 있는 작품이다. 이 작품에서 그들의 혼인을 방해하는 인물은 전라 박병사다. 그는 두 남녀가 약혼한 사이인 줄 알면서도 권세를 악용해 김춘영에게 청혼을 하고, 춘영은 정절을 지키기 위해 자결을 시도하게 된다. 위의 인용문은 춘영이 이런 상황에서 자신이 박병사와의 혼인하지 않고 자결함을 서간을 통해 윤경렬에게 알리고, 윤경렬이 이 서간에 대한 답신을 보내고 있는 장면이다. 이 두 인물 사이에서 서간을 송달하고 있는 인물은 김춘영의 시비(侍婢) 계향이다.

상이 실닉롤 지촉ᄒᆞᄉᆞ 슈삼ᄎᆞ 진퇴 식인 후 승정원 쥬셔롤 제슈ᄒᆞ시니 션군이 ᄉᆞ은 슉비ᄒᆞ고 정원의 입직ᄒᆞ엿더니 ᄎᆞ시롤 당ᄒᆞ여 집에 희보롤 전홀 ᄲᅮᆫ 아니라 낭ᄌᆞ롤 니별흔 지 오릭미 회포 간절ᄒᆞ여 밧비 노ᄌᆞ로 ᄒᆞ여곰 노부모와 낭ᄌᆞ의게 편지 보닉니 노지 나려가 편지롤 드리거놀 상공이 급히 ᄶᅥ혀본 즉 ᄒᆞ엿스되[16]

---

15) 한국정신문화연구원본, 「미인도」, 26~29면.
16) 「숙영낭자전」, 황패강 역주 『한국고전문학전집』 5, 고려대 민족문화연구소, 1993, 284면.

위의 인용문은 「숙영낭자전」에서 과거에 급제한 백선군이 부모와 아내 숙영에게 서간을 보내는 장면이다. 여기서 백선군의 서간은 그의 노복(奴僕)에 의해 부친에게 전달되고 있다.

고전소설에서 서간의 송달자로 등장하는 종 신분의 인물 중 해학성을 띄기도 하여 주목되는 존재는 방자(房子)다.

> 방즈 못니긔는 체 ᄒᆞ고 돈 밧어 엽헤 놋코 나으리게옵셔 이쳐럼 소인을 이휼ᄒᆞ시나 소인이 비록 분골쇄신이 되드라도 나으리 분부 거힝ᄒᆞ오리다 빅비장이 더희ᄒᆞ야 편지 써셔 방즈 쥬며 빅 번이나 당부ᄒᆞ되 이 일이 되고 안되고는 네 수단에 달엿스니 부디 부디 눈치 잇게 잘 드려라 방즈 유유응락ᄒᆞ고 편지 갓다 이랑 쥬니[17]

「배비장전」에서 배비장은 그를 훼절시키려는 사또의 계교인 줄도 모르고 관기(官妓) 애랑을 보고는 마음을 빼앗기게 된다. 그는 결국 애랑에게 자신의 연정을 담은 서간을 보내고자 하고, 이 일을 방자에게 맡기려 한다. 그러나 방자는 그런 위험한 편지를 가지고 갔다가 모진 매를 맞을까 염려된다는 핑계를 대며 거절한다. 그러자 배비장은 방자에게 돈 백 량을 주며 사정하여 승낙을 얻어낸다. 위의 인용문은 방자가 배비장에게 돈 백 량을 받은 후 그의 서간을 애랑에게 송달해 주고 있는 장면이다. 방자는 이 서간에 대한 애랑의 답서를 배비장에게 전하는 송달자의 역할을 수행하기도 한다.

이처럼 사람의 손으로 서간이 송달되는 경우 그 역할을 담당하는 작중 인물은 대부분 서간 작성자의 시비나 노복 등 주변 인물이다. 그러나 시비나 노복을 통한 송달이 불가능한 경우는 제3의 작중 인물이 그 역

---

17) 「배비장전」, 신해진 역, 『조선후기 세태소설선』, 월인, 1999, 295면.

을 대신하기도 한다. 그 대표적인 경우가 「운영전」으로, 이 작품에서 김
진사의 서간을 궁녀 운영에게 전달해 주고 있는 인물은 무녀(巫女)다.

> 무녀가 말했습니다.
> "비천한 무녀인 제가 비록 신께 올리는 제사 때문에 간혹 수성궁을 출입하
> 기는 하나, 들어오라는 명령이 없으면 감히 들어가지 못합니다. 그러나 낭군을
> 위하여 시험삼아 한 번 가보겠습니다."
> 진사는 품 속에서 편지 한 통을 꺼내어 주면서 말했습니다.
> "삼가 잘못 전달하여 화근이 되도록 하지 마시게."
> 무녀가 편지를 가지고 궁문으로 들어가자, 궁중 사람들이 모두 그녀가 온 것
> 을 이상하게 생각했습니다. 무녀는 변명을 하고 틈을 엿보다가, 사람이 없는 후
> 원으로 저를 이끌고 가서 봉한 편지 한 통을 주었습니다.[18]

수성궁(壽聖宮)에 있는 궁녀 운영에게 서간을 전달하기 위해서는 궁의
출입이 가능한 인물이어야 한다. 따라서 위의 경우와 같이 작중 발신자
의 시비나 노복으로는 궁 안의 수신자에게 서간을 송달하는 일이 현실
적으로 불가능하다. 「운영전」에서는 위의 인용문이 보여주듯, 궁중의 제
사 때문에 수성궁을 출입하는 무녀를 통해 궁 밖 발신자의 서간을 궁 안
수신자에게 송달하고 있는 것이다.

사람을 통한 서간의 송달 양상 중 군담적 사건 속에 개입되고 있는 서
간은 발신자의 측근 심복에 의해 이루어지기도 한다.

> 텬즈ㅣ 대희ᄒ샤 량쟝의 손을 잡으시고 왈 경 등에 튱셩과 지략은 짐이 임의

---

18) 「운영전」, 이상구 역, 『17세기 애정전기소설』, 월인, 1999, 122〜123면.
巫曰 卑賤巫女 雖因神祀 或時出入 而非有招命 則不敢入 然爲郎君 試一
往焉 進士自懷中 出一封書 以贈曰 愼毋枉傳 以作禍機 巫持入宮門 則宮
中之人 皆怪其來 巫權辭以對 仍得間目 引妾于後庭無人處 以封書授之

아는 비라 남젹을 함몰ᄒ야 근심을 들게 ᄒ라 ᄒ시니 량쟝이 청명ᄒ고 각각 물
러 나와 정병 오쳔 식 거나리고 남관의 다다러 유진ᄒ고 그 밤 슴경에 군ᄉ 일
명으로 ᄒ야 가믄이 항셔를 쎠쥬며 쏘ᄒ 편지 일봉을 써 격진중에 보니고 회답
오기를 기다리ᄂᆞᆫ지라[19]

위의 인용문은 「유충렬전」의 한 장면이다. 잘 아는 바와 같이 「유충
렬전」에서 간신인 정한담과 최일귀는 반역의 기회를 엿보다가, 호국이
침범했을 때 자신들이 호국을 치겠다고 자원한다. 이에 천자가 기뻐하며
그들에게 군사를 주어 공격하도록 명한다. 그러나 정한담과 최일귀는 오
히려 적장에게 은밀히 편지를 보내 자기들에게 천자를 치는 선봉을 맡
기면 항복하겠노라는 뜻을 전한다. 위의 인용문은 바로 이 같은 음모가
이루어지고 있는 장면으로, 이 서간의 송달은 그들의 심복 중의 심복에
해당하는 군사를 통해 이루어진다.

② 동물을 통한 송달

고전소설 속에서 찾아볼 수 있는 서간 송달의 또 다른 예는 동물이 송
달자의 역할을 맡고 있는 경우다. 이러한 서간 송달 양상도 고전소설 작
품에서 적잖이 발견된다. 고전소설에서 서간의 송달을 담당하는 동물은
기러기 · 청조(靑鳥) · 삽살개 등과 같이 다양하게 나타나고 있다.

왕비 즉시 니리사 기러기을 어로 만지시며 낙누 왈 네 비록 미무리ᄂ 네 님
자 잇난 곳슬 알지여다 셔쳔의 드러가셔 사라ᄂᆞᆫ야 망망한 더희 즁의 죽어셔 어
별의 밥이 되엿ᄂᆞᆫ야 너 마음 답답ᄒ도다 네 주인 말일 사라쩌든 너 압페셔 셰
번만 울나 하시니 기러기 고기을 들던니 나리를 치며 큰 소리로 셰 번을 울거

---

19) 「류충렬젼」, 『구활자본 고소설 전집』 제11권, 인천대 민족문화연구소, 1984, 319
~320면.

놀 왕비 일히 일비 하시며 네 졍영 이는가 십푸듯 ᄒ시고 즉시 셩의 방 즁의 드
러가 지필을 드니 흉즁 답답하야 두 눈니 졍신이 상막한지라 게우 진졍ᄒ야 일
봉 셔찰을 쓰며 왈 네 님지 사라스면 그 곳슬 차자가셔 너 편지을 젼할손야 하
시니 기러기 머리을 셰 번 수기거눌 왕비 즉시 셔찰을 기러기 다리의 믹고 경
계 왈 네 두 나릭로 창쳔 말이 단이는 지조가 잇스니 부딕 네 주인을 차자 신젼
ᄒ고 도라와 젼젼 불미ᄒ는 너 마음을 덜게 하라 기러가 너 도라오기 젼은 너
엇지 자리의 편이 눕기을 바릭랴 하시며 만단으로 졍셜ᄒ시니 기러기 소릭을
셰 번 지르고 두 날릭 치며 즁쳔 놉피 ᄶ셔 빅운을 무름쓰고 셔북을 향ᄒ야 가
난지라[20]

위의 인용문은 「적성의전」의 한 장면이다. 적성의의 모친인 안평국의
왕비는 아들의 생사를 몰라 걱정으로 나날을 보내다가 성의가 기르던
기러기를 통해 아들의 살아 있음을 확인하게 된다. 그 후 왕비는 아들에
게 쓴 서간을 기러기 다리에 매어 준다. 그러자 기러기는 날개 짓을 하
며 중천(中天)에 높이 떠서 성의가 있는 곳으로 날아간다. 생사와 거처를
모르는 수신자에게 서간을 송달하는 매체로서의 역할을 기러기가 효과
적으로 담당하고 있는 것이다.

낭지 셤셤약질의 큰 칼을 쓰고 누쉬 만면ᄒ여 옥의 들며 문 왈 이곳이 어듸
뇨 옥졸이 답 왈 낙양 옥즁이라 닉일은 죽을 거시니 잔잉타 ᄒ거눌 낭지 혜오
딕 니랑이 나의 죽는 줄을 모를지니 소식을 뉘 젼ᄒ리오 ᄒ고 익통ᄒ더니 날이
붉으믹 문득 쳥죄 나라와 울거눌 낭지 젹슘 스믹롤 ᄶ져 손가락을 ᄶ믈어 피롤
닉여 편지롤 쎠 발목의 믹여 니랑ᄭᅵ 젼ᄒ라 경계하니 쳥죄 두 번 울고 나라 가
니라 이날 니랑이 녀부의셔 자더니 문득 부인이 딕경 딕로 왈 션이 비록 상셔
의 아지나 너 ᄯᅩᄒ 길너시믹 쥬혼ᄒ미러니 너게 뭇지 아니ᄒ고 이러틋 무류롤
ᄶ치리오 ᄒ거눌 싱이 부인을 혼들어 ᄶ오니 부인이 정신을 ᄎ려 싱두려 몽스
롤 니를 즈음의 문득 쳥죄 나라와 니랑의 압희 안거눌 주셰이 보니 발목의 혼

<hr>

20) 「적성의전」, 이헌홍 역주 , 『한국고전문학전집』 23, 고려대 민족문화연구소, 1996, 356면.

봉물이 미엿눈지라 글너 보니 ᄒ엿시되[21]

「숙향전」에서 숙향은 이선을 유혹하여 침혹(沈惑)케 했다는 누명을 쓰고 낙양 옥중에 갇혀 매맞아 죽을 처지에 놓이게 된다. 이 같은 위기 상황에서 숙향은 자기가 낙양 옥중에서 억울하게 죽게 되었음을 혈서(血書)로 써서 이선에게 전한다. 숙향의 이 혈서를 이선에게 송달한 매체는 위의 인용문이 보여 주듯 청조(靑鳥)다. 새를 이용한 서간의 송달이 비현실적이기는 하지만, 옥중에 갇혀 위기 상황에 처해 있는 작중 인물의 서간을 옥 밖의 작중 인물에게 송달하는 데 있어서 인편보다 이러한 청조를 활용하는 방식이 더 극적인 효과를 자아내기도 한다.

> 세월이 여류ᄒ여 츄칠월 망간이 되미 냥풍이 소슬ᄒ고 명월은 조요ᄒ지라 화전을 펴고 글을 지어 읊다가 셔안을 의지ᄒ야 조으더니 ᄭᅵ여보니 습술이 간 디 업거놀 놀너 ᄎᆞ즈나 종젹이 업눈지라 더욱 망연ᄒ여 신셰룰 한탄ᄒ더라 이 ᄯᅥ 니랑이 팀혹의 이셔 낭ᄌᆞ의 소식을 모르더니 일일은 습술이 오거놀 반갑고 놀나 ᄃᆞ리다가 어루만질시 그 ᄭᅵ 문득 훈 봉글을 토ᄒ니 이 곳 낭ᄌᆞ의 필젹이라 급히 ᄶᅦ혀 본 즉 ᄒ엿시되[22]

「숙향전」에서 삽살개는 숙향과 이선 사이를 오가며 서간을 송달하는 역할을 하는 존재다. 위의 인용문은 숙향이 시키지도 않았는데 삽살개가 숙향의 봉서(封書)를 물고 이선에게 가서 그것을 토해내고 있는 장면을 보여주고 있다.

이와 같이 고전소설에서는 기러기, 청조, 삽살개 등 동물적 존재에 의해 서간의 송달이 이루어지기도 한다. 이러한 동물적 송달 매체들은 발

---

21) 「숙향전」, 앞의 책, 114~116면.
22) 「숙향전」, 앞의 책, 126면.

신자와 수신자 사이의 공간적 거리가 너무 멀다거나, 발신자와 수신자 사이의 공간적 소통이 단절되어 있다거나, 또는 발신자와 수신자 사이의 연락이 두절된 상태에서 그러한 제한성을 극복해 낼 수 있는 효과적이면서도 극적인 송달 장치로서 활용되고 있다.

③ 도구를 통한 송달

고전소설에는 사람이나 동물을 통해 서간이 전달되는 것 이외에 전달의 도구를 통해 서간의 송달이 이루어지기도 한다. 그러한 한 예를 살펴보기로 한다.

> 한담이 불심을 못이기여 류심을 다시 호국지경으로 귀양 보너고 그짓 심류에 편지을 맨드러 명 진중에 쏘와 원수를 보게 ᄒ다 이떠 원수 장터에 안즈다가 눈더 업는 살 훈 기 진중에 나려지거늘 놀나 급피 쥬어다 보니 살 씃터 편지를 미여거늘 급피 끌너 보니 그 편지에 ᄒ엿스되[23]

위의 인용문은 「유충렬전」에서 간신 정한담이 유충렬에게 위조 서간을 보내고 있는 장면이다. 정한담은 충렬의 부친인 유심을 회유하려 하나 그가 응하지 않자, 그를 멀리 귀양 보낸 후 마치 유심이 아들인 충렬에게 보내는 것처럼 위조한 편지를 만든다. 이러한 위조 편지를 표시 나지 않게 송달하는 방법으로 「유충렬전」에서 활용한 것은 바로 활로 쏘아 편지를 보내는 방식이다. 이처럼 고전소설에서는 사람이나 동물을 통한 편지의 송달 방식 외에 화살과 같은 도구가 활용되기도 한다.

---

23) 「류충렬전」, 앞의 책, 343면.

(2) 서간의 개입 구조

이상에서 살펴보았듯이, 고전소설에서 서간은 작중 발신자에 의해 작성되고 이것이 사람·동물·도구 등의 송달 매체를 통해 수신자에게 전달되고 있는 것이다. 그런데 이러한 서간 전달 과정에서 서간의 사연은 송달된 서간을 수신자가 개탁하는 장면에 이어서 배치되고 있다. 이처럼 서간의 사연을 작중 수신자에게 공개하기 전까지 독자에게도 공개하지 않는 방식은 독자의 호기심을 지속적으로 유지시킬 수 있는 효과적인 방법이라고 보아진다.[24] 이와 같이 <서간의 집필(執筆)→서간의 송달(送達)→서간의 개탁(開坼)→서간(사연)의 공개(公開)>의 형태가 고전소설에 서간이 개입되는 보편적인 구조다. 다음에는 이러한 서간 개입 구조의 실상을 예문을 통해 살펴보기로 한다.

---

24) 고전소설의 작품 내에 삽입되고 있는 서간의 대부분은 수신자의 개탁을 통해 그 사연이 공개된다. 그러나 「장화홍련전」에서 홍련이 작성하는 유서적 서간과 같이 서간의 집필 과정에서 그 사연이 공개되고 있는 경우도 없지는 않다. 이런 경우도 서간의 집필 과정에서 서간의 사연을 공개하는 것이 더 효과적이라는 작가의 문학적 판단에 의한 것으로 보아진다. 유서적 속성의 서간의 경우는 서간 집필시 작성자의 애통하고 절절한 심회가 그대로 토로되고 있기 때문에, 그 내용을 집필 장면에 드러냄으로써 작성자의 심리 상태를 보다 극적으로 전달할 수 있고, 또한 작중 분위기 조성에도 효과를 기할 수 있는 것이다.
「장화홍련전」의 서간 개입 구조는 다음과 같다.
　　【집필】 쳥됴ㅣ 아니와도 너 형의 죽은 곳을 추주 가랴면 가려니와 이 일을 부친께 고후면 필경 일을 이루지 못후리니 너 스연을 긔록후야 두고 가리라 후고 인후야 필묵을 너여 유서 한 장을 쓰니 그 글에 후얏스되
　　【사연 공개】 불초녀 홍연은 아바님 젼에 두어주 글을 올리옵느이다 ……(중략)…… 업더여 바라옵건더 부친은 이 불초녀를 조금도 싱각지 마시고 만수무강 후옵소셔(「장화홍련전」, 『구활자본 고소설전집』 제13권, 인천대 민족문화연구소, 1984, 124～125면.)

【가】 금셤이 딕희ᄒ야 즉시 옥즁에 드러가 부인을 보고 졔 부모와 문답ᄒ던 말을 고ᄒ고 셔찰을 쳥혼딕 부인 왈 네 오라비 날를 살리고ᄌ ᄒ니 츠은을 엇지 다 갑흐리오 언파의 눈물을 흘니며 셔간을 닥가 쥬거눌
【나】 금셤이 바다 가지고 나와 졔 오라비 호텰을 불너 편지를 주며 ᄉ셰 급박ᄒ니 너는 쥬야비도ᄒ야 단녀오라 황셩의셔 셔평관이 삼쳔 여리니 부딕 죠심ᄒ여 단녀오라 ᄒ고 옥즁의 드러가 호쳘 보닌 ᄉ연을 고ᄒ고
……(중략)…… 츠시 금셤의 오라비 류부인의 글월을 가지고 쥬야비도ᄒ야 셔평관의 다다라 진 밧게 업듸여 딕원수 노야 본틱의셔 셔찰을 가지고 왓시믈 고ᄒ니 츠시 원쉬 ……(중략)…… 문득 진즁의 북소리 자로 동하믹 놀나 ᄭ니 남가일몽이라 놀나고 몸이 쩔니여 니러ᄂ니
【다】 군시 편지를 드리거날 기탁ᄒ야 보니 류부인 셔간이라 그 글의 ᄒ얏시되
【라】 (셔간 내용 생략) ᄒ얏더라25)

위의 인용문은 「졍을션젼」의 한 부분으로, 유추년이 작성한 서간이 그녀의 시비인 금셤의 오라비를 통해 정을션에게 송달되고, 이 서간을 정을션이 개탁하여 읽는 장면이다. 【가】 부분은 작중 발신자가 서간을 집필하는 상황이고, 【나】 부분은 서간이 인편으로 송달되고 있는 과정을 보여 주며, 【다】 부분은 작중 수신자가 송달된 서간을 뜯어보는 장면이며, 그리고 【라】 부분은 서간의 사연이 공개되는 부분이다. 이러한 서간 개입 구조가 고전소설의 서사 문맥상에 서간이 삽입될 때 취하고 있는 보편적인 양상이다.

「집필 → 송달 → 개탁 → 공개」의 개입 구조에 의해 서간이 서사 문맥 내에 끼어 들고 있는 실상을 하나 더 예시해 보기로 한다.

【가】 로옹이 눈물을 거두고 소저를 닉당으로 쳥ᄒ야 극진이 관딕ᄒ고 잇

---

25) 「졍을션젼」, 『구활자 소설총서 고전소설』 11, 민족문화사, 1983, 29~33면.

틋놀 쇼저 구고끠 상셔를 써 로옹을 주어 경스로 가셔 상셔끠 드리라 ᄒ니라
　【나】 로옹이 조낭즈의 셔간을 가지고 쥬야비도ᄒ야 여러 날 만에 경스에 득달ᄒ야 상셔 부즁에 이르니 문젼이 요란ᄒ고 금오랑 두어시 문을 직히엿ᄂ지라 감히 드러가지 못ᄒ고 스면으로 다니며 소식을 듯보더라 ……(중략)…… 로옹이 추연을 듯고 더경ᄒ야 바로 황옥으로 나아가 옥졸을 희뢰ᄒ고 옥즁에 드러가 상셔 부쳐게 뵈오니 샹셔 부부 거격 자리에서 울거날 로옹이 나아가 통곡ᄒ니라 샹셔 문왈 너는 엇던 스람이완더 이곳을 드러와 날을 보고 슬허ᄒ나뇨 로옹이 알외더 로야 엇지 아라보지 못ᄒ신잇고 소인은 창두 츙복이옵더니 불힝ᄒ야 남경 소식이 참혹함이 로야게 뵈오려 왓삽더니 로야 무죄이 옥즁에 곤ᄒ시다 ᄒ오미 소인니 망극ᄒ야 옥졸에게 회뢰ᄒ옵고 드러왓나니다 샹셔 허희 탄왈 네 츙심은 감격ᄒ나 옥즁에 드러오미 불가ᄒ니 ᄲᆞᆯ이 도라가고 연루치 말나 츙복이 읍고왈 소인니 과연 이 일을 아오되 원수 로야의 쳐실 되시ᄂ 됴소저의 셔간을 가저 왓나니다 샹셔 경문왈 됴소저ᄂ 하허인이며 엇지 너게 셔신을 홀이 잇스리오 아뭇커나 셔간니 어더 잇나뇨 츙복이 품 가온더로셔 일봉 셔간을 너거날
　【다】 공이 츙복 다려 펴라 ᄒ야 그 글을 보니 ᄒ얏스되
　【라】 (서간 내용 생략) ᄒ얏더라[26]

　위의 부분은 「백학선전」에서 인용한 한 대목이다. 조은하가 집필한 서간이 노복을 통해 옥중에 갇혀 있는 수신자인 유상서에게 어렵게 전달되고, 그가 이 서간을 개탁해 읽는 장면이다. 이 장면에 있어서도 서간의 삽입은 일반적인 서간의 개입 구조에 따르고 있음을 알 수 있다.

---

26) 「빅학션」, 『구활자본 고소설전집』 제20권, 인천대 민족문화연구소, 1984, 537∼541면.

3. 서간의 활용 실태

앞에서 지적하였듯이, 서간이 대중화·실용화되면서 그 사용 용도는 무척 다양화되었다. 서간을 통해 상대방의 안부(安否)를 묻기도 하고, 자신의 소식을 전하기도 했다. 또한 서간을 이용하여 위문의 성의를 보이기도 하고, 축하의 뜻을 전하기도 했다. 뿐만 아니라 서간은 사랑과 우정을 나누는 통로이기도 했으며, 감사와 사과의 마음을 표하는 수단이기도 했던 것이다. 이런 용도의 서간 외에도 조선시대에는 익명서(匿名書)·밀서(密書)·흉변서(凶變書) 등의 모습으로 서간이 활용되기도 하였다.[27]

이를 반영하듯, 고전소설에 삽입되어 있는 서간도 다양한 용도로 활용되고 있다. 고전소설에 삽입되어 있는 서간 중에는 실생활에서 주로 활용되던 평서류(平書類) 계통의 서간과 같이, 작중 발신자가 상대 등장인물에게 자신의 안부와 소식을 전할 일상적인 용도로 사용되는 서간도 있으며, 그 외에 특정의 용도를 지니고 만들어지는 서간도 있다. 고전소설에 삽입되어 있는 이러한 다양한 유형의 서간 가운데 작품 내에서 차지하는 비중이 크고 문학적 기능이 강한 서간은 역시 후자의 경우다.

그리하여 그간 학계에서도 고전소설의 삽입 서간을 논의할 때에 후자에 속하는 서간에 관심을 보였던 것이 사실이며, 그 중에서도 특히 연정서(戀情書)가 주목의 대상이 되어왔다.[28] 물론 고전소설에 삽입되어 있는

---

27) 김일근, 앞의 논문, 21~27면 참조
28) 김일근, 앞의 책, 112면 참조
　　이재선, 앞의 책, 160~162면 참조
　　조진기, 앞의 논문, 8~10면 참조
　　윤수영, 앞의 논문, 24~29면 참조

서간 중 문학적인 표현력이라는 질적인 면과 개입된 서간의 수라는 양
적인 면에서 연정서가 다른 유형의 서간에 비해 상대적인 우세를 보여
주고 있는 것은 사실이다. 그러나 고전소설에는 이 연정서 외에도 문학
적 표현성도 뛰어나고, 소설적 기능성도 강한 서간 유형이 다수 존재한
다. 따라서 고전소설에 삽입된 서간의 실체를 보다 합리적으로 이해하기
위해서는 이 연정서를 포함하여 그 외 기능성이 많은 삽입 서간의 유형
에도 관심을 기울일 필요가 있는 것이다.

  이런 점에 주목하여 근자에 고전소설 속에 등장하는 서간의 유형 분
류를 시도한 업적이 학계에 보고되기도 하였다. 여기에서는 삽입 서간의
유형을 정찰(情札) · 혼서(婚書) · 유서(遺書) · 흉변서(凶變書) 등으로 구분
하고 논의를 전개하였다.[29) 이러한 논의를 통해 고전소설에 삽입된 서
간의 다양한 모습의 대체적인 윤곽이 드러나게 되었다.

  그러나 고전소설에 삽입되고 있는 서간 유형의 실상은 그보다도 더
다기다양(多岐多樣)한 모습을 보여주고 있는 것이 사실이다. 다음에는 고
전소설 속에서 등장 인물들간에 주고받는 삽입 서간 중 문학성(文學性)과
기능성(機能性)이 강한 서간을 중심으로 그 유형을 분류하고, 각각의 유
형에 속하는 서간들의 활용 실태를 구체적으로 검토해 보기로 한다.

1) 연정서

  이미 학계의 충분한 논의가 있었듯이, 고전소설에 삽입되어 있는 서

---

29) 이장환, 앞의 논문, 8～53면 참조
　　민영대, 「서궁일기에 삽입되어 있는 서간의 유형과 기능」, 『한남어문학』 제23집, 한
　　남대 국어국문학회, 1998, 11면 참조

간 가운데 질·양적인 면에서 여타의 서간 유형을 압도하는 것이 연정서(戀情書)다.[30] 남녀 등장 인물들간의 사랑을 싹틔우게 하고, 그 사랑의 감정을 서로가 확인하기도 하는 이 유형의 서간은 문학 작품 밖에서도 그 활용은 빈번하였던 바, 국문서간 중에는 문안(問安) 서간 다음으로 많은 활용상을 보였던 것이 바로 이 연정서였던 것이다.[31] 이처럼 연정서는 실생활에서도 많이 사용되었을 뿐만 아니라 고전소설에서도 작품 구성을 위한 효과적인 문학적 장치로 적극 활용되고 있는 것이다.

연정서는 수신자에 대한 발신자의 애정 표현을 담고 있는 일종의 연애(戀愛) 편지다. 따라서 이런 유형의 서간이 주로 애정소설 계통의 고전소설에 많이 개입되고 있는 것은 당연한 현상이다. 기실 애정소설 작품에서 이 연정서는 중요한 기능을 담당하는 문학적 장치다. 애정소설에 삽입되어 작중 발신자의 애틋한 연정을 담아내고 있는 연정서의 한 예를 들어보기로 한다.

그대를 한 번 본 이후로 날아갈 듯 기뻐 마음을 안정시킬 수가 없었습니다. 그래서 매번 궁성(宮城)의 서쪽을 바라볼 때마다 애가 끊는 듯 했습니다. 지난 번 벽 틈으로 전해준 편지로 잊을 수 없는 그대의 고운 글을 경건하게 받들긴 했으나, 다 펼치기도 전에 숨이 막히고 절반도 채 못 읽어 눈물이 글자를 적시었습니다. 이때부터 저는 잠자리에 들어도 잠을 이룰 수가 없고, 밥을 먹어도 음식이 넘어가지 않았습니다. 병이 고황에 들어 온갖 약이 무효한지라, 다만 저승에서나마 뜻밖에 만나 서로 따를 수 있기를 바랍니다. 푸른 하늘을 굽어 불쌍하게 여기시고 귀신은 묵묵히 도와 주소서. 만약 생전에 이 한을 한 번 풀어 주신다면, 마땅히 몸을 빻고 뼈를 갈아서 천지의 모든 신령께 제사를 올리겠나이다. 종이를 대하니 목이 메입니다. 다시 무슨 말을 할 수 있겠습니까? 예의를

---

30) 이창환, 민영대교수의 분류에서는 정찰(情札)이란 용어를 사용하고 있다.
31) 김일근, 앞의 논문, 20면 참조

갖추지 못한 채 삼가 올립니다.32)

위의 삽입 서간은 「운영전(雲英傳)」에서 김진사가 궁녀 운영에게 보낸 연애 편지로, 연정서를 언급할 때 흔히 지적되는 예이기도 하다. 이 연정서의 사연에는 운영을 극도로 사랑하는 김진사의 마음이 절절히 스며들어 있다.

그런데 이 연정서의 사연 말미에는 7언 8구의 한시(漢詩)가 첨기되어 있다. 이 한시의 내용도 역시 산문(散文)으로 기술된 사연과 마찬가지로 연인을 사모하는 정을 담고 있다.

> 깊고 깊은 누각에 저녁 사립문은 닫혔고,
> 나무 그늘과 구름 그림자는 온통 흐릿하기만 하네.
> 흐르는 물에 떨어진 꽃은 도랑 따라 흘러나오고,
> 어린 제비는 흙을 물고 난간으로 돌아가네.
> 베갯머리에 누워도 호접몽 이루지 못하고,
> 공연히 눈을 돌려 오지 않을 소식 기다리네.
> 구슬 같은 얼굴 눈 앞에 있는데 어찌 말이 없는가?
> 푸른 숲에서 우는 꾀꼬리 소리에 눈물로 옷깃 적시네.33)

---

32) 「운영전」, 이상구 역, 앞의 책, 123면.
  自一番目成 心飛魂越 不能定情 每向城西 幾斷寸腸 曾因壁間之傳書 敬承不忘之玉音 開未盡而咽塞 讀未半而淚滴 自是之後 寢不能寐 食不下咽 病入膏肓 百藥無效 九原可見 唯願溘然而從 蒼天俯怜 神鬼默佑 倘使生前 一洩此恨 則當粉身磨骨 以祭于天地百神之靈矣 臨楮哽咽 夫復何言 不備謹書

33) 「운영전」, 이상구역, 앞의 책, 123～124면.
  樓閣重重庵夕霏 樹陰雲影摠依微 落花流水隨溝出 乳燕含泥趁檻歸 欹枕未成蝴蝶夢 回眸空望雁魚稀 玉容在眼何無語 草綠鶯啼淚濕衣

이처럼 용건의 서술이 마무리 된 연후에 시(詩)를 첨기하고 있는 방식은 연정서를 제외한 여타 유형의 서간에서는 찾아보기 쉽지 않은 형식이다. 이 같은 서간의 형식은 연정서 유형의 일부 서간만이 지니고 있는 형태적 특징인 것이다.

애정소설 계통의 고전소설 작품에서 이런 형식의 연정서를 찾아보기는 어렵지 않다. 「운영전」의 경우 외에도 「영영전(英英傳)」이나 「유록전(柳綠傳)」 등에 삽입되어 있는 연정서 역시 사연 말미에 시를 덧붙이고 있는 형식을 취하고 있다. 그런데 이러한 연정서의 시는 본문의 사연에서 미처 다 드러내지 못한 발신자의 연모지정(戀慕之情)을 표현하기에 산문(散文)보다는 용이한 양식이다. 때문에 사연 말미에 시를 첨기하는 이런 방식은 발신자의 애정 표현을 보다 극대화하기 위한 효과적인 문학적 기법이라 하겠다.34)

고전소설에 삽입되어 있는 연정서의 실태는 그간의 논의에서 많이 지적된 바 있는데, 이 유형의 서간은 그 사연이 지닌 성격상 특히 애정소설에 많이 활용되고 있다. 그 중 몇 편의 연정서를 소개해 보면 다음과 같다. 「운영전」에서 궁녀 운영과 김진사가 주고받은 서간, 「영영전」에 삽입된 회산군의 시녀 영영이 김생에게 보낸 서간, 「유록전」에서 정몽세(鄭夢世)와 기녀 유록이 주고받은 서간, 「숙향전」에서 이선이 숙향을 그리워하며 쓴 서간, 「옥루몽(玉樓夢)」에서 강남홍을 그리워하는 심회의 일단을 적어 보낸 양창곡의 서간, 「배비장전」에서 자신을 훼절시키려고 하는 사또의 계략인 줄도 모른 채 배비장이 관기(官妓) 애랑을 보고 흠모하여 그녀에게 보낸 상사적(相思的) 내용의 서간 등이 이러한 연정서 유형의 서간이다. 아래에는 이러한 연정서 중 배비장이 애랑에게 보낸 연

---

34) 김창현, 앞의 논문, 11～12면 참조

정서의 실상을 소개해 보기로 한다.

　　져막 걸덕쇠는 돈수지비 ᄒ옵고 일봉 졍원셔를 낭ᄌ 디경ᄒ에 부치노니 비
례를 칙망치 마시고 넓히 통찰ᄒ옵소셔 이 몸이 팔ᄌ가 긔박ᄒ야 공명을 일우
지 못ᄒ고 영쥬도 슈쳔 리에 남의 편비되야 와셔 긱지 심ᄉ 울울키로 작일 우
연이 한나산에 올낫다가 록림간 회로시에 옥안을 잠간 보고 입안 혼미 도라와
셔 욕망이난망이요 불ᄉ로디 ᄌᄉ되여 식불감 와불면에 골슈병 깁히 드니 장탄
식 단장셩은 탁문군의 회심ᄉ라 인ᄉ빅년 셔ᄌ슈니 낭ᄌ의 옥빈홍안 어언간 빅
슈되면 시호시호 부지리에 부득쟝춘 ᄒᄒ리니 슈졀고힝 부즈럽고 활인젹덕 웃
듬이요 오날날 당ᄒ야는 싱ᄉ의도 관게되니 셰셰춤상 ᄒ옵신 후 금옥호음 쥬옵
시면 낭ᄌ의 산은희덕 결초보은 ᄒ오리다[35]

2) 위서

　고전소설에 삽입되어 있는 서간 중 작품 내에서 중요한 기능을 발휘
하는 서간 유형으로 위서(僞書)가 있다. 일반적으로 위서는 상대방을 음
해(陰害)할 목적에서 위조(僞造)되는 서간을 말한다. 그러나 고전소설에
삽입되어 있는 위서 유형의 서간에는 이러한 음해적(陰害的) 위서 만이
있는 것은 아니다. 고전소설에 등장하는 위서 유형의 서간에는 이외에도
상대방을 희롱하기 위한 방편으로 위조되고 있는 희롱적(戲弄的) 위서,
그리고 위기에 빠진 등장 인물을 구원하고자 하는 선의(善意)의 목적을
가지고 위조되고 있는 구원적(救援的) 위서도 있다.

　이렇듯 고전소설에서 위서의 활용은 매우 다양하게 이루어지고 있는 것
이다. 다음에서는 이들 각각의 위서의 구체적인 실상을 살펴보기로 한다.

---

35) 「배비장전」, 신해진, 『조선후기 세태소설선』, 월인, 1999, 295～296면.

(1) 음해적 위서

음해적(陰害的) 위서는 상대방을 곤궁에 처하게 하거나 모함할 의도에
서 위조된 부정적 성격의 서간이다. 이런 음해적 위서는 고전소설에 삽
입된 위서 유형의 서간 중 가장 전형적인 형태의 위서다.

> 연경에 격거ᄒᆞᄂᆞᆫ 류쥬부은 불쵸즈 충렬에게 붓치난이 바다보라 ……(중
> 략)…… 즈식이 사라시면 부모를 샹봉ᄒᆞ미 텬리에 당연커늘 망혼 나라를 섬기
> 라고 텬명을 거스리며 신나라를 침범ᄒᆞᄂᆞᆫ 고로 신 황졔 나를 자바다가 너 갓탄
> 자식을 두엇다고 도마 우회 노코 쟝챵 더금으로 군문 밧씌 쳐참ᄒᆞᆫ다 ᄒᆞ니 이
> 아니 망극한냐 세상 스롬이 즈식을 나면 조타ᄒᆞᄂᆞᆫ 거시 즈식에 힘을 입어 영화
> 를 보는 고로 싱남ᄒᆞ면 죠타ᄒᆞ되 ᄂᆞᆫ는 무슴 죄로 즈식을 두엇다가 영화는 고스
> ᄒᆞ고 셩셩 빅발 이 니 몸에 창금이 웬일이며 피골이 샹연혼 늘근 니 몸에 명지
> 경각이 웬일인고 네 츙렬아 나에 즈식이어던 급피 텬명을 순이ᄒᆞ야 곳 항복ᄒᆞ
> 고 부자 샹봉ᄒᆞ게 ᄒᆞ라 만일 니 말를 듯지 아니ᄒᆞ면 죽은 혼빅이라도 즈식이라
> 아니ᄒᆞ고 모진 악귀되야 네 몸을 히ᄒᆞ리라 할 말이 무궁ᄒᆞ되 명지 경각이기 이
> 만 긋치노라36)

위의 인용문은 「유충렬전」에 삽입되어 있는 서간으로, 간신(奸臣) 정
한담에 의해 위조된 음해적 위서다. 이 서간의 사연 자체로만 보면, 이
것은 아들 유충렬에게 그의 부친인 유심이 보낸 것이며, 사연의 주된 용
건은 아들에게 항복하기를 강권하는 내용이다. 그러나 이 서간은 실은
유심이 작성한 것이 아니라 간신 정한담이 유충렬의 항복을 이끌어내기
위해 유심을 잡아 귀양 보내고, 마치 유심이 아들에게 보내는 서간인 것
처럼 거짓으로 꾸며 만든 음해적 위서다.

이러한 음해적 위서는 고전소설에 적잖이 삽입되고 있다. 「옥루몽」에

---

36) 「류충렬전」, 『구활자본 고소설 전집』 제11권, 인천대 민족문화연구소, 1984, 343면.

서도 이 같은 음해적 위서를 찾아볼 수 있는데, 이 위서는 간악한 황소저에 의헤 만들어진다. 그녀는 벽성선을 모함하고자 벽성선이 자기를 독살하려 했다는 흉계를 꾸민다. 그러나 이 흉계가 실패로 돌아가자 황소저는 벽성선이 간부(姦夫)에게 쓴 서간인 것처럼 서간을 위조하고, 이 음해적 위서로 인하여 벽성선은 갖은 고초를 겪게 된다.

고전소설 속에 등장하는 음해적 위서는 작중 수신자를 위기 상황으로 몰아 넣는 계기로 작용한다. 이 위서를 작성하는 자는 수신자가 위서인 줄 눈치채지 못하게끔 하기 위해 위서 내용상의 발신자 필적(筆跡)을 구해 이를 모본(模本)으로 삼아 모사(模寫) 하기도 한다. 앞에서 인용·소개한 바 있는 「사씨남정기」에 삽입된 위서의 경우가 이런 예에 해당한다. 이 작품에서는 사씨 부인을 냉진의 첩으로 만들기 위해 동청이 교씨와 모의하여 마치 두부인이 사씨 부인에게 보내는 서간인양 서간을 위조한다. 이때 이들은 사씨 부인이 눈치채지 못하도록 두부인의 필체를 모사하여 위서를 만드는 것이다.

위서 작성자가 위서 내용상의 발신자 필적을 모사하여 치밀하게 만든 이러한 음해적 위서도 고전소설에서 어렵지 않게 찾아볼 수 있는데, 그러한 음해적 위서의 한 예를 「장학사전」에서 찾아보기로 한다.

> 박명 죄첩 소씨는 두 번 절후고 낭군 좌후에 올이옵느니 우리 셔로 이별한 후 소식이 돈절하고 음셩이 난통이라 쳥조가 영절후니 수졍을 뉘 젼후고 쥬야 장탄의 어늬 째 니즈리요 싱각 곳 후면 눈물이 압흘 막고 가슴이 문어지는 듯 일촌 간장이 봄눈 슬듯 상수불견이요 이 진졍은 하일 하시의 다시 한 번 만ㄴ 만코 만은 졍회를 슈담후여 깃븜을 일워보며 견우 직녀 만ㄴ 드시 만단 셜화를 하여 볼가 쥬야 바라더니 향즈의 쳔우신조 하셧는지 신명이 도우셧는지 쳔만 의외의 홍안이 소식을 젼후와 급히 써여 보오니 낭군의 필젹이라 편지만 보와도 낭군의 얼골을 상디하온 듯 반갑기 칭량 업수오며 첩을 그르다 아니 후시고

다시 차지실 뜻을 두시니 첩이 이졔 죽어도 여한이 업소이다 ……(중략)……
장한림이 후쥬년의게 침혹하여 첩을 원슈 갓치 박뒤하니 첩인들 무슴 졍이 잇
스리요 낭군은 아모조록 모계를 싱각하야 장가와 후쥬년을 멸망ᄒ고 기즈하고
후쥬 자식은 먼져 죽엿거니와 가슴의 미친 분심을 만분지 일이라도 풀지 못ᄒ
엿나이다 낭군은 명년으로 오시마 하엿시나 일각이 여숨츄요 일시가 십 년 갓
고 경경불민 못 이져셔 이제라도 가련마는 원순은 쳡쳡하여 쳔리안을 가리엿고
호월은 창창ᄒ야 사창에 비취엿네 복망복걸 우리 낭군 슈히 보게 하옵쇼셔 삼
월 츈풍 화류시와 구츄 단풍 황국시의 눈물겨워 엇지 살꼬 알외올 말슴 만스오
나 이목이 번다ᄒ기로 뒤강 젹스오니 부뒤 부뒤 밧비 와셔 상수하든 깁푼 졍을
풀어볼가 바라나이다[37]

위의 인용문은 「장학사전(張學士傳)」에 끼어 들어 있는 삽입 서간이다.
서간의 내용으로만 보면 소씨 부인이 한 외간 남자에게 보내는 것처럼
되어 있다. 그러나 이 서간은 실은 황제의 외손녀인 후주가 소씨 부인의
필적을 모사하여 작성한 음해적 위서다. 「장학사전」에서 주인공 장혜랑
은 학업을 위해 절강 지방에 내려갔다가 그곳에서 소씨를 보고 혼인한
다. 그 후 그는 황제의 청을 거절할 수 없어 후주도 부인으로 맞이하게
된다. 그런데 후주는 장혜랑이 소씨를 사랑함을 시기하여 그녀를 음해
하고자 한다. 이를 위해 후주는 시비를 시켜 소씨의 필적을 훔쳐, 마치
그녀가 쓴 서간인양 한 통의 위서를 만들어 그것을 장혜랑이 보게 만든
다. 이 위서의 내용을 보면 소씨가 후주를 미워하여 외간 남자와 짜고
후주의 자식을 죽인 것처럼 되어 있다. 이 음해적 위서로 인해 소씨는
집에서 쫓겨나게 되는 위기 상황에 처하게 된다.

---

37) 「장학사전」, 『구활자본 고소설전집』 제12권, 인천대 민족문화연구소, 1984, 513~
514면.

(2) 희롱적 위서

고전소설에는 상대방을 음해 하고자 하는 악의성(惡意性)이 없이 단지 희롱하고자 하는 의도에서 만들어지고 있는 위서도 보인다. 이러한 위서 는 음해적 위서처럼 부정적인 성격은 강하지 않은데, 이런 위서는 희롱 적(戲弄的) 위서라 부를 만하다.

이러한 희롱적 위서가 고전소설 작품 내에서 활용되고 있는 실례(實 例)를 「삼선기(三仙記)」에서 찾아보기로 한다.

> 잇쩌 리한림 형졔 형장을 관서에 보니고 슈년이 되도록 소식이 업슴을 근심 ㅎ야 ㅈ조 탐문ㅎ되 젹막ㅎ더니 일일은 형장의 셔간이 왓거늘 밧비 쩌여보니 더강 한헌 쑨이오 봉졔ㅅ 범졀을 졍셩으로 부탁ㅎ고 환로에 너무 분경치 말ㄴ 당부하고 왈
>
> 우형이 싱셰 이십 여년에 셰졍을 모로고 잇다가 우연히 평양을 나려와 고금 ㅅ젹을 열람한 즉 흉금이 쇄락ㅎ고 운치가 호탕ㅎ야 종각의 쟝풍과 ㅅ마천의 강회가 몽민에 츌몰ㅎ기로 즁원 강산을 구경코ㅈ ㅎ야 홍류 량 싱과 동힝ㅎ야 쩌나니 ……(중략)……우형의 방랑ㅎ 즈최는 염녀말ㄴ 동힝이 진실ㅎ고 셰상이 퇴평ㅎ니 근심홀 비 아니로되 가묘와 션산에 하 직지 못ㅎ옴이 죄송ㅎ도다 모월일에 우형은 의쥬 려관에서 붓치노라[38]

위의 인용문은 「삼선기」에 삽입되어 있는 서간의 모습으로, 이 서간 은 요약형과 인용형의 서술 방식이 혼용되고 있는 병용형 형태를 취하 고 있는 삽입 서간이다. 이 서간의 사연은 사건 전개에 중요하지 않은 전반부의 경우는 요약식으로 서술되어 있으며, 사건 전개에 영향을 미치 는 후반부의 경우는 인용식으로 서술되어 있다.

이 삽입 서간은 표면적인 사연 내용으로만 보면, 자기의 소식을 궁금

---

38) 「삼션긔」, 『구활자 소설총서』 12, 민족문화사, 1983, 64~65면.

해하는 형제에게 이춘풍이 보낸 일종의 안부 서간의 모습을 갖추고 있다. 서간의 대체적인 내용도 자기가 진실한 사람인 홍생과 양생을 동행삼아 산천 유람을 하고 있으니 자신의 안부를 염려하지 말라는 사연으로 되어 있다. 그러나 이러한 사연 내용은 이춘풍에 의해 작성된 것이 아니라, 홍랑과 유랑이라는 두 기녀에 의해서 위조된 것이다. 그 기녀들은 이 위조 서간을 이춘풍의 필적을 모사하여 작성하는 치밀함도 보여주고 있다.

이처럼 「삼선기」에 삽입된 위의 서간은 안부 서간이 아니라 위서인 것이다. 이 위서를 위조한 홍랑과 유랑이라는 두 기녀는 명문대가의 자손으로 도덕군자(道德君子)인 이춘풍을 훼절 시킨다. 그런 두 기녀가 서간에서는 자신들을 진실된 남자인체 위장해 놓고, 이춘풍이 자신들에게 빠져있는 실제의 상황을 이춘풍의 형제에게 속이고 있는 것이다.

그런데 이러한 속임수는 앞에서 살펴본 음해적 위서의 속임수와는 근본적으로 그 성격을 달리한다. 이 속임수 속에는 서간 위조자의 상대방에 대한 사악한 악의성이 엿보이지 않기 때문이다. 그러한 악의성 보다는 오히려 상대방의 위선적인 태도를 조롱하며 풍자·비판하고자 하는 희롱적 성격이 강하다. 이런 점에서 이 위서는 희롱적 위서라 하겠다.

이러한 희롱적 위서의 또 다른 예는 「오유란전」에서 찾아볼 수 있다. 잘 아는 바와 같이, 「오유란전」에서 평양감사는 도덕군자인체 하는 이생을 기녀 오유란을 통해 훼절시킨다. 그런 다음에 그는 마치 이생의 집에서 보낸 서간인 것처럼 두 통의 서간을 위조하여 이생에게 보낸다. 그 두 통의 서간 중 한 통은 이생의 부친의 병이 위중하다는 내용의 서간이고, 다른 한 통은 부친의 병이 완쾌되었으니 돌아가라는 내용의 서간이다. 이 두 서간은 모두 사연 요약형의 방식으로 개입되고 있는데, 후자의 서간 실상은 이미 앞에서 예시한 바 있기에 다음에는 전자의 것을 인용해 보기로 한다.

> 이윽고 저녁밥이 나오고 술이 들어왔다. 갑자기 삼문(三門) 밖에서 문을 두드리는 소리가 요란스럽게 들려왔다. 감사가 그 까닭을 물어 보라 하니, 한 노복이 경성에서 급보(急報)를 가지고 왔다고 했다. 즉시 불러들이게 하니, 부복하고 봉한 서찰 하나를 올렸는데, 겉에 '이모여중(李某旅中)'이라고 쓰여 있었다. 이생이 황망히 손으로 뜯어본즉, 이재상의 환후(患候)가 아침 저녁으로 시급하다는 사연이었다. 이생의 안색이 별안간 변해지고 어찌할 바를 몰라 했다.39)

평양감사의 그 같은 속임수를 전혀 모르는 이생은 부친이 병환 중이라는 급보 형태의 위서를 접한 후, 잠시 기녀 오유란과 아쉬운 작별을 한다. 또한 그는 집에 채 도착하기 전에 부친이 쾌차했다는 소식을 담은 또 하나의 위서를 접하고는 가던 길을 되돌려 오게 된다. 그리고 그는 평양감사가 꾸민 계략에 의해 결국 큰 망신을 당하게 된다.

이상의 예에서 보듯이, 희롱적 위서도 실제의 발신자에 의해 집필된 서간이 아니라 제3의 인물에 의해 위조된 서간임에는 분명하다. 그러나 이 희롱적 위서가 음해적 위서와 확연히 구분되는 점은 상대방을 모함하고 음해하여 그를 곤궁에 빠뜨리고자 하는 사악한 악의성이 보이지 않는다는 점이다. 이보다는 위에서 예로 제시한 서간이 보여 주듯이, 조롱적이고 풍자적인 성격이 강하다. 이러한 점이 바로 고전소설에 삽입된

---

39) 「오유란전」, 신해진 역, 앞의 책, 218면.
　　少頃 進殽行酒 忽聞三門外 叩啄聲喧鬧 命詢其故 乃一蒼頭 自京來急報
　　云 卽令招致 俯伏上一封書 而皮式曰 李某旅中 忙手開見 則李相患候朝
　　夕時急之報也 生顔忽變色 罔知収措

희롱적 위서가 노리는 문학적 효과로 파악된다.

(3) 구원적 위서

고전소설 작품 내에 삽입되고 있는 위서의 유형 중에는 구원적(救援的) 위서로 활용되고 있는 서간 유형도 존재한다. 이 구원적 위서는 앞에서 검토한 바 있는 음해적 위서와는 성격상 상반되는 위서다. 구원적 위서도 물론 제3자에 의해 위조된 서간이긴 하지만, 그 위조는 상대방을 음해하고 모함하고자 하는데 있는 것이 아니다. 구원적 위서의 위조는 오히려 그와는 정반대로 위기의 상황에 처해있는 작중 인물을 구제할 선의적(善意的)인 의도에서 비롯되는 것이다.

이처럼 선의적인 의도에서 제3자에 의해 위조되고 있는 구원적 위서의 한 예를 고전소설 작품에서 찾아보기로 한다.

> 박명 인성 류씨는 슬푼 소회롤 쳔지 신명긔 고흐느이다 슬푸다 부모의 싱륙 구로지은이 바다히 엿고 산이 가비야온 지라 십오 셰의 승상을 만나 악명은 무숨 일고 죽은 지 삼 년 만의 원이 깁헛더니 다시 회싱흐기는 황샹의 널부신 덕틱과 왕비의 셩덕과 승상의 활달 디도흐신 은덕으로 일월셩신과 후토신령의게 발원흐야 다시 인연을 미졋더니 가지록 팔지 무상흐야 원통흔 악명을 무릅써 죽으니 하날이 졍흐신 슈를 도망키 어렵도다 쳡은 죄악이 심즁흐야 죽거니와 유모 부쳐는 무슴 죄로 가도 왓는고 슬푸다 지하의 무슴 면목으로 부모긔 뵈오리오 다만 복즁의 씨친 바 승샹의 혈륙이 어미 죄로 셰샹의 나지 못흐고 죽으니 한 조각 한이 깁도다[40]

천지신명(天地神明)을 수신자로 하여 지어진 이 서간은 「정을선전(鄭乙

---

40) 「졍을션젼」, 『구활자 소설총서』 11, 민족문화사, 1983, 31면.

善傳)」에 삽입되어 있는 서간이다. 이 서간은 표면적인 사연 내용으로만 보면 죽음을 앞둔 유추년이 지은 유서(遺書)의 모습을 취하고 있다. 그러나 이 서간은 실은 유추년에 의해 작성된 것이 아니라 그녀의 시비인 금섬에 의해 작성된 일종의 위조 서간이다.

「정을선전」에서 유추년이 을선(乙善)과 혼인하여 그의 사랑을 독차지하게 되자, 을선과 먼저 혼인한 초왕의 딸이 추년을 시기·질투하게 된다. 그리하여 초왕의 딸은 추년을 모함하기에 이르고, 그 결과 추년은 옥에 갇혀 죽임을 당할 위기에 처하게 된다. 그러자 추년의 시비인 금섬은 그녀를 탈옥시키기 위해 자신이 대신 옥중에 들어가 마치 유추년이 자결한 것처럼 위장한다. 이때 금섬은 이 유서 형태의 위서를 만들어 자신의 옷고름에 매고 스스로 옥중에서 자결한다.

위의 인용문은 바로 이때 시비 금섬이 작성한 위조 서간이다. 이 위서는 자기가 모시는 상전의 목숨을 구하고자 하는 선의의 목적에서 위조되고 있다. 이처럼 위기 상황의 작중 인물을 도울 의도에서 위조된 서간이 구원적 위서다.

3) 유서

고전소설에 삽입되어 있는 또 다른 서간의 유형으로 유서(遺書)를 들 수 있다. 잘 아는 바와 같이, 유서는 죽음에 임한 집필자의 비장한 마음을 담고 있는 글인데, 고전소설에 삽입되어 있는 서간 중에는 이러한 유서의 형태로 활용되고 있는 경우가 적지 않다. 발신자의 절박한 심정을 생생하게 드러내면서 서사 사건의 진행 과정에서 주요 기능을 발휘하고 있는 유서 유형의 서간에는 원정적(原情的) 유서와 염정적(艶情的) 유서가 있다. 다음에는 이 두 유형의 유서가 보여주고 있는 실상에 대해 구체적으로 살펴보기로 한다.

(1) 원정적 유서

원정적(原情的) 유서는 억울한 죽음을 눈앞에 둔 작중 인물이 자신의 사정을 하소연하기 위해 작성한 유서를 말한다. 이 원정적 유서는 대개 작성자가 자신이 입고 있던 적삼과 같은 옷에 혈서로 쓰는 형태를 취한다. 이 같은 원정적 유서가 작성되고 있는 비통한 장면을 고전소설 속에서 찾아 제시해 보기로 한다.

> 류소제 빅옥 갓흔 몸의 누명을 시르니 원정을 뉘게 말흐리오 불승분원흐야 칼을 쌘혀 죽으려 흐다가 다시 싱각흐니 이러틋 죽으면 뉘 일신이 옥 갓흐믈 뉘 알리오 흐고 이의 속젹슘을 버셔 손가락을 씨무러 피를 너여 혈셔를 쓰니 눈물이 변흐야 피 되더라 ……(중략)…… 유뫼 소져를 붓들고 통곡흐니 소졔 눈물을 먹음고 왈 유모는 나의 원통이 죽으믈 불상이 녀겨 후일의 변빅흐믈 바라노라 흐고 혈셔 쓴 젹슘을 쥬니 유뫼 소졔 죽을가 겁흐야 만언을 위로흐니 소졔 다시 일언을 아니코 반일을 익곡흐다가 명이 쯧쳐지니[41]

위의 인용문은 「정을션젼」에서 유추년이 유서를 쓰고 죽음에 이르는 장면이다. 주지하는 바와 같이, 「정을션젼」에서 유추년은 계모인 노씨로부터 억울한 누명을 쓰게 된다. 계모 노씨는 자기의 사촌 오빠에게 그가 마치 유추년의 간부(姦夫)인 것처럼 음모를 꾸미게 시킨다. 이로 인해 유추년은 부정한 여인이라는 누명을 쓰게 되는 것이다. 그러자 유추년은

---

41) 「정을션젼」, 앞의 책, 11~12면.

마침내 자살을 결심하게 된다. 위의 인용문은 자결에 앞서 자신의 손가락을 깨물어 피로 유서를 작성하는 유추년의 비통한 마음과, 그리고 그같은 상황이 전개되고 있는 처절한 분위기를 잘 그려내고 있다.

이와 같이 고전소설에 삽입되고 있는 원정적 유서는 그 유서의 작성자가 자신의 억울한 사정을 밝혀 누명을 벗고자 하는 의도에서 쓰여지는 것이 대부분이다. 그러한 원정적 유서의 한 예를 「정을선전」에 삽입된 유추년의 유서를 통해 살펴보기로 한다.

> 춘련은 삼가 글을 유모의게 붓치노라 니 셰샹의 난 지 슴 일만의 모친을 리별ᄒᆞ니 엇지 살기를 바라리오마는 유모의 은혜를 닙어 잔명을 보존ᄒᆞ야 십오셰의 니르러 정가의 정혼ᄒᆞ미 나의 팔지 가지록 무샹ᄒᆞ야 귀신의 작회를 맛나 청춘의 원혼이 되니 한ᄒᆞ야 부절업도다 쳔만 의외의 동방 화촉 깁흔 밤의 엇던 스롬이 큰 칼을 들고 여ᄎᆞ 여ᄎᆞ ᄒᆞ미 정랑이 엇지 의심치 아니리요 나를 죽이려 ᄒᆞ다가 멈츄고 나아가니 니 무슴 면목으로 부친과 유모를 보며 셰샹의 잇슬 마음이 잇으리오 슬푸다 외로운 혼빅이 무쥬 공산의 님ᄌᆞ 업슨 귀신이 되리로다 죽은 니 몸을 졈졈이 풀 우히 언져 오작의 밥이 되면 이거시 니 원이오 금의로 안장ᄒᆞ면 혼빅이라도 한을 풀지 못ᄒᆞ리로다 유모의 은혜를 만분지 일이라도 갑지 못ᄒᆞ고 누명을 쓰고 죽으니 원한이 쳘쳔ᄒᆞ다 지하에 도라가 모친 혼령을 뵈오면 나의 이미한 악명을 고홀가 ᄒᆞ노라[42]

위의 인용문은 유추년이 자신의 유모(乳母)를 수신자로 하여 집필한 유서 유형의 서간이다. 앞에서 인용한 바와 같이, 계모 노씨의 간계로 부정한 여인이란 누명을 쓰자, 유추년이 자신의 무죄를 변백(辨白)할 목적에서 작성한 원정적 성격의 유서다. 손가락을 깨물어 자신의 속적삼에다 피로 쓴 이 유서에서 유추년은 자신의 결백을 밝히고, 아울러 누명을

---

42) 「정을선전」, 앞의 책, 12면.

쓴 채 죽게 된 지원지통(至寃至痛)한 자신의 심정을 강도 높게 표출하고
있다.43)

> 죄첩 최씨는 두 줄 혈셔로 샹공게 올리옵ᄂ이다 슬푸다 텬졍연분으로 부부
> 의 의를 미즈 유즈싱녀ᄒ고 금슬이 화합ᄒ야 빅년을 긔약ᄒ더니 조물이 싀긔ᄒ
> 고 귀신이 미워ᄒ야 쳔만 꿈밧게 리별을 당ᄒ와 어린 즈식들을 잇글고 유리표
> 박ᄒ다가 심산궁곡의 들어와 잔명을 보존홈은 오직 승상의 회심ᄒ시기를 바라
> 미더니 첩의 명도ㅣ 긔구ᄒ고 심회 쳡쳡ᄒ야 다시 닐어나지 못홀 병이 들어 이
> 졔 세상을 영결ᄒ오니 이갓흔 무궁훈 한을 엇지 다 풀어 보릿가 구쳔지하에 돌
> 아가더리도 원혼이 되야 눈을 감지 못ᄒ리로소이다 첩은 임의 죽거니와 어린
> 즈식들이야 무슴 죄 잇스오릿가 바라건디 일즉이 것우어 각별이 ᄉ랑ᄒ야 텬륜
> 지정을 온젼케 ᄒ고 션디 향화를 끈치게 말으소셔44)

위의 삽입 서간은 「양풍운전」에서 죽음을 눈 앞에 둔 양태백의 부인
인 최씨가 남편에게 쓴 원정적 유서다. 최씨 부인은 '나의 지원극통홈은
쳔만 년이 지나드리도 썩지 아니 ᄒ리라'고 하면서 자신이 입고 있던 나
삼 조각에다 손가락을 깨물어 그 피로 이 원정적 유서를 작성한 후 죽음
을 맞이하게 된다.

잘 아는 바와 같이, 「양풍운전」에서 양태백은 주인공 풍운의 부친으
로 송계영이라는 여인을 소실로 맞아들인다. 그런데 이 송씨 부인은 시
기와 질투가 많은 여인으로 양태백의 마음을 사로잡은 후, 부인 최씨와
자녀들을 집에서 내쫓고자 한다. 양태백은 송씨의 말에 따라 최씨 부인
과 어린 자녀들을 내쫓게 되고, 쫓겨난 최씨 부인은 병을 얻어 사경에
이르게 된다. 위의 서간은 송씨 부인의 참소(讒訴)로 인해 집에서 쫓겨나

---

43) 이장환, 앞의 논문, 41~44면 참조
44) 「양풍운젼」, 『구활자 소설총서 고전소설』 11, 민족문화사, 1983, 9면.

어린 자식을 남겨두고 세상을 하직해야 하는 최씨 부인이 양태백에게 자신의 원통한 심회를 하소연하고, 동시에 회심(回心)하여 불쌍한 자식들을 거두라는 당부의 말을 전하기 위해 작성한 원정적 성격을 지닌 유서인 것이다.

(2) 염정적 유서

염정적(艶情的) 유서는 억울한 누명을 벗고자 쓰여지는 원정적 유서와는 달리 죽음에 임한 작중 발신자가 자신이 연모하는 수신자에 대해 품고 있는 미진한 사랑의 여한을 담고 있는 유서다. 상사(相思)의 정을 담고 있다는 점에서 이 염정적 유서는 연정서와 흡사한 양상을 지니고 있기는 하다. 그러나 발신자가 죽음에 임박해 유서 형태로 쓰고 있다는 점에서 이 염정적 유서는 연정서와 기본적으로 변별되는 속성을 지닌다. 이런 염정적 유서 유형의 서간도 고전소설에서 어렵지 않게 찾아 볼 수 있다.

이 같은 염정적 유서의 실상을 잘 보여주는 예로는 「양산백전」에 삽입되어 있는 양산백의 유서를 들 수 있다. 이 염정적 유서는 상사병에 걸려 죽어가던 양산백이 자신이 사모하는 여인인 추양대에게 쓴 유서다.

박명 죄생 양산백은 삼가 글월을 추소저 좌하에 붓치나니 우리 량인이 인연이 지중키로 삼 년을 동거처하야 심중 맹약을 가저 불전에 도축하니 텬디로 정참이 되온고로 백 년을 잊지 말자 하올 째에는 피차에 남자로대 맹약함이 금석 갓거날 하믈며 녀화위남을 안 연후에 다시 범연하리오 생이 내심에 숙녀를 맛나 평생을 쾌락하리라 하고 챵텬끠 례하얏더니 조물이 싀긔하야 소저ㅣ 본댁으로 가온 후 주야로 생각이 간절키로 낭자를 차자 꿈갓치 맛나 깃분 말은 듯지 못하고 놀라온 말삼이 청텬 백일에 벽력이 일신을 분쇄하매 어이 살기를 바라

리오 죽기는 슬지 아니하되 학발 쌍친을 사절하게 되니 불효 막심이라 구텬 타
일에 하면목으로 조상을 뵈오며 또 후세의 꾸지람을 엇지 면하며 낭자를 차생
전에 다시 맛나 보지 못하고 황텬으로 도라가니 이 유한은 죽어도 눈을 감지
못하리로다 죽기를 임하야 두어 자로 생의 뜻을 고하며 또 생이 부모끠 고하야
낭자의 신행길에 무더 주시면 낭자 왕내지시에 성음이나 드러 원혼이라도 위로
하야 주시기를 바라오니 원컨대 낭자는 왕래지시에 한 잔 술로 무주고혼을 위
하야 주시면 사무여한이라 죽기를 임함에 정신이 혼미하여 대강 긔록하노라[45]

위의 유서는 추양대를 향한 양산백의 열정적인 사랑의 감정이 엿보이
는 서간이다. 죽은 후에도 추양대를 잊지 못할 것이라는 발신자의 애절
한 심정이 사연 구석구석에 절절이 묻어나는 그런 유서다.

이 같은 염정적 유서로 활용되고 있는 서간은 「운영전」에서도 찾아볼
수 있다.

박명한 첩 운영은 낭군께 재배하고 사룁니다. 저는 변변치 못한 자질로써 불
행히도 낭군의 사랑을 받게 되었습니다. 그 이후 우리는 얼마나 서로를 그리워
하고 갈망했었습니까? 다행스럽게도 하룻밤의 즐거움을 이룰 수는 있었으나,
바다처럼 깊은 우리의 사랑은 미진하기만 합니다. 인간 세상의 좋은 일을 조물
(造物)이 시기한 탓으로 궁인들이 알고 주군이 의심하게 되어 마침내 재앙이
눈 앞에 닥쳤으니, 죽은 뒤에나 이 재앙이 그칠 것입니다. 엎드려 바라건대, 낭
군께서는 이별한 후에 비천한 저를 가슴 속에 새겨 근심하지 마시고, 더욱 학업
에 힘써 과거에 급제한 뒤에 높은 벼슬길에 올라 후세에 이름을 드날리고 부모
님을 현달케 하십시오 제 의복과 재물은 다 팔아 부처께 공양하시고, 갖가지로
기도하고 지성으로 빌어 삼생의 연분을 후세에 다시 잇도록 해주십시오 그렇
게만 해주신다면 더없이 좋겠나이다! 좋겠나이다![46]

---

45) 「양산백전」, 『구활자본 고소설 전집』 제26권, 인천대 민족문화연구소, 1984, 432면.
46) 「운영전」, 이상구 역, 앞의 책, 148면.
　　薄命妾雲英　再拜白金生足下　妾以菲薄之資　不幸以爲郞君之留意　相思幾

잘 아는 바와 같이, 「운영전」에서 궁녀 운영은 자신과 김진사와의 관계가 안평대군에게 알려지게 되자 김진사에게 서간을 보내 삼생의 미진한 연분을 후세에 다시 이어지게 하여 주시면 좋겠다는 말을 남기고 마침내 자결한다. 위에 인용한 서간이 바로 그 서간이다. 죽음의 순간을 눈앞에 두고 자신이 간절히 사모하는 연인 김진사에게 쓴 이 운영의 애절한 서간 역시 염정적 유서 유형의 삽입 서간이다.

4) 밀서

고전소설에 삽입되어 문학적 장치로 작용하고 있는 서간의 유형 중에 밀서(密書)가 있다. 일반적으로 밀서란 발신자와 수신자 사이에서 은밀하게 주고받는 서간을 의미하며, 이러한 밀서는 대개 기밀(機密)에 해당하는 사연이 누설되는 것을 방지할 목적에서 만들어지게 된다. 고전소설 작품 내에 등장하고 있는 밀서적 서간 역시 이러한 필요성에 의해 작성되기는 마찬가지다. 이러한 밀서의 기본 속성 때문에 이 유형의 서간은 주로 군담적(軍談的) 서사 사건 속에 개입하는 경우가 많다.

밀서 형태의 서간이 고전소설 작품 속에 삽입되어 있는 구체적인 모습을 「임경업전」에서 찾아보기로 한다.

전임 대사마 림경업은 두 번 절ᄒᆞ고 ᄒᆞᆫ 쟝 글월을 황노야 휘하에 올나나이다

日 相望幾時 幸成一夜之交歡 未盡如海之深情 人間好事 造物多猜 宮人知之 主君疑之 禍迫朝夕 死而後已 伏願郎君 此別之後 毋以賤妾置於懷抱間 以傷思慮 勉加學業 擢高第登雲路 揚名後世 以顯父母 而妾之衣服寶貨 盡賣供佛 百般祈祝 至誠發願 使三生緣分 再續於後生 至可至可矣

일자 비별ᄒ온 후로 ᄉ모지심이 겁흘 ᄯ름이러니 셰ᄉ 번복ᄒ야 쳔해 그릇 되
엿스나 엇지 이 곳에 와 뵈올 줄 ᄯᆺᄒ엿스리오 이ᄂᆫ 다 쳔수라 ᄒᆫ 홀 비옵삽거
니와 이졔 호젹이 경업으로 ᄒ야금 셩을 치라 홈은 나를 해코져 ᄒ미라 니 이
졔 호젹을 썩은 풀 ᄀᆺ치 보더니와 바라건대 셩 즁 빅셩을 어엿비 역여 너일 ᄊ
홈에 거즛 항복ᄒ야 후일을 도모ᄒᄉ이다47)

위의 서간은 「임경업전」에서 경업이 작성한 밀서다. 「임경업전」에서
경업은 호국의 청병 강요에 의하여 마지못해 명군(明軍)과의 싸움에 출
전하게 된다. 위의 밀서는 이때 경업이 발신자가 되어 명나라 장수인 황
자명에게 보낸 것이다. 이 밀서에서 경업은 자신이 황자명을 사모하고
호국을 천시하고 있으며, 내일의 싸움에서 거짓 항복하겠다는 기밀을 비
밀스럽게 전달하고 있는 것이다.

밀서 유형의 서간이 고전소설 작품 내에 개입되고 있는 또 하나의 예
를 「옥루몽」에서 찾아보기로 한다.

도독이 출군한 후 첩이 자고대(鷓鴣臺)에 올라 동남(東南)간을 바라보니 괴
상한 기운이 가득하였습니다. 병서에 이르기를 '흑기(黑氣) 아래에는 반드시
요술(妖術)이 있다'고 합니다. 소보살(小菩薩)의 요술이 비상함을 첩은 이미
들었습니다. ……(중략)…… 첩이 일찍이 한 가지 진법(陳法)을 배웠는데 이
름이 강마진이며 제석이 마왕을 사로잡는 진법입니다. ……(중략)…… 혹 누
설될까 두려워하여 호백구(狐白裘)를 같이 보냅니다.48)

위의 인용문은 「옥루몽」에서 홍랑이 양창곡에게 은밀히 보낸 밀서 유

---

47) 「림경업전」, 『구활자본 고소설 전집』 제30권, 인천대 민족문화연구소, 1984, 164
　　~165면.
48) 都督出軍後　妾上鷓鴣臺　望見東南間　怪氣充滿　兵書云　黑氣之下　必有妖
　　術　小菩薩之妖術非常　妾已聞矣　……(中略)……　妾嘗學一陳法　名曰降魔
　　陳　帝釋擒魔王之陳法　……(中略)……恐或漏泄　同送狐白裘(「玉樓夢」)

형의 서간이다. 양창곡이 출전(出戰)하여 적군과 대치하고 있을 때, 홍랑은 양창곡에게 이 밀서를 통해 강마진이라는 진법을 알려 준다. 양창곡은 이 강마진법을 이용해 적군의 침입을 막아내게 된다. 그런데 홍랑은 이 밀서를 양창곡에게 전달할 때, 이를 호백구(狐白裘) 속에 넣은 채 비밀스럽게 전한다. 이는 위에서 인용한 밀서의 내용에서 언급하고 있듯이, 기밀이 누설되는 것을 방지하기 위함이었다.

5) 원정서

고전소설에 삽입되어 문학적 장치로서의 기능을 발휘하는 서간의 유형에 원정서(原情書)가 있다. 원정서란 억울한 처지에 있는 발신자가 자신의 사정을 하소연하는 내용으로 되어 있는 서간을 일컫는다. 이 유형의 서간은 모함이나 음해, 누명 등으로 인한 자신의 치욕을 씻어내고, 가슴 속의 원통함을 풀기 위한 용도에서 집필된다는 점에서 앞서 논의한 원정적 유서와 상통하는 부분이 있다. 이 원정서는 또한 원정적 유서와 마찬가지로 작성자가 자신이 입고 있던 적삼 등에 손가락을 깨물어 피로 작성하는 모습을 보여 주기도 한다.

그러나 원정적 유서는 신원설치(伸冤雪恥)의 내용을 담고 있긴 하지만 죽음을 눈 앞에 둔 작중 발신자에 의해 작성된다는 점에서 유서(遺書)에 해당하며, 거기에 비해 원정서는 작중 발신자가 죽음을 염두에 두고 작성한 서간이 아니라는 점에서 원정적 유서와 변별된다. 이는 앞서 살펴본 바 있는 염정적 유서와 연정서와의 관계와 마찬가지다.

다음에는 이 같은 원정서의 모습으로 고전소설 속에 삽입되어 있는 서간의 예를 하나 들어 보기로 한다.

박명 죄첩 쇼씨는 장쇼져의게 올이옵느니 슬푸다 쇼졔 시가로 가신 후로 가
니지변이 여츠여츠 호와 천지간의 용납지 못할 누명을 쓰고 나오니 눈물이 압
흘 가리와 갈 곳지 망연호 지라 죠곰도 지쳬치 못호쟈 쇼져나 잠간 보고 나가
려 호엿더니 지쵹이 셩화 갓습고 일시도 머물 슈 업기로 쇼져를 보지 못호옵고
길을 나미 섭섭한 졍회를 엇지 다 셩언하리요 도시 쳡의 팔즈 긔박하미니 슈원
슈귀리요만은 의지 업는 스람을 어디로 가라 하고 이 지경을 당호오니 하월 하
시의 다시 뵈오리요 하고 즉시 이 셰상을 바리고져 호느 죽지 안이하는 것은
션친위좌를 위호미요 쏘한 복즁의 장씨 혈육든 지가 슴삭이 되여 스셰 부득이
하여 죽지 못호고 느가오느 엇지 죽어 원혼을 면하리요 바라건디 장형은 천만
보즁 하옵소셔 아뢰올 말슴이 무궁무진 하오느 쏙겨 가는 길의 엇지 다 기록하
리요 가삼이 무너지고 눈물이 인호여 피가 되고 한슘이 막혀 졍신이 업기로 이
만 긋치노라[49]

위에 인용한 삽입 서간은 「장학사전」에 삽입되어 있는 원정서다. 앞
서 언급했듯이, 「장학사전」에서 장혜랑의 부인 소씨는 후주가 꾸민 위
서(僞書) 사건으로 인해 장혜랑의 노여움을 사 집에서 쫓겨나게 된다. 위
의 서간은 이때 소씨가 누명을 입은 억울한 처지를 자신이 입고 있던 속
적삼에 혈서로 써서 장혜랑의 누이에게 하소연한 원정서다. 서간의 내용
에서도 드러나고 있듯이, 소씨는 누명을 입어 죽고자 하나 선친을 생각
하고, 복중의 아기를 위해 자결을 포기한 연유와 함께 자신의 억울함을
고하고 있다.

6) 통지서

고전소설에 삽입되어 작품 구성에 활용되고 있는 서간 유형으로 통지

---

49) 「장학사전」, 앞의 책, 516～517면.

서(通知書)가 있다. 이 통지서는 상대편에게 어떠한 내용을 알려야 할 필요성에 의해서 작성되는 서간의 일종으로, 여타의 서간 유형에 비해 실용적 성격이 강한 서간 유형이다. 고전소설 속에 등장하고 있는 이러한 통지서 유형의 서간은 다시 회문적(回文的) 통지서와 통문적(通文的) 통지서로 구분할 수 있다. 다음에는 이들 각각의 통지서에 대해 살펴보기로 한다.

(1) 회문적 통지서

잘 아는 바와 같이, 회문(回文)은 발신자가 작성하여 전달한 글이 다수의 수신자들이 돌려보고 난 후 다시 발신자에게 돌아오게끔 되어 있는 통지서(通知書)다. 이러한 회문 형식으로 되어 있는 통지서도 고전소설에서 어렵지 않게 찾아 볼 수 있다. 고전소설에 삽입되어 있는 회문의 예를 하나 아래에 제시해 보기로 한다.

무릇 텬디간에 바다이 가장 널고 만물 즁에는 사롬이 오즉 영웅이로되 쳥텬빅운(靑天白雲)에 깃슬 떨쳐 나는 시와 산즁 암혈에 거름을 달여 발셥(跋涉)호는 벌너지라 만슈쳔목(萬樹千木) 놉히 쳐호여 길드리는 금조오작(禽鳥烏鵲)이며 강쳔계간(江川溪間)에 비누리 잠겨 부유(浮游)호는 어류(魚類)들이 다 각각 텬졍에 리긔(理氣)는 잇는지라 ……(중략)…… 희(噫)라 우리 셔씨 문즁의 문장 어룬이 나라에 디공(大功)을 이루무로 당텬자(唐天子) 어엿비 여기스 즈급(資級)을 나리사 가자(加資)를 쥬신고로 오날날 잔치를 빅설호여 셔씨 족당(族黨)으로 더부러 텬은(天恩)을 공락(共樂)코져 호여 이갓치 회문(回文)을 써 각쳐 셔씨에게 고시(告示)호노니 원근 무론호고 우리 조판 셔씨는 일일이 젼호야 삼월 십오일 니로 구궁산 팔패동으로 일졔 리회(來會)호시되 말일 불참호는 자 잇스면 셔씨 문호(門戶)의 폐족(廢族)이라[50]

위의 인용문은 「서동지전」에 삽입되어 있는 회문(回文)의 모습이다. 잘 아는 바와 같이, 「서동지전」에서 서동지는 당태종이 금용성을 공격하려 할 때 공을 크게 세워 벼슬을 제수받게 된다. 이에 서동지의 집에서는 잔치를 준비하며, 이를 알리기 위해 서사(書士) 쥐로 하여금 한 장의 회문을 짓게 한다. 위의 삽입 서간이 바로 이 회문이다. 서사 쥐가 작성한 이 회문은 20여명의 노복(奴僕)에 의해 구주(九州)에 흩어져 사는 서씨 친척들에게 전해져 잔칫날에는 이루 헤아릴 수 없을 만큼의 많은 쥐들이 모이게 된다.

(2) 통문적 통지서

일반적으로 통문(通文)은 다수의 수신자를 대상으로 알리고자 하는 내용이 있을 때, 그 글을 읽는 수신자들이 자신의 이름을 적어가며 돌려읽는 통지서(通知書)를 말한다. 고전소설 작품 내에도 이런 통문 형식을 갖춘 통지서가 개입되고 있다. 다음에는 이러한 통문적 유형의 삽입 서간의 구체적인 실상을 제시해 보기로 한다.

> 낭군이 본디 일가 친척이 없어 고적한 중에 내 또한 젊은 계집으로 규중에 생장하여 동서를 알지 못할 뿐더러 혈혈단신이 할 수 없사오니 바라옵건대 여러분의 처분으로 지아비 시신을 감장하와 주옵시면 은혜 백골난망이로소이다[51]

위의 인용문은 「까치전」에 삽입되어 있는 일종의 통문(通文)이다. 「까

---

50) 「서동지전」(세창서관본), 유영대·신해진, 『조선후기 우화소설선』, 태학사, 1998, 181~182면.
51) 「까치전」(김영한 소장 필사본), 유영대·신해진, 앞의 책, 103면.

치전」에서 까치는 보금자리를 거창하게 짓고는 낙성연(落成宴)을 베푼다. 이때 그는 잔치에 고구친척(故舊親戚)을 다 초청한다. 그러나 온갖 비금(飛禽) 중 비둘기가 초청에서 누락되었고, 이에 불만을 품은 비둘기는 까치를 찾아가 다투게 되고 그 과정에서 까치가 죽는다. 이에 까치의 처가 군수에게 비둘기의 처벌을 청하나 비둘기의 뇌물을 받은 증인의 위증으로 비둘기는 풀려나게 된다. 한을 풀지 못해 실성 통곡을 하던 까치의 처는 설움을 진정한 후, 남편의 장례를 치르기 위해 온갖 비금들에게 기별하여 알리게 된다. 위의 인용문이 이때 까치 처가 작성한 통지문이다.

이상에서 개괄적으로 살펴본 바와 같이, 고전소설 속에 삽입되어 있는 서간은 단순히 안부를 묻고 소식을 전하는 매개체에서 그치지 않고 연정서(戀情書)·위서(僞書)·유서(遺書)·밀서(密書)·원정서(原情書)·통지서(通知書) 등 다양한 용도로 활용되고 있다. 고전소설은 이러한 여러 유형의 서간을 소설 구성의 필요에 따라 적절하게 사용함으로써 문학적 성과를 거두고 있는 것이다.

4. 서간의 문학적 기능

고전소설에 삽입되어 있는 서간은 단순한 소재나 문학적 장식물로 작품 내에 존재하는 것은 아니다. 그것들은 소설 구성의 필요에 의해 적재적소에 위치하며, 거기에서 자기에게 부과된 역할을 담당한다. 다음에서는 다양한 유형으로 활용되고 있는 서간들이 작품 내에서 어떠한 문학적 기능을 발휘하고 있는지 그 구체적인 모습을 살펴보기로 한다.

1) 언술 장치적 기능

(1) 대화적 기능

일반적으로 서간은 공간적인 분리로 인해 직접 말을 할 수 없을 때, 또는 상대방에게 직접 말로 전하기 불편할 때, 문자를 빌어 발신자의 용건을 수신자에게 전달하는 글이다. 그러므로 서간의 사연은 수신자에게 하고 싶은 발신자의 말이라 해도 무방하다. 따라서 발신자와 수신자 사이에서 서간의 교환이 이루어질 경우 서간은 사실상 발신자와 수신자 사이의 대화인 것이다. 고전소설 속에 삽입되고 있는 서간도 작중 인물들 사이에서 사연을 전달하고 교환하는 대화적 차원의 의사 소통 수단임은 물론이다.

> 이즁첩신은 일봉 답함을 제막 탑하에 부치나니 싱면부지 즁에 셔사 상통이 괴이ᄒ고 용망난망에 불ᄉᄌᄉ라 ᄒ니 그런ᄒ 비례의 말은 한양에나 가셔 쓸 것이오 죽네 사네 말을 ᄒ나 이 ᄉ롬에게는 부당ᄒ오 군ᄌ는 인신되여 옛글을 모르시오 사군츙 죵부절은 텬디지상경이오 고금지통의어늘 남의 졍졀을 아스려 ᄒ니 츙졀유무를 알니로다 ᄯᅩᄒ 우리 동국은 례의지방이어늘 이 갓흔 무례의 셔신을 아모데나 함부루 ᄒ니 졈잔은 인ᄉ가 아니라 녀자 되여 당돌이 남ᄌ를 칙ᄒ는 것 갓지마는 차후는 이러ᄒ 일 두 번도 힝치 말고 퇴거ᄒ야 례긔를 득송ᄒ시오(이하 생략)[52]

위의 서간은 「배비장전」에서 인용한 것으로, 배비장이 흠모하는 관기(官妓) 애랑의 편지다. 이 서간은 앞에서 이미 인용·소개한 바 있는 배비장이 애랑에게 보낸 연정서에 대해서 그녀가 답한 서간이다. 배비장이 애랑에 대한 연모지정을 서간에 적어 보내자, 그녀 역시 서간을 통해 자

---

52) 「배비장전」, 신해진, 앞의 책, 297면.

신의 마음을 배비장에게 대답하고 있는 것이다. 이처럼 배비장과 애랑은 서간을 이용해 문자를 통한 대화를 하고 있는 것이다.

고전소설 작품에서 발신자와 수신자는 단순히 공간적으로 멀리 떨어져 있기도 하지만, 경우에 따라서는 궁중(宮中)과 궁외(宮外), 옥중(獄中)과 옥외(獄外), 아방(我方)과 적방(敵方) 등과 같이 공간적으로 단절된 상태에 처해 있기도 하다. 이처럼 발신자와 수신자가 공간적으로 단절되어 있을 때, 대화적 언술 장치로서의 서간의 기능성은 더욱 부각된다. 이런 경우에도 서간은 단절된 공간에 있는 발신자와 수신자의 연결을 가능하게 만들어 두 사람 사이의 의사 소통을 이루어 내는 언술 장치로 효과적으로 작용하고 있기 때문이다.

이와 같이 고전소설 속의 서간은 발신자와 수신자 사이의 공간적인 거리는 물론이거니와 공간적인 단절까지도 뛰어 넘어 서로의 의사를 소통시켜 주는 대화적 언술 장치로서의 구실을 효과적으로 담당하고 있는 것이다.

(2) 고백적 기능

이러한 대화적 기능 외에도 고전소설 속의 서간은 자기 고백적인 기능을 발휘하는 언술 장치이기도 하다. 기실 서간은 본질적으로 발신자의 내심(內心)을 드러내기에 용이한 문장 양식이다. 따라서 이 서간 형식이 문학 작품에 수용될 때에도, 그 서간의 내용에는 감정의 표현, 비밀의 토로, 자기 변명 등 작중 발신자의 내심이 그대로 드러나는 것은 당연한 현상이라 하겠다.[53] 고전소설에 삽입되어 있는 서간 중에 객관적인 사

---

53) 이재선, 앞의 책, 157면 참조

실만을 보고하고 있는 예가 없는 것은 아니지만, 작품 내에서 비중 있게 취급되고 있는 서간들의 대다수는 그 사연 내용 중에 작중 발신자의 내면적인 모습이 보여지고 있는 것이 사실이다.

일반적으로 서간은 일인칭 서술로 이루어지기 때문에, 발신자의 내면 세계를 고백적으로 전달하고 제시하는데 효과적일 뿐만 아니라, 그 고백의 내용은 수신자에게 신뢰감을 줄 수 있다는 이점을 지니게 된다.[54] 고전소설 속에 등장하고 있는 서간들 중에도 이런 기능이 부각되고 있는 경우가 있다.

작중 발신자의 내면 세계를 작중 수신자나 독자에게 토로·고백하는 삽입 서간의 기능이 두드러지게 발휘되고 있는 경우는 연정서와 유서다. 앞에서 살펴보았듯이, 이 연정서와 유서는 기본적으로 작중 발신자가 작중 수신자에게 자신의 감정 토로나 내적 고백, 또는 무죄의 변백(辨白) 등을 하기 위해 쓰여진 서간들이다. 그리하여 이들 서간에는 작중 발신자의 내면 심리가 고백적으로 표출되기 마련이다.

다음에는 공간적으로 단절된 상태에서 작중 발신자의 내면 심리를 고백적으로 작중 수신자에게 전달하고 있는 서간의 예를 제시해 보기로 한다.

> 박명한 첩 영영은 두 번 절하고 김랑의 발 아래 사뢰옵니다.
> ······(중략) ······ 해 기운 저문 하늘에 첩의 한은 더하였고, 새벽별과 새벽달에 누가 첩의 마음을 생각해 주겠습니까. 누각에 올라 멀리 바라보니 구름이 첩의 눈을 가리우고, 창에 기대어 조니 근심이 첩의 꿈을 끊어 버립니다. 오호, 낭군이시여. 어찌 슬프지 않겠습니까? 첩이 또 불행하여 할멈이 세상을 뜨니 글을 부치고자 하나 전할 길이 없어 얼굴만 생각하니 번번이 애가 끊어집니다.[55]

---

54) 정한숙, 『소설기술론』, 고려대 출판부, 1973, 134~136면 참조

위의 서간은 「영영전」에 삽입되어 있는 영영의 연정서다. 「영영전」에서 궁녀인 영영과 성균진사 김생이 사랑에 빠지게 된다. 위의 서간에서 발신자 영영은 연인인 김생을 보고 싶은 마음이 간절하지만, 그러나 연락조차 할 수 없어 애달파 하는 자신의 애타는 심정을 고백적으로 토로하고 있다.

　　박명한 죄첩은 두 번 절ᄒ고 상공 휘하의 올나나이다 첩의 죄 심중ᄒ야 셰상을 바린지 삼 년만의 장군의 음덕을 닙스와 사라낫스오니 환싱지덕을 만분지 일이나 갑흘가 바랏더니 여익이 미진ᄒ와 지금 궁옥의 드러 명지 죠셕이오니 박명지인이 죽기는 셜지 ᄋᄂᄒ더 복즁의 끼친 바 혈륙이 첩의 죄로 셰샹의 나지 못ᄒ고 한 가지 죽스오니 지하의 도라가나 됴샹의 뵈올 낫치 업습고 ᄯᅩ 장군을 만리 전장의 보너고 셩공ᄒ야 슈히 도라오믈 기다리옵더니 장군을 다시 뵈옵지 못ᄒ고 죽스오니 눈을 감지 못ᄒᆯ지라 복원 상공은 만슈무강ᄒ시다가 지하로 오시면 뵈올가 ᄒ나이다56)

위의 인용문은 「정을선전」에 삽입되어 있는 유서로 작성자는 유추년이다. 그녀는 누명을 쓰고 옥에 갇혀 죽을 처지에 놓이게 되는데, 정을선에게 보내려 작성한 이 유서 유형의 서간에서 그녀는 복중(腹中) 태아에 대한 걱정과 남편과 사별하게 된 자신의 슬픈 심회를 고백적으로 적고 있다.

위에 인용·제시한 두 서간의 발신자는 각각 궁중(宮中)과 옥중(獄中)이라는 격리된 공간에 처해 있다. 이러한 격리 공간에서 발신자가 느끼고 있는 심적인 고백을 수신자에게 토로하고 있는 것이 바로 이들 연정

---

55) 薄命妾英英　再拜　白金郎足下 ……(中略)…… 斜陽暮天　能添妾恨　曉星殘月　唯念妾心　登樓望遠　雲蔽妾眼　倚窓思睡　愁斷妾夢　吁嗟郎君　寧不悲哉　妾又不幸　老嫗殞世　欲寄音書　無由可達　徒想面目　每斷心腸「英英傳」
56) 「정을션전」, 앞의 책, 33면.

서와 유서인 것이다. 이처럼 고전소설 속에 삽입되어 있는 연정서나 유서는 공간적 제한성을 극복하면서 발신자의 고백을 가능하게 해주는 언술 장치로 효과적으로 작용하고 있는 것이다.

이와 같이 연정서나 유서는 고전소설 작품에서 작중 발신자의 내심을 토로·고백하는 효과적인 언술 장치로 활용되고 있다. 그러나 이러한 고백적 기능을 이들 연정서나 유서 유형의 서간만이 지니고 있는 것은 물론 아니다. 앞에서 인용·소개하였듯이,「임경업전」에서 경업은 명나라 장수 황자명에게 보낸 밀서 속에 자신의 속마음을 거짓됨 없이 드러내고 있다. 이렇듯 밀서도 발신자의 내심을 토로·고백하는 언술 장치로서의 구실을 담당하기도 한다. 이처럼 연정서나 유서 유형의 서간에 고백적 기능이 현저하게 나타나고 있을 뿐이며, 여타의 서간도 작품 내에서 이런 기능을 발휘하는 문학적 장치로 활용되기도 하는 것이다.

2) 성격 부각적 기능

고전소설에 등장하는 서간은 그 서간을 작성한 작중 발신자의 성격을 부각시키는 데에도 기여한다. 본래 서간이라는 문장 양식은 다른 산문 양식의 글에 비해 필자의 개성(個性)·기질(氣質)·사상(思想) 등을 분명히 드러낸다. 그렇기 때문에, 어떤 역사적 인물의 성격을 이해하고 연구하는데 있어서 그가 남겨 놓은 서간은 귀중한 분석의 자료가 되기도 한다.[57] 이러한 서간의 양식적 특징은 고전소설에 삽입된 서간의 경우에도 그대로 적용시킬 수 있다. 고전소설에 등장하는 서간의 사연 속에

---

57) 진필상,『고대산문문체론』, 심경호 역,『한문문체론』, 이회문화사, 1995, 215면 참조

그 서간을 작성한 작중 발신자의 성격이 그대로 반영되고 있기 때문이다.

고전소설에 삽입된 서간이 작중 발신자의 내면 세계를 드러냄으로써 그 인물의 성격 형상화에 이바지하고 있는 예를 살펴보기로 한다.

> 박명 죄첩 소씨는 두 번 절ᄒ고 할임 병셕에 올이옵ᄂ이다 ……(중략)…… 남의 규중 쇼녀를 속여 가취를 임의로 ᄒ엿쓰니 이ᄂ 불효라 스셔 삼경을 보고 몸의 용문의 올ᄂ 우흐로 임군을 셤기고 아리로 빅셩을 다스리는 됴관의 도리의 이러 ᄒ온잇가 첩은 비록 향곡 빈가의 싱장ᄒ엿쓰나 진실노 부쯔러 ᄒᄂ이다 쟝뷔 셰상의 쳐ᄒ미 리음 양슌 사시ᄒ고 이현부모ᄒ며 임군을 츙의로 셩겨 일홈을 죽빅의 듸리고 공을 긔린각의 이여 부모 슬하지낙을 보게 ᄒ미 올커날 엇지 일기 아녀즈로 ᄒ여금 병이 되여 지하 원혼이 되고즈 ᄒ니 엇지 이러 ᄒ고야 됴졍 빅관의 참예 ᄒ올잇가 ……(중략)…… 그러한 인싱은 쌜이 죽어 남의 우슘를 면ᄒ옵고 황쳔의 도라가 다시 뵈오리라[58]

위에서 인용한 예문은 「장학사전」에서 소학사(蘇學士)의 여식인 소씨가 낭군인 장혜랑에게 보낸 서간이다. 앞에서 언급한 바 있듯이, 「장학사전」에서 장혜랑은 학업을 위해 소소저(蘇小姐)가 사는 절강성에 내려 왔다가 그녀의 재질과 덕행을 보고 소소저를 흠모하게 된다. 그리하여 장혜랑은 이미 부모의 승낙을 받은 것처럼 속이고 그녀와 혼인한다. 그 후 황성으로 올라가 과거에 급제한 장혜랑에게 혼담이 들어오자, 그는 부친에게 소소저와 가약을 맺은 사실을 고하지 못하고 상사병에 걸리게 된다. 내막을 알게 된 장혜랑의 부친은 자식을 구하기 위해 소소저에게 황성으로 올라오라는 서간을 보낸다.

---

58) 「장학사전」, 『구활자본 고소설 전집』 제12권, 인천대 민족문화연구소, 1984, 492 ~493면.

위의 삽입 서간은 이에 대한 답서(答書) 형식으로 소소저가 쓴 서간이다. 여기에서 소씨는 부모를 속이고 혼인한 것은 불효요, 조관(朝官)의 도리가 아니라고 장혜랑을 힐책하며, 자신도 심히 부끄럽다는 심정을 토로하고 있다. 「장학사전」은 이 서간의 내용을 통해 소씨가 매우 정숙하고 강직한 성격의 여인임을 강조하고 있는 것이다.

작품 속에 삽입된 서간이 작중 인물의 성격 형상화에 기여하고 있는 예를 하나 더 제시해 보기로 한다.

> 남경에 뎡한담과 최일귀ᄂᆞᆫ 일쟝 셔간을 남진 대쟝소에 올니ᄂᆞ니다 우리 량인 등이 진츙 갈력ᄒᆞ야 텬ᄌᆞ를 도와 국가에 유공ᄒᆞ고 ᄇᆡᆨ셩의게 덕턱이 잇셔 간ᄃᆡ로 글일 거시 업스되 다만 현쥬를 못맛나 항상 앙앙지심을 두엇더니 대쟝부 셰상에 나셔 구구이 남의 슬하에 일슬이요 남아 유방 ᄇᆡᆨ셰를 못ᄒᆞᆯ진ᄃᆡ 유취 ᄆᆞᆫ년이라 ᄒᆞ엿스니 이ᄯᅢ를 당ᄒᆞ야 우리 량인으로 션봉을 ᄆᆡᆨ기시면 항복ᄒᆞᆯ 거시니 쟝군에 ᄯᅳᆺ이 엇더ᄒᆞᆫ지 회답ᄒᆞ옵쇼셔[59)]

위의 삽입 서간은 「유충렬전」에서 정한담과 최일귀가 심복을 시켜 적장에게 은밀히 보낸 밀서 유형의 서간이다. 이 서간에서 그들은 자신들이 모시던 천자를 치는 선봉을 맡기면 적장에게 항복하겠다는 속마음을 그대로 드러내고 있다. 자신의 사심(邪心)을 채우기 위해서라면 반역도 서슴치 않겠다는 그들의 목소리 속에, 정한담과 최일귀의 비열하고 간악한 극중 성격이 여지없이 드러나고 있는 것이다.

위에서 제시한 두 예가 보여주듯, 작중 발신자의 일인칭 서술에 의해 자신의 내면 심리를 드러내고 있는 삽입 서간은 그 서간 작성자의 성격의 일면을 여실히 보여주고 있다. 물론 고전소설 속에 개입되어 있는 이

---

59) 「류충렬젼」, 『구활자본 고소설 전집』 제11권, 인천대 민족문화연구소, 1984, 320면.

들 서간의 사연에는 작중 발신자의 개성적인 음성보다는 상투화된 문구
의 나열이 많이 보이기도 한다. 그리하여 이러한 서간에서는 작중 발신
자의 개인적 체취나 그의 내면 깊숙한 곳의 변화를 찾아보기 어려운 것
도 사실이다. 그러나 작가·서술자의 설명적인 서술이나, 작중 인물의
외모 묘사 등을 통한 성격 창조와는 달리, 미숙하기는 하지만 작중 인물
의 내면 제시에 의한 성격 창조가 삽입 서간을 통해 부분적으로 시도되
고 있다는 점은 고전소설의 기법 면에서 중시할 필요가 있다 하겠다.

3) 사건 진행적 기능

　고전소설에 삽입되어 있는 서간은 장식적 소재가 아니라 기능성을 갖
춘 문학적 장치다. 따라서 이들 삽입 서간은 서사 사건이 전개되는 과정
에 끼어 들어 자기에게 부과된 서사적 기능을 충실히 담당한다. 이러한
사건 진행적 기능은 고전소설 속에 삽입된 서간이 작품 내에서 담당하
고 있는 또 하나의 기능이다.

　앞에서 검토하였듯이, 고전소설 작품 내에 등장하고 있는 연정서(戀情
書)·위서(僞書)·유서(遺書)·밀서(密書)·원정서(原情書)·통지서(通知書)
등 다양한 유형의 서간들은 모두 소설 구성상의 필요에 따라 의도적으
로 삽입된 서간들이며, 이들 삽입 서간은 작품 내에서 특정 용도를 지닌
소설적 장치로 활용되고 있다. 그리하여 이들 서간은 사건의 전개 과정
에서 크든 작든 간에 기능성을 발휘하게 된다. 다음에서는 고전소설에
삽입된 서간이 사건 진행에 중요한 영향력을 행사하고 있는 몇 개의 예
를 들어보기로 한다.

> 쵸운은 삼가 글월을 뎡장군 좌하에 올리옵나니 첩이 운쥐의 잇슬제 장군이
> ᄉ랑ᄒ시미 극ᄒ시미 첩이 미양 모시고 시분 마음이 간절ᄒ오나 조물이 싀긔ᄒ
> 야 닐이 여의치 못ᄒ고 다만 ᄉ모ᄒ는 졍이 심곡의 미첫더니 이졔 승상이 졀도
> 의 졍비ᄒ미 도라오실 긔약이 망연ᄒ지라 원컨더 장군은 모일의 당승상 집을
> 졉착ᄒ시면 첩을 다려 가시기 쉬오리이다.[60]

「장경전」에 삽입되어 있는 이 서간은 소부인에 의해 상대방을 음해할
악의적 목적으로 위조된 위서 유형의 서간이다. 남편인 장경(張景)이 초
운을 애중히 여기는 것을 못마땅하게 여기던 소부인은 초운의 정부(情夫)
가 정사운인 것처럼 그녀에게 누명을 씌우고자 한다. 이를 위해 소부인
은 마치 초운이 정사운에게 보내는 서간인 것처럼 위조 서간을 만든다.
이로 인해 초운에게 위기적 상황이 닥쳐옴은 당연한 귀결이다.

이처럼 「장경전」에 개입된 위의 음해적 위서는 초운에게 고난적 상황
을 만들어 주고자 하는 구성상의 의도에 따라 계획적으로 끼어 든 서간
인 것이다. 「장경전」에서 이 위서는 소부인에 의해 정사운에게 보내지
고, 내막을 모르는 정사운은 그것이 초운이 보낸 서간인 줄 알고 대희하
여 초운에게 답서를 보낸다. 이로써 초운은 소부인의 계략에 빠져 부정
한 여인이라는 누명을 쓰고 옥에 갇히게 되는 것이다.

이와 같이 「장경전」에 삽입된 소부인의 위서는 초운에게 장차 고난이
닥쳐올 것이라는 후행 사실을 독자들에게 예시해 주는 문학적 장치로서
작용할 뿐만 아니라, 작중 사건의 진행을 일대 위기 국면으로 몰고 가는
계기로 작용하기도 하는 것이다. 작중 사건을 이처럼 위기적 상황으로
이끄는 이런 양상은 앞에서 검토했던 음해적 위서들이 공통적으로 지니
고 있는 사건 진행적 기능이다.

---

60) 「장경전」, 『구활자본 고소설 전집』 제12권, 인천대 민족문화연구소, 1984, 37면.

이와는 달리 고전소설 속에 삽입된 서간이 위기적인 작중 사건을 전환시켜 주는 촉매제의 역할을 담당하는 경우도 있다. 이러한 예도 고전소설에 삽입된 서간에서 쉽게 찾아볼 수 있는데, 특히 구원적(救援的) 위서와 원정적(原情的) 유서에 그 같은 사건 진행적 기능이 두드러지게 나타나고 있다.

앞에서 이미 인용·소개한 바 있듯이, 「정을선전」에는 시비 금섬이 자기가 모시는 상전을 돕고자 위조한 구원적 위서가 개입되어 있고, 또한 억울한 누명을 뒤집어쓰고 옥중에 갇혀 있는 유추년이 정을선에게 쓴 원정적 유서가 삽입되어 있다. 이들 서간은 외간 남자와 내통한다는 누명을 쓰고 하옥되어 처형당하게 된 유추년의 위기를 타개해 주는 계기로 작용한다. 즉 구원적 위서는 유추년을 탈옥시키는 촉매제의 역할을 맡고 있으며, 원정적 유서는 정을선으로 하여금 그녀의 더러운 누명을 벗기게 하는 동인으로 작용하고 있는 것이다.

이들 위서(僞書)나 유서(遺書) 외의 삽입 서간들도 서사 사건의 진행 과정에서 사건 전개를 돕거나 사건 전환의 계기를 만드는 등 주요한 역할을 담당하기도 한다. 연정서(戀情書)가 애정 사건에 개입하여 남녀 주인공의 결연을 이끌어 내는 매개 기능을 수행함은 주지의 사실이다.61) 그리고 밀서 유형의 서간들도 고전소설에 개입하여 군담적 사건의 전개에 중요한 영향을 미치기도 한다. 「옥루몽」에서 양창곡에게 강마진법을 알

---

61) 이러한 점은 고전소설에 삽입된 서간에 대한 기존 학계의 논의에서 대체로 지적된 바 있다.
   김일근, 앞의 책, 109면 참조
   이재선, 앞의 책, 162면 참조
   조진기, 앞의 논문, 8~10면 참조
   윤수영, 앞의 논문, 26면 참조
   이장환, 앞의 논문, 54~58면 참조

려준 홍랑의 밀서는 적군과의 싸움을 대승으로 이끄는 계기 구실을 한다. 「유충렬전」에서 정한담은 호국(胡國)의 침입을 막기 위해 명(明)의 대군을 이끌고 출전한다. 그러나 그는 적장에게 밀서를 보내 항복할 의사를 전하고, 마침내 반역하여 명나라 황성을 점령하기에 이른다. 이처럼 「유충렬전」에서의 정한담의 밀서 역시 군담적인 사건을 위기적인 상황으로 전환시키는 것처럼 사건 진행적 기능을 담당하고 있는 것이다.

4) 분위기 조성적 기능

고전소설에 삽입된 서간은 작중 분위기를 조성하는 데 있어서 적잖은 기여를 하기도 한다. 다음에는 서간이 작품 내에서 이런 기능을 담당하고 있는 몇 개의 예를 들어보기로 한다.

> 불초녀 홍연은 아바님젼에 두어즈 글을 올니옵ㄴ이다 소녀 일즉이 모친을 여의고 형뎨ㅣ 셔로 의지ᄒᆞ야 지니옵더니 별안간 형이 무죄히 더러운 루명을 쓰고 죽어 맛참너 이 디경에 닐으럿스오니 엇지 슯흐고 원통치 아니 ᄒᆞ오릿가 ……(중략)…… 지금브터는 형이 부친의 용모를 보옵지 못ᄒᆞ옵고 셩음을 들을 길 업스오니 엇지 원통치 아니 ᄒᆞ오릿가 불초녀 홍년도 그져 잇다가는 머지 아니ᄒᆞ야 형과 갓치 스룸의 독ᄒᆞᆫ 히를 면치 못ᄒᆞ게습기로 ᄎᆞ라리 니 먼져 형의 ᄌᆞ최를 ᄯᅡ라가 지하에 가셔 형뎨ㅣ 셔로 의지ᄒᆞ면 형과 갓치 악명은 업슬가 ᄒᆞ와 이에 지원ᄒᆞᆫ 익스를 써 올니옵ㄴ이다 눈물이 압흘 가리우고 흉격이 막혀 디강 긔록ᄒᆞ야 하직을 아뢰오니 업더여 바라옵건더 부친은 이 불초녀를 조금도 싱각지 마시고 만수무강 ᄒᆞ옵소셔[62]

---

62) 「쟝화홍련젼」, 『구활자본 고소설 전집』 제13권, 인천대 민족문화연구소, 1984, 124 ~125면.

위의 서간은 「장화홍련전」에 삽입되어 있는 유서 유형의 서간이다. 이 유서의 작성자는 홍련이며, 이 유서적 서간은 그녀의 부친을 수신자로 하여 만들어졌다. 물론 작품 내에서 이 유서는 계모 허씨의 흉계로 더러운 누명을 쓰고 수중고혼(水中孤魂)이 된 장화의 뒤를 따라 죽는다는 사실을 부친인 배좌수에게 알려 주기 위해 홍련이 쓴 것이다. 이처럼 이 홍련의 유서는 일차적으로는 사건 전개를 원활하게 하기 위해 보고적(報告的)인 기능을 수행한다. 그러나 이 유서는 그러한 사건 전개적 기능에서만 머무르지 않고 작중 분위기를 조성하는데 관여하기도 한다.

이 유서 유형의 서간이 개입되고 있는 상황은 위급하면서도 처절한 상황이다. 장화가 억울하게 죽은 사실을 알게 된 홍련은 이를 애통해 하며, 결국은 자신도 그 뒤를 좇아 죽으려 한다. 이런 비극적인 사건 속에 이 유서가 끼어 들고 있는 것이다. 홍련이 부친에게 남기고 있는 이 유서는 이러한 비극적인 작중 상황을 한층 더 비창(悲愴)한 분위기로 끌어 올리는데 일조를 하기도 하는 것이다.

이 유서 유형의 서간은 고전소설 속에 서간이 개입되고 있는 보편적인 구조 형태를 따르고 있지 않는다. 앞에서 살펴보았듯이, 고전소설에 서간이 개입될 때 그 서간의 사연은 대체로 수신자가 서간을 개탁(開坼)한 후에 독자들에게 공개되고 있다. 그러나 위의 유서의 경우는 작중 수신자인 배좌수가 그 유서를 접하는 장면이 아니라, 유서의 발신자인 홍련이 그 사연을 적어나가고 있는 장면에 공개되고 있다. 이처럼 유서의 사연 내용을 개탁(開坼) 장면이 아닌 집필(執筆) 장면에 위치시키고 있는 이유는, 이 유서를 통해 비극적인 작중 분위기를 더욱 고조시키고자 하는 작가의 계산된 의도에 의한 것으로 보아진다.

고전소설 속의 서간이 작중 분위기 조성의 기능을 발휘하고 있는 또

하나의 예를 「숙영낭자전」에서 찾아보기로 한다. 「숙영낭자전」에서 백
선군이 과거를 보기 위해 상경한 사이에, 숙영은 시비 매월의 간계로 인
해 부정한 여인이란 누명을 쓰게 된다. 이 억울함을 견디지 못하고 숙영
은 자결한다. 그러한 사실을 모른 채, 백선군은 과거에 장원 급제한 후
숙영에게 서간을 보낸다. 이 서간은 모친을 잃고 슬퍼하는 나이 어린 춘
앵과 동춘 남매에게 전달된다.

> 어마니 니러나오 아바니계셔 편지 왓소 아바니가 쟝원 급제ᄒᆞ여 졍원 쥬셔
> 룰 ᄒᆞ엿다 ᄒᆞ는더 엇지 니러나 즐겨하지 아니ᄒᆞ오 어마님아 아바니 소식 몰나
> 쥬야 걱졍ᄒᆞ더니 오늘 편지 왓것마는 엇지 반겨 ᄒᆞ시지 아니 ᄒᆞᄂᆞ니잇가 나는
> 글롤 못ᄒᆞ기로 어마니 혼녕 압히셔 닑어 외지 못ᄒᆞ오니 답답ᄒᆞ여이다[63]

위의 대목은 서간을 전해 받은 숙영의 딸 춘앵이 모친의 빈소에 가서
부친의 서간을 펴들고 울부짖고 있는 장면이다. 백선군의 서간은 이렇듯
처연한 상황에서 춘앵의 조모에 의해 숙영의 빈소에서 읽혀진다.

> 쥬셔 빅션군은 한 쟝 글월롤 낭ᄌ 좌하의 붓치ᄂᆞ니 그 ᄉᆞ이 냥친당 모시고
> 평안ᄒᆞ시며 츈힝 남미도 무양ᄒᆞ니잇가 복은 다힝히 뇽문의 올나 닐흠이 환노의
> 현달ᄒᆞ니 텬은이 망극ᄒᆞ오나 다만 그더를 니별ᄒᆞ고 쳔니 밧긔 이셔 ᄉᆞ모ᄒᆞ는
> 마음 쥬야 간졀ᄒᆞ도다 욕망이 난망ᄒᆞ니 그더의 용뫼 눈의 암암ᄒᆞ고 불ᄉᆞ이 ᄌ
> ᄉᆞᄒᆞ니 그더의 셩음이 귀의 징징ᄒᆞ도다 월식이 만졍ᄒᆞ고 두견이 슬피 울 졔 츌
> 문 망망 바라보니 운산은 만즁이오 녹슈는 쳔희로다 시벽달 촌 바람의 외기러
> 기 울고 갈 졔 반가온 낭ᄌ의 소식 올가 바라더니 창망ᄒᆞᆫ 구룸 밧긔 소슬ᄒᆞᆫ 풍
> 경 뿐이로다 긱창 한등의 실솔셩이 산난ᄒᆞ니 운우 양더의 초목도 소소로다 슬
> 푸다 홍진비리는 고금 샹시라 낭ᄌ의 화상이 이 ᄉᆞ이 날로 변식ᄒᆞ니 무ᄉᆞᆷ 연고

---

63) 「숙영낭자전」, 황패강 역주, 『한국고전문학전집』 5, 고려대 민족문화연구소, 1993,
284면.

분명 이시미로다 수심되며 식불감미ᄒ고 침불 안셕ᄒ니 이 아니 가련ᄒᆫ가 일각
이 여삼츄나 환노의 미인 몸이 뜻과 갓치 못ᄒ도다 비쟝방의 션쥭쟝은 어더시
면 조셕 왕니 ᄒ련마는 그 역극 난ᄒ니 아모리 홀 일 업다 ᄇᆞ릇ᄂᆞ니 낭지로다
공방 독슈 셜위 말고 안심ᄒ여 지니시면 몃날 못되여 반가온 셩회롤 그아니 위
로ᄒ랴 녹양 츈풍의 희 쓰어 어디 가노 이 내 몸의 두 나뤼 업셔 한이로다 엄무
진셜 무궁이나 일필 난긔 그치ᄂᆞ이다[64]

위의 서간은 바로 숙영에게 보낸 백선군의 서간으로, 이것은 춘앵의
조모에 의해 숙영의 빈소에서 애절하게 낭독된다. 이 서간의 내용을 보
면, 작중 발신자의 외로운 심회를 두견이나 외기러기와 같은 비조(悲鳥)
를 통해 서정적으로 묘사하고 있으며,[65] 아내에게 불길한 일이 있을 것
같아 근심하는 작중 발신자의 애틋한 마음이 잘 표출되고 있다. 이러한
서간의 내용은 어린 자식들이 모친의 빈소에서 울부짖고 있는 처절한
상황과 겹쳐지면서 그 비극적인 분위기를 더욱 처절한 상태로 끌어 올
려주는 역할을 담당하고 있는 것이다.

이상에서 살펴본 바와 같이, 고전소설 속에 삽입되어 있는 서간은 단순
한 소재나 장식물로 작품 내에 존재하는 것은 아니다. 그것들은 효과적인
언술 장치로 활용되고 있으며, 작중 인물의 성격 창조에도 기여하는 바
있을 뿐만 아니라, 사건 진행과 작중 분위기 조성에도 일익을 담당하고
있는 것이다. 이렇듯 서간은 작가의 계획된 의도에 따라 고전소설의 작품
내에서 중요한 문학적 기능을 발휘하고 있는 것이다. 이처럼 고전소설이
서간이라는 문장 양식을 수용하여 이것을 작품 구성의 기법으로 적절히
활용하고 있다는 사실은 우리의 소설사에서 중시할 만한 점이라 하겠다.

---

64) 「숙영낭자전」, 앞의 책, 286~288면.
65) 정주동, 『고대소설론』, 형설출판사, 1979, 223면 참조

5. 맺음말

이상에서 본고는 고전소설에 서간이 수용되고 있는 양상과 그 활용 실태 그리고 서간이 고전소설 작품 내에서 발휘하고 있는 문학적 기능 등에 대해 살펴보았다. 이제까지 논의된 내용을 요약·정리해 보면 다음과 같다.

고전소설에 끼어 들고 있는 서간의 형태는 사연 생략형(省略型), 사연 요약형(要約型), 사연 인용형(引用型) 등 다양한 양상을 보여준다. 사연 생략형 서간은 사연에 대한 일체의 서술이 없는 서간으로, 고전소설에 등장하는 서간의 모습 중 가장 단순한 형태의 서간이다. 사연 요약형 서간은 사연의 개요가 요약적으로 서술된 서간으로, 간접화법적인 서술로 인해 실감이 떨어진다는 기법상의 미숙성을 지닌 서간의 형태다. 사연 인용형 서간은 사연의 전부 또는 일부가 직접화법적으로 서술된 서간으로, 실제 서간을 읽는 듯한 현장적(現場的) 사실감(事實感)과 사실적(寫實的) 환상감(幻想感)을 느끼게 해주는 서간의 형태다. 이 사연 인용형 서간은 사연 전부가 직접 인용되고 있는 전문 인용형 서간과, 일부만 직접 인용되고 나머지 부분은 요약형의 형태를 취하고 있는 병용형 서간으로 구분된다.

이렇듯 다양한 형태로 고전소설에 등장하고 있는 서간 형식 중 가장 완벽한 삽입 서간의 형태는 물론 전문인용 형태의 사연 인용형 서간이다. 이러한 삽입 서간은 대체로 <서간의 집필(執筆)→서간의 송달(送達)→서간의 개탁(開坼)→서간(사연)의 공개(公開)>의 서간 개입 구조에 의해 작품 내에 끼어 들고 있다. 그리고 서간이 송달될 때 그 매체는 주로 사람이며, 그 외에 기러기·청조·삽살개 등의 동물이 송달 매체로 활용되기도 하며, 송달 도구를 통한 서간의 전달 양상도 보인다.

　고전소설에 삽입되고 있는 서간은 단순히 수신자의 안부를 묻고 일상 사적인 소식만을 전하는 매개체에서 머무르지 않고, 작품 내에서 특정의 용도를 지닌 서간으로 비중 있게 활용되는 경우가 많다. 그러한 서간의 유형으로는 연정서(戀情書), 위서(僞書), 유서(遺書), 밀서(密書), 원정서(原情書), 통지서(通知書) 등을 들 수 있다.

　고전소설에서 가장 두드러진 활용상을 보여주는 서간의 유형은 연정서다. 이 연정서는 애정소설에 많이 등장하고 있는데, 남녀 주인공의 결연을 이끌어내는 주요한 계기로 작용한다. 이 연정서는 애정 표현을 강조하기 위해 사연의 말미에 시(詩)를 덧붙이기도 한다. 고전소설에 삽입되어 있는 서간 중에는 위서로 활용되고 있는 것도 많다. 이 위서 유형의 서간에는 작품 내에서 상대방을 위기로 몰아넣는 음해적(陰害的) 위서, 상대방을 조롱·비판하는 희롱적(戲弄的) 위서, 위기에 처한 상대방을 구제하고 있는 구원적(救援的) 위서 등이 있다. 고전소설에는 유서 유형의 서간도 적잖이 보인다. 이 유서적 서간은 고전소설 작품 내에서 주로 억울한 누명을 벗고자 작성된 원정적(原情的) 유서와, 미진한 사랑의 여한을 담고 있는 염정적(艶情的) 유서의 모습으로 활용된다. 고전소설에서 작품 구성을 위한 문학적 장치로 활용하고 있는 서간 중에는 밀서도 있다. 이 밀서는 기밀 누설의 방지를 목적으로 은밀히 집필, 송달되는 서간으로, 군담적 사건에 활용되는 경우가 많다. 또한 고전소설 속의 서간 중에는 발신자의 억울한 처지를 하소연하고 원통함을 풀기 위한 목적으로 활용되고 있는 서간의 유형도 있는데, 이런 서간이 원정서다. 이 외에도 고전소설에는 통지서 유형의 서간도 적잖이 보이고 있다. 이 통지서의 모습으로 고전소설에서 활용되는 서간으로는 회문적(回文的) 통지서와 통문적(通文的) 통지서가 있다. 이처럼 고전소설에 삽입된 서간들은 작품 내에서 다양한 용도로 활용되면서 작품 구성에 이바지하고 있다.

고전소설에 삽입된 서간은 단순한 소재물(素材物)이나 장식물(裝飾物)로 존재하는 것이 아니라, 작품 내에서 중요한 문학적 기능을 발휘한다. 우선 고전소설에 삽입된 서간은 작중 인물간의 대화 수단이나 작중 발신자의 고백 수단이라는 언술 장치적 기능을 효과적으로 발휘한다. 또한 고전소설 속의 서간은 작중 인물의 성격 형상화에도 기여하는 바 있으며, 사건 전개를 이끌거나 사건 전환을 이끌어 내는 등 사건 진행적 기능을 담당하기도 한다. 뿐만 아니라 서간은 고전소설 속에 끼어 들어 작중 분위기를 조성하는 데에도 일조를 담당하기도 한다.

이와 같이 고전소설에 삽입되어 있는 서간은 작품 내에서 다양한 용도로 활용되면서 문학적 장치로서의 주요한 기능을 수행하고 있는 것이다. 이러한 점으로 미루어 볼 때, 고전소설에 삽입되어 있는 서간에 대한 논의는 앞으로 보다 활성화될 필요가 있다 하겠다.

참고 문헌

『구활자 소설총서 고전소설』, 민족문화사, 1983.

『구활자본 고소설 전집』, 인천대 민족문화연구소, 1984.

『한국고전문학전집』, 고려대 민족문화연구소, 1993.

임명덕 편, 『한국한문소설전집』, 한국정신문화연구원 · 중국문화학원, 1980.

김일근, 『언간의 연구』, 건국대 출판부, 1986.

──────, 「고전소설과 언간」, 『고전소설연구』, 화경고전문학연구회, 일지사, 1993.

김창현, 「조선조 소설에 삽입된 시가의 기능연구」, 한양대 대학원, 1983.

민영대, 「최척전에 삽입된 서간에 대한 고찰」, 『유천신상철박사화갑기념 국어국문
       학논총』, 문양사, 1996.

──────, 「서궁일기에 삽입되어 있는 서간의 유형과 기능」, 『한남어문학』 제23집, 한
       남대 국어국문학회, 1998.

신정숙, 「한국 전통사회의 내간에 대하여」, 『국어국문학』 37 · 38, 국어국문학회, 1967.

위욱승, 「「옥루몽」 가운데서 논설문과 실용문이 논 역할」, 『고소설사의 제문제』,
       성오소재영교수환력기념논총 간행위원회, 집문당, 1993.

윤수영, 「한국근대서간체소설연구」, 이화여대 대학원 박사논문, 1990.

이승복, 「고전소설의 서사구조와 삽입시가의 기능」, 『국문학연구』 제76집, 서울대
       대학원 국문학연구회, 1986.

이장환, 「고소설에 삽입된 서간연구」, 한남대 대학원, 1994.

이재선, 『한국단편소설연구』, 일조각, 1975.

정주동, 『고대소설론』, 형설출판사, 1979.

정한숙, 『소설기술론』, 고려대 출판부, 1973.

조동일, 『한국문학통사 3』, 지식산업사, 1984.

조진기, 「서간체소설연구 (1)」, 『경남어문논집』 창간호, 경남대 국문과, 1988.

진필상, 『고대산문문체론』, 심경호 역, 『한문문체론』, 이회문화사, 1995.

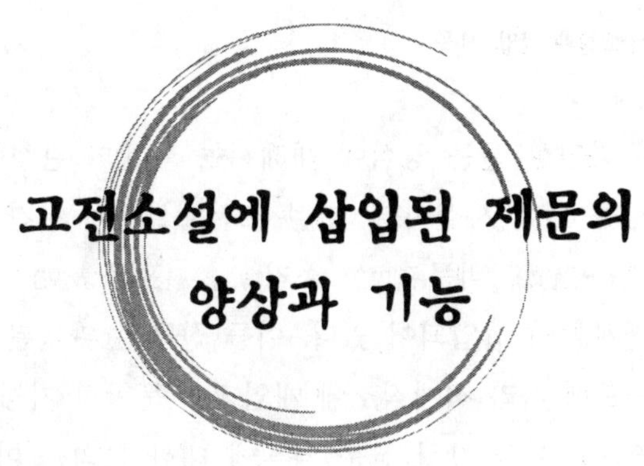

고전소설에 삽입된 제문의
양상과 기능

1. 머리말

고전소설에는 여러 양식의 시가(詩歌)와 산문(散文)이 삽입되어 있다. 이러한 다양한 문예 양식 중 삽입 시가(挿入詩歌)에 대해서는 그간 학계에서 꾸준히 연구를 진행시켜 상당한 업적을 축적하였다.[1] 그러나 고전

---

1) 그간 학계에서 거둔 이 방면의 연구업적 중 일부를 제시해 보면 다음과 같다.
   김동욱, 「판소리 삽입가요 연구」, 『한국 가요의 연구』, 을유문화사, 1961.
   설중환, 「금오신화의 삽입시 연구시론」, 『논문집』 1, 우석여대, 1980.
   민병수, 「한문소설의 삽입시에 대하여」, 『한국고전산문연구』, 동화문화사, 1981.
   김창현, 「삽입시가의 기능연구」, 『목원어문학』 5집, 목원대 국어교육과, 1985.
   이승복, 「고전소설의 서사구조와 삽입시가의 기능」, 『국문학연구』 제76집, 서울대 대학원 국문학연구회, 1986.
   정충권, 「판소리 삽입가요의 삽입양상 연구」, 서울대 대학원, 1989.
   정병호, 「금오신화에 나타난 삽입시가의 양상과 기능」, 『한국의 철학』 19집, 경북대 퇴계연구소, 1991.

소설에 삽입된 다양한 산문 양식에 대해서는 학계의 관심이 제대로 미치지 못하고 있는 것이 사실이다. 기실 고전소설에는 서간문(書簡文), 제문(祭文), 상소문(上疏文), 비문(碑文), 소지(所志), 표문(表文), 교지(敎旨) 등 여러 종류의 산문들이 삽입되어 있다. 이들 산문은 완결된 작품 구성을 위한 작가의 의도에 따라 적재적소에 개입되어 문학적 기능을 발휘한다. 그럼에도 불구하고 이들 삽입 산문 양식에 대한 논의는 아직도 본격화되고 있지 않으며, 단지 삽입 서간(揷入書簡)에 대해서만 약간의 논의가 있는 정도다.[2] 따라서 고전소설 내에 삽입된 산문 양식에 대한 검토는 앞으로 보다 확대·심화될 필요가 있다 보아진다.

이러한 삽입 산문 양식 중 제문(祭文)은 망자(亡者)나 산천의 신령(神靈)에 대한 제사의식에서 사용되는 애제문(哀祭文)의 일종으로, 제사의식이 갖추어야 할 요식의 하나다.[3] 그리하여 제사의식이 고전소설 작품 내에 등장할 때 거기에 제문도 자연스럽게 끼어 들게 된다. 이처럼 제문은 제사의식과 더불어 고전소설에 수용되고 있는데, 이러한 제문의 수는 적지 않은 편이다. 또한 이들 제문은 작품 구성을 위한 문학적 장치로서 작품 내에서 중요한 기능을 담당하기도 한다. 그럼에도 불구하고 이에 대한

---

2) 김일근, 「고전소설과 언간」, 『고전소설연구』, 화경고전문학연구회, 1993.
  이장환, 「고소설에 삽입된 서간연구」, 한남대 대학원, 1994.
  경일남, 「고전소설의 삽입서간 연구」, 『어문연구』 제28집, 어문연구회, 1996.
  민영대, 「최척전에 삽입된 서간에 대한 고찰」, 『유천신상철박사화갑기념 국어국문학논총』, 문양사, 1996.
  ──, 「서궁일기에 삽입되어 있는 서간의 유형과 기능」, 『한남어문학』 제23집, 한남대 국문학회, 1998.
  ──, 『조위한의 삶과 문학』, 국학자료원, 2000, 262~275면.
3) 장덕순, 『한국수필문학사』, 새문사, 1985, 33~35면.
  최강현, 『한국수필문학신강』, 서광학술자료사, 1994, 22면.
  진필상, 『고대산문문체론』, 심경호 역, 『한문문체론』, 이회문화사, 1995, 288~296면.

논의가 아직 시도되고 있지 않는 것은 아쉬운 바라 하겠다. 이런 점에서 고전소설에 삽입된 제문에 대한 연구의 필요성이 있다 하겠다.

이에 본고에서는 고전소설에 삽입된 제문을 종합적으로 검토하여 그 문학적 실상을 고찰해 보고자 한다. 이를 위해 본고에서는 우선 제문이 고전소설 내에 수용되는 양상을 살펴보고, 그것이 작품 속에서 다양한 용도로 활용되고 있는 실태를 검토하겠으며, 아울러 이들 삽입제문(揷入祭文)이 작품 내에서 담당하는 문학적 기능에 대해 고찰해 보기로 한다. 이러한 논의가 고전소설 내에 삽입된 제문의 실체를 보다 분명히 구명하고, 나아가 고전소설 속에 삽입된 산문 양식의 문학적 특징을 밝히는 데 기여하는 바 있으리라고 기대한다.

2. 제문의 수용 양상

1) 제사의식의 수용

제사(祭祀)는 일찍이 원시사회에서부터 시작된 이래 다양한 형태로 변모·발전하면서 오늘에 이르고 있다. 주지하는 바와 같이, 고래로부터 비롯된 자연 숭배의 제사의식은 이후에도 꾸준히 지속되면서 인간의 삶에 뿌리를 내렸고, 조상에 대한 제사의례 역시 삼국, 고려를 거쳐 조선시대에 와서는 하나의 사회적 관습으로 정착되기에 이른다. 이처럼 각종 제사의식은 점차 생활의 중요한 부분으로 자리잡게 되었는데, 실제 생활에서 다양하게 거행되던 이러한 제사의식이 인간의 삶을 그대로 반영하고 있는 소설 작품 속에 담겨지는 것은 자연스러운 현상이라 하겠다.[4]

　　이 날 두 승상이 별세ᄒ거눌 두 집 쳐즈권속이 모다 앙텬 통곡ᄒ니 턴하 드
르시고 못니 셜워ᄒ신 후 금은 삼빅금을 각각 하스ᄒ시니 두 집에셔 텬은을 츅
스ᄒ고 쵸죵지례를 극진이 지너고 숨년상을 지너니 이 씨 진희는 가셰 여젼ᄒ
야 티평을 누리되 혈용은 가셰가 졈졈 탕퓌ᄒ야 일상 곤궁홈을 면치 못ᄒ더라[5]

　　위의 인용문은 「옥단춘전」의 일부분이다. 여기에는 김진희와 이혈룡
두 작중 인물의 부친이 세상을 뜨자 치르게 되는 일련의 제사의식이 간
략하게 서술되고 있다. 이러한 상례(喪禮)를 비롯하여 제례(祭禮)와 같은
제사의식은 고전소설 작품 내에서 빈번하게 나타나고 있는데, 그러한 상
제례(喪祭禮)의 예를 「적성의전」에서 찾아 제시해 보면 다음과 같다.

　　당연 추칠월 망간의 황졔 붕ᄒ시니 쏘 황후 이통ᄒ시다가 진하사 삼일지간
의 쳔붕지탁을 당ᄒ미 공주와 부마 초죵례을 극진이 하고 지셩으로 복졔를 지
너던이 쏘 명연 추구월의 호승상 양위 연만 구십이라 기셰하시니 호소졔와 부
마 공주 이통ᄒ믈 부모갓치 하더라 초죵예을 극진이 하여 션산의 안장ᄒ고 삼
연초토을 지넌 후의 부마 환국할 쓰슬 싱각ᄒ고 신황졔게 드러가 귀국ᄒ물 고
한디[6]

　　고전소설에는 이와 같은 상제례 외에 신명(神明)에게 올리는 제사의식
도 적잖이 나타난다. 하늘과 땅의 여러 신령에게 지내는 제사의식이 고
전소설 작품 내에 수용되고 있는 모습을 「백학선전」에서 찾아보기로 한
다.

---

4) 박대복, 「고소설에 수용된 민간신앙 연구」, 중앙대 대학원 박사논문, 1989.
　　오출세, 「한국서사문학에 나타난 통과의례 연구」, 동국대 대학원 박사논문, 1990.
　　박종익, 「고소설의 통과의례적 실상 연구」, 충남대 대학원 박사논문, 1997.
5) 「옥단춘전」, 황패강 역주, 『한국고전문학전집』 5, 고려대 민족문화연구소, 1993, 326
　　~328면.
6) 「적성의전」, 이헌홍 역주, 『한국고전문학전집』 23, 고려대 민족문화연구소, 1996, 414면.

> 상셔 ……(중략)…… 즉시 집으로 도라와 부인 진시를 더ᄒᆞ야 탄식 왈 우리
> 남의게 젹악흔 일 업스되 한낫 ᄌᆞ식이 업셔 조션 향화를 ᄭᅳ케 되니 무슴 면목으
> 로 디하에 도라가 조상을 뵈오리오 유명지간에 죄를 면치 못할지라 녯 사룸도
> 일월셩신게 비러 ᄌᆞ식을 혹 엇는 니 잇스니 우리도 졍셩을 드려 보사이다 ᄒᆞ고
> 후원 깁흔 곳에 단을 모흐고 밤마다 부인으로 더부러 단에 올라 긔도하더니[7]

「백학선전」에서 유상서는 늦도록 자식을 얻지 못하다가 기자제(祈子祭)를 통하여 마침내 아들을 얻게 되는데, 그가 바로 주인공인 유백로다. 기실 기자의 풍속은 아주 일찍부터 행해져 왔고, 특히 유교를 치국이념으로 삼았던 조선조에 이르러서는 이 의식이 더욱 활성화되었다.[8] 위의 인용문은 이러한 당시의 기자제의 모습을 반영하고 있는 부분이다. 여기에서 살펴볼 수 있듯이, 유상서 부부가 후원(後園)에 제단(祭壇)을 가설하고 자식을 점지해 달라고 치성기도를 드린 대상은 일월성신(日月星辰)이다. 고전소설에는 이러한 일월성신 외에도 천지신명(天地神明), 명산대천(名山大川), 황천후토(皇天后土) 등의 여러 신령(神靈)에게 올리는 제사의식도 적잖이 보인다.

2) 제문의 수용

이와 같이 고전소설에는 생활 속에서 실제로 거행되던 다양한 제사의식이 자주 개입되고 있다. 이러한 제사의식이 고전소설 작품 내에 수용될 때 제사의식에서 제문(祭文)이 존재하듯 고전소설 속의 제사의식에도 제문이 수반되는 경우가 많다. 그런데 고전소설 내에 제문이 수용될 때,

---

7) 「빅학션」, 『구활자본 고소설 전집』 제20권, 인천대 민족문화연구소, 1984, 515면.
8) 오출세, 「조선시대 기자의례 연구」, 『동악어문논집』 12, 1980, 참조

그 제문의 실체격인 내용이 그대로 인용·제시되고 있는 경우도 있으며, 그렇지 않고 내용의 인용·제시 없이 단지 제사의식의 한 과정으로 제문이 등장하고 있는 경우도 있다. 물론 제문이 고전소설 속에서 문학적 장치로서 주요 기능을 발휘하는 경우는 제문의 전문(全文)이 그대로 인용·제시되고 있는 경우다. 다음에서는 이러한 제문의 수용 양상에 대해 구체적으로 살펴보기로 한다.

(1) 의식 절차로서의 제문의 개입

전술한 바와 같이, 제문은 죽은 사람을 조상(弔喪)하거나 천지신령(天地神靈)에게 올리는 제사에서 사용되는 일종의 의식문(儀式文)으로써, 제사 의례의 요식의 하나다. 따라서 각종 제사의식이 고전소설에 수용될 때 실제로 그 제사의식의 진행과정에서 제문이 낭독되듯, 고전소설 작품에 등장하는 제사의식에도 자연스럽게 제문이 끼어 들게 되는 것이다.

> 홀연 흑운니 잠잠ᄒ야 텬디를 분변치 못ᄒ고 날이 졈을며 무슈한 원귀 진중을 둘너싸고 크게 불너 갈오디 조원수 노야는 우리 원수의 충렬부인이시라 우리 비록 음음즁이나 원수를 도와 도젹을 파ᄒ려니와 원슈 엇지 도젹을 살여두어 우리 등의 굴머 죽은 원혼을 위로ᄒ지 아니 ᄒ시니잇가 아등이 굴머 기갈이 심ᄒ온지라 최국양의 이ᄌ를 너여 쥬시면 아등이 긔갈을 면ᄒ가 ᄒ나니다 ᄒ며 곡셩이 진동ᄒ니 원수와 일진 쟝졸이 실식ᄒ야 국양의 이ᄌ를 너여 버히리라 ᄒ고 제젼을 갓초와 제문 지어 원혼을 위로ᄒ니 안기 것고 일식이 천명ᄒ더라[9]

위의 인용문은 「백학선전」의 일부분이다. 억울하게 죽은 무수한 원귀

---

9) 「빅학션」, 앞의 책, 546면.

(寃鬼)들이 진중(陣中)을 둘러싸고 아우성치자 조은하가 이를 진혼(鎭魂)하고자 제사를 거행하고 있는 장면을 보여주고 있다.

그런데 원혼을 위로하기 위해 베풀어지고 있는 이 의식에는 앞서 인용한 예문에서와는 달리 제문의 존재가 보인다. 그러나 제문의 실체에 해당하는 그 의식문의 내용이 작품 내에 제시되고 있지는 않다. 이처럼 제문의 내용에 대한 일체의 서술이 보이지 않는 제문의 개입 방식은 고전소설에 보이는 가장 단순한 제문의 수용 양상이다. 이 같은 제문의 개입 방식은 제문보다는 제사의식에 관심을 두고 있는 것으로서, 이러한 형태의 제문 개입 방식에 있어서는 제문을 통한 실질적인 문학적 효과를 크게 기대하기는 어렵다.

(2) 제문의 수용 양상

제문이 고전소설 작품 내에서 하나의 중요한 문학적 장치로 효과적으로 작용하는 경우는 제문의 내용이 서사 문맥 속에 그대로 삽입되는 경우라 하겠다. 작가는 제문의 내용을 작품 내에 삽입시킴으로써 제문이 지닌 양식적 특징과 다양한 기능을 작품 구성에 적절하게 활용하고 있는 것이다.[10]

> 션군이 노긔 츙쳔ᄒᆞ여 돌이를 쏘 댱문ᄒᆞ니 돌이 민월의 금을 밧고 그 지회더로 횡게혼 밧긔 다른 죄는 업노라 승복ᄒᆞ거늘 션군이 이의 칼롤 들고 나아가 민월의 목을 베인 후 비를 가르고 간을 니여 낭ᄌᆞ의 신체 엽희 놋코 두어 줄 졔문을 닑으니 졔문의 왈

---

10) 고전소설에 삽입된 제문이 작품 내에서 담당하는 문학적 기능에 대해서는 제4장에서 상술하기로 한다.

　　성인도 셰유흐고 슉녀도 봉참흐믄 고왕금니의 비비유지라 흐니 낭즈 갓튼
지원극통흔 일이 어듸 다시 이스리오 오희라 도시 션군의 탓시니 슈원 슈긔리
오 오늘놀 미월의 원슈는 갑핫거니와 낭즈의 화용월틱를 어듸가 다시 보리오
다만 션군이 죽어 디하의 가 낭즈롤 조츨 거시니 부모의게 불회되나 나의 쳐치
불구흐리로다

　　흐고 늙기를 맛치미 신쳬롤 어로 만지며 일쟝 통곡흔 후 돌이롤 본읍의 보니
여 절도의 졍비흐니라[11]

　　「숙영낭자전」에서 숙영은 부정한 여인이라는 억울한 누명을 쓰고 자
살한다. 과거에 장원급제한 후 집에 돌아와 이 사실을 알게 된 백선군은
이것이 시비(侍婢) 매월의 간계에 의한 것임을 밝혀내 숙영의 누명을 벗
겨 준다. 위의 인용문은 사랑하는 숙영의 시신(屍身) 옆에 앉아 백선군이
비통한 심정으로 아내의 죽음을 애도하고, 망령(亡靈)을 위로하고 있는
부분이다. 그런데 이 장면에는 망자에 대한 백선군의 애끓는 심회를 표
출해 내고 있는 제문이 삽입되어 있다. 비록 간결한 내용이긴 하지만,
이 삽입된 제문을 통해 숙영에 대한 백선군의 애절한 사모의 정이 곡진
(曲盡)하게 토로되고 있으며, 아내의 비통한 죽음을 애도하는 제의 현장
의 비극적 분위기가 더욱 고조되기도 한다.

　　이와 같이 제문의 내용이 고전소설에 그대로 삽입되는 경우, 그 제문
은 작품 내에서 다양한 문학적 기능을 수행하게 된다. 작품 구성을 위한
하나의 문학적 장치로 고전소설에 수용되고 있는 이러한 제문의 존재는
이미 『금오신화(金鰲新話)』에서 나타나고 있는 바이기도 하다.

---

11) 「숙영낭자전」, 황패강 역주, 『한국고전문학전집』 5, 고려대 민족문화연구소, 1993,
　　 302면.

오오 임이시여! 그대는 어릴 때에는 천품(天稟)이 온순하였고 자라서는 얼굴
이 말끔하였소 의용(儀容)은 서시(西施)와 같았고, 시부(詩賦)는 숙진(淑眞)보
다도 나았소 스스로 규문(閨門) 밖에는 나가지 않았고, 이정(鯉庭)을 받아 왔
었소 난리를 겪어도 정조를 지켰으나, 왜구를 만나 목숨을 잃었소 황량한 다
북쑥 속에 몸을 의탁하여 홀로 있으면서 피는 꽃 밝은 달에 마음만 슬펐었소
봄바람에 애끊는 두견새의 피울음 울고, 서리 내리는 가을철엔 비단 부채 무정
도 하였으리라. 지난 하룻밤 그대와 만나 기쁨을 얻어 비록 유명(幽明)이 서로
다를지라도 물 만난 고기처럼 즐거워하였소 장차 백년을 같이 지내려 하였더
니 어찌 하룻 저녁에 이별이 있을 줄 알았겠소 임이시여! 그대는 응당 달나라
에 난새 타는 선녀가 되고, 무산(巫山)에 비 내리는 아가씨가 되리다. 땅은 어
두침침해서 돌아볼 수가 없을 것이고 하늘은 막막하여 바라기도 어렵소 나는
집에 들어가도 어이없어 그저 말없이 지내고, 밖에 나가도 아득하여 갈 곳도 없
구려. 영혼(靈魂) 모신 휘장을 대하면 눈물 겨웁고, 좋은 술을 따를 때엔 마음
더욱 슬프오 요요(窈窈)한 그 모습이 눈에 보이는 듯, 낭랑(琅琅)한 그 목소리
귀에 들리는 듯 하오 아아 슬프도다! 총명한 그대의 성품, 말쑥한 그대의 기상,
몸은 비록 흩어졌을 망정 혼령(魂靈)만은 남아 계실 것이니, 응당 강림(降臨)
하여 뜰에 오르시고, 어쩌면 나타나서 곁에 있겠는지요 비록 사생(死生)이 다
를지라도 그대는 이 글월에 느낌이 있을 줄 아오[12]

위의 인용문은 『금오신화』 중 「만복사저포기(萬福寺樗蒲記)」에 삽입되
어 있는 제문으로, 주인공 양생이 귀녀(鬼女)의 장례를 치른 뒤 읽은 제

---

12) 惟靈 生而溫麗 長而淸淳 儀容侔於西施 詩賦高於淑眞 不出香閨之內 常
    聽鯉庭之箴 逢亂離而璧完 遇寇賊而珠沉 托蓬蒿而獨處 對花月而傷心
    腸斷春風 哀杜鵑之啼血 膽裂秋霜 歎紈扇之無緣 嚮者 一夜邂逅 心緒纏
    綿 雖識幽明之相隔 實盡魚水之同歡 將謂百年以偕老 豈期一夕而悲酸
    月窟驂鸞之姝 巫山行雨之娘 地黯黯而莫歸 天漠漠而難望 入不言兮悗忽
    出不逝兮蒼茫 對靈幃而掩泣 酌瓊漿而增傷 感音容之窈窈 想言語之琅琅
    嗚呼哀哉 爾性聰慧 爾氣精詳 三魂縱散 一靈何亡 應降臨而陟庭 或薰蒿
    而在傍 雖死生之有異 庶有感於些章(「萬福寺樗蒲記」, 번역문은 『국역 매월
    당집 3』, 세종대왕기념사업회, 1978, 314~315면에서 인용.)

문의 전문(全文)이다. 잘 아는 바와 같이, 「만복사저포기」에서 양생은 귀녀와 인연을 맺게 된다. 그 후 귀녀가 저승길을 떠나자 양생은 자신과 정을 나누었던 귀녀의 무덤에 제물(祭物)을 차려 놓고 지전(紙錢)을 불사르며 장례 의식을 거행한다. 위의 제문은 이 장례 과정에 삽입된 것으로, 귀녀와의 이별로 인한 비통함을 토로하는 내용을 담고 있는 이 제문이 장례 과정에 개입됨으로써 의식의 현장감(現場感)이 부각됨은 물론 문학적인 효과도 만들어 내게 된다.

이처럼 문학적 장치로 제문을 삽입하고 있는 예는 『기재기이(企齋記異)』의 「서재야회록(書齋夜會錄)」에서도 찾아 볼 수 있다. 「서재야회록」에서 주인공인 선비는 문방사우(文房四友)를 위한 제사를 지내는데, 이 제사의식에도 장문(長文)의 제문이 끼어 들어 있다.

유세차 모년 모월 모일에 고양씨의 후손 아무개는 삼가 좋은 술과 여러 음식을 장만하여, 감배씨의 후손 견군(甄君) 지(池)와 수인씨의 후손 진군(陳君) 옥(玉)과 구망씨의 후손 혼돈자(渾沌者) 고(藁)와 포희씨의 후손 모군(毛君) 예(銳) 네 친구의 신령께 경건히 제사를 올리노라. 아, 하늘이 성명(性命)을 부여하심에 물칙(物則)도 함께 주셨다네. 윤리에는 오륜(五倫)이 있고 덕에는 오덕(五德)이 있네. 생각건대, 붕우(朋友)는 이오(二五) 가운데 하나, 저녁에 죽어도 괜찮으나 신의가 없으면 설 수 없네. 아득히 신의가 없어지자 대도(大道)가 이에 막혔네. 사생(死生)과 귀천(貴賤)은 구름처럼 하찮은 것. 까닭 없이 뭉치는 건 장주(莊周)가 기롱했고, 이곳이 다하자 멀어지는 건 달인(達人)이 슬퍼했네. 누가 마음을 함께 하랴. 누가 소리를 함께 하랴. 산엔 나무가 푸르고 골짜기엔 새가 지저귀네. 아, 나의 단칸방 쓸쓸한 그림자만 있었는데, 줄줄이 네 벗이 마음 통해 모였다네. ……(중략)…… 풍류 넘치는 이런 모임 성의 다해 이뤄졌네. 형체는 없는 데서 생겼다가 또다시 없어지고, 시간도 없는 데서 생겼다가 또다시 없어지네. 백년 벗을 굳게 맺어 세상일을 토론했네. 살아서는 막역한 벗, 죽어서도 같은 무덤. 그래도 사람인데 사물만도 못할 손가. 낭낭한 석별 인

사 감히 부탁을 잊으리요 내 무엇을 상심하리, 그대들이 떠난다 해도 그대들
혼 남았으면 이 글에 감응하리[13)

이렇듯 제문은 우리 소설사의 이른 시기부터 작품 구성의 한 기법으
로 작품 내에 적절하게 수용되고 있으며, 후대(後代)에 접어들면서 상당
히 많은 작품 속에 삽입되어 다양한 기능을 발휘하기도 한다. 이러한 사
실은 고전소설에 대한 논의 과정에서도 중시되어야 할 점이라 보아진다.

3. 제문의 활용 실태

전술한 바와 같이, 망자(亡者)나 산천(山川)의 신령(神靈)에 대한 제사의
식은 일찍부터 생활의 한 부분으로 자리잡았고, 그 의식에서 사용되는
제문 역시 활발하게 산출되었다. 기실 이러한 제문은 각종 제사의식에서
제문이나 축문(祝文)의 형태로 지어져 낭송되었는데, 실제 제사의식에서
사용되던 이들 제문은 고전소설 작품 속에서도 그대로 나타난다. 고전소
설에 수용되고 있는 이러한 제문들은 크게 망자(亡者)에게 제전(祭奠)을

---

13) 維年月日 高陽氏之後某 謹以淸酌庶羞之奠 敬祭于堪坏氏之後甄君池 燧
人氏之後陳君玉 勾芒氏之後渾沌者藁 庖羲氏之後毛君銳 四友之神 嗟嗟
乎 天賦性命 與之物則 倫有五倫 德有五德 奧維朋友 二五之一 夕死尙
可 無信不立 茫茫墜緖 大道斯塞 死生貴賤 雲雨輕薄 無故而合 莊周所
譏 利盡則疎 達人之悲 孰是同心 唯歟同聲 山木蒼蒼 谷鳥嚶嚶 嗟我一
室 弔影佝伶 聯翩四友 不速盍簪 ……(中略)…… 風流奇會 實由明誠 不形
之形 形於不形 不際之際 際於不際 百年交契 重以論世 生爲莫逆 死則
同穴 矧伊人矣 不如物乎 琅琅別言 敢忘顧托 夫我何傷 子所臧兮 不昧
者存 庶感些章(「書齋夜會錄」, 번역문은 박헌순역, 『기재기이』, 범우사, 1990,
68~69면에서 인용함.)

올릴 때 사용하는 제문과 하늘과 땅의 여러 신령(神靈)에게 제전을 올릴 때 사용하는 제문으로 양분할 수 있는데, 다음에는 이들 제문이 고전소설 작품 내에서 활용되고 있는 구체적인 모습을 검토해 보기로 한다.

1) 망자에 대한 제문

고전소설에 등장하고 있는 제문(祭文) 중 양적으로 풍부한 양상을 보여주는 것은 망자(亡者)에게 제사를 지낼 때 그 의식에 활용되는 제문이다. 인간의 삶에서 죽음이란 피할 수 없는 숙명이다. 따라서 인간은 누구나 언젠가는 죽게 마련이다. 고전소설에 등장하는 인물들 역시 예외일 수는 없다. 그리하여 고전소설에도 작중 인물의 죽음이 그려지고, 그 죽음에 따른 각종 제사의식이 작품 내에서 거행되기도 한다. 고전소설에 자주 나타나는 이러한 망자에 대한 제사의식에는 상제례(喪祭禮)와 위령제(慰靈祭)가 있는데, 이들 의식이 거행될 때 거기에 망자를 위한 제문이 개입되기도 한다. 다음에는 망자에게 지내는 제사의식에 개입되고 있는 상제례의 제문과 위령제의 제문의 구체적인 실상을 살펴보기로 한다.

(1) 상제례의 제문

앞서 살펴보았듯이, 고전소설에는 상제례(喪祭禮)와 관련된 제사의식이 빈번히 나타난다. 고전소설에 삽입된 제문 중 상당수는 우제(虞祭), 평토제(平土祭), 소·대상(小·大祥), 기제(忌祭) 등의 상제례에서 망자를 조상하는 제문(祭文)이나 축문(祝文)으로 활용되고 있다. 이러한 상제례의 제문은 다른 유형의 제문에 비해 고전소설 작품에 많이 삽입되어 있는 편이라 하겠는데, 다음에는 고전소설에 삽입되어 있는 상제례의 제문 중 몇 편을 예시해 보기로 한다.

차호부인 차호부인 요차조지숙여ᄒ여 싱불고어고인이라 기빅년이희로터니 홀연몰헤언귀요 유추자이영세혜여 이것실 엇지 질너니며 귀불귀혜쳔더헤여 언의 써나 오랴는가 탁송츄이위가ᄒ여 자는 다시 누어스이 상음용이젹막ᄒ여 보고 듯기 어려워라 누삼삼이쳠금ᄒ여 졋난 눈물 피가 되고 심경경이소원ᄒ여 살 기리 젼이 업다 소회인이지피ᄒ여 바리본들 어이ᄒ며 어장주이울도ᄒ여 뉘를 의지ᄒ잔 말가 빅양노이월낙ᄒ여 산젹젹 밤 집푼듸 어츄츄이주유ᄒ여 무슨 말을 ᄒ소ᄒ들 격유헌이노수ᄒ여 그 뉘라셔 위로ᄒ리 셔리상지상봉ᄒ면 차싱의난ᄒ이 업니 주과포혜박잔혜여 만이 먹고 도라가오14)

위의 인용문은 「심청전」에서 곽씨 부인이 죽었을 때 그 시신을 안장하고 평토제(平土祭)를 지내는 과정 속에 끼어 들어 있는 제문이다. 이는 나이 어린 자식을 남겨두고 황천(黃泉)으로 떠난 아내의 장례를 거행하며 심봉사가 지어 읽은 상제례의 제문으로, 아내의 죽음을 애통해 하는 남편의 심정을 담아내고 있는 일종의 제망실문(祭亡室文)이다.

유세츠 모년 월일의 충렬부인 류씨는 일비쳥작으로 금셤 낭즈의게 올니노라 그더 나의 잔명을 살녀니여 승상을 다시 맛나 영화로이 지니니 낭즈의 은혜와 충렬이 아니면 니 엇지 복록을 누리리오 츠은을 싱각ᄒ면 츠싱의 갑흘 길이 업스니 지하의 도라가 갑기를 바라며 후싱의 동긔되야 금세의 미진ᄒ 은혜 갑기를 원ᄒ노니 밝은 졍령이 잇거든 흠양ᄒ라15)

「정을선전」에서 인용한 이 글 역시 망자(亡者)를 조상하는 상제례의

---

14) 완판 71장본 「심청전」, 김진영 외 편, 『심청전 전집』 3, 박이정, 1998, 219면.
15) 「졍을션젼」, 『구활자 소설총서 고전소설』 11, 민족문화사, 1983, 39면.

제문이다. 이 제문은 자신을 위해 대신 죽은 시비(侍婢) 금섬의 기년제(朞年祭)를 지내면서 유추년이 지어 읽은 일종의 제노문(祭奴文)이다. 잘 아는 바와 같이, 「정을선전」에서 유추년은 부정한 여인이라는 누명을 쓰고 옥에 갇혀 처형당할 위기에 처하게 된다. 이때 그녀의 몸종인 금섬은 유추년을 탈옥시키고, 자신이 상전을 대신하여 옥중에 들어가 죽음을 맞이한다. 위의 인용문은 바로 금섬의 소상(小祥)을 지내면서 시비 금섬의 은혜를 잊지 못하는 유추년의 심회를 담아내고 있는 제문이다.

(2) 위령제의 제문

고전소설에 삽입되고 있는 망자(亡者)에 대한 제문 중에는 위령제(慰靈祭) 성격의 제사의식에서 사용되는 제문도 적지 않다. 자고로 불행하게 죽은 망자의 혼을 위로하여 진혼(鎭魂)하는 관습이 널리 행해져 온 것은 주지의 사실이다.[16] 고전소설 작품에도 불행하게 죽는 등장 인물이 많으며, 이들의 원한을 풀고 원혼(冤魂)을 위로하기 위해 거행되는 제사의식도 많이 보인다. 다음에는 이 같은 위령제에서 원혼을 위로할 용도로 고전소설 작품 내에서 활용되고 있는 제문의 예를 살펴보기로 한다.

> 유세차 모년 모월 모일에 박명 첩 추씨 양대는 삼가 글월을 양생전에 고하나이다 오호 애재라 우리 양인이 운향사에서 처음 맛나 불전에 맹약하던 일이 목전인 듯 하더니 낭군은 임의 황련객이 되고 첩이 홀노 사랏시니 텬디가 붓그럽도다 오호 통재라 낭군은 무삼 일로 비명 원혼이 되엿스니 나라를 위하야 충직 진명을 다 못하야 원귀가 되엿는가 오호 통재라 첩의 배약함을 말매암아 천고 영결에 무주원혼이 되얏스니 부모에게 불효막심하고 후세에 시비를 면치 못하

---

16) 최길성, 『한국의 조상숭배』, 예전사, 1986, 151~153면 참조

리니 이는 도시 첩의 배약한 탓시로다 오호 애재라 첩이 절행도 알 것만은 부명을 거역지 못하엿나니 다만 효만 알고 절은 아지 못하얏스니 구텬에 낭군을 보기 붓그럽도다 오호 애재라 우리 금생에 이루지 못한 인연을 후세에 다시 매자 차생에 놋기온 한을 푸러 백년을 무흠이 지내리라 오호 통재라 첩이 금번 신행 길에 일배박주로 고하나니 복유존령은 비루히 녁이지 말고 구버 흠향하소서[17]

「양산백전」에서 양산백과 추양대는 운행사라는 절에서 수학하다가 인연을 맺게 된다. 그러나 부친의 강권으로 인해 추양대는 심생과 혼인에 이르게 되고, 양산백은 상사병에 걸려 죽게 된다. 신행 길에 양산백의 묘 앞을 지나던 추양대는 그곳에 제물을 배설하고 무주원혼이 되어 버린 양산백을 위로하는 위령제를 거행한다. 위의 인용문은 이 위령제에서 추양대가 방성대곡하며 읽은 제문이다.

유세차 긔해 삼월 십사일에 박명한 윤경열은 일비주로 춘영 소저의 혼백을 산미희셔의 아람다온 연분이 일장춘몽이 되어 잇고 계향 편에 보내던 일봉 서찰이 영결종텬이 되단 말가 한 조각 붉은 마음이 절개를 좃침이여 화려한 옥안을 다시 보지 못하리로다 박명한 윤경열을 위함이여 아람다온 생명을 칼날에 붓쳣도다 영발한 문장으로 혈서를 씀이여 차생 차세에 유한이 면면하도다 녀자만으로 곤곤히 흘으는 물이 주야 쉬지 아니함이여 유유한 나의 한이 저 물과 가치 카이 업도다 이 목숨을 한 번 바려 소저의 원혼을 싸루지 못함이여 지긔를 저바리는 박정랑을 면치 못하리로다 청산부토에 백골만 자탄함이여 두견성 슯흔 소래가 시시로 조상하는 도다 화류 동풍에 구진 비를 쑤림이여 양인의 슯흔 원한을 동군이 감응하는 도다 오열한 음성으로 수행 제문을 일금이여 흉중이 답답하야 진정을 모다 일우지 못하노라[18]

위의 인용문은 「미인도」에 삽입되어 있는 제문의 모습이다. 「미인도」

---

17) 「양산백전」, 『구활자본 고소설 전집』 제26권, 인천대 민족문화연구소, 1984, 433면.
18) 한국정신문화연구원본 「미인도」, 99~100면.

에서 남녀 주인공인 윤경렬과 김춘영은 양가의 혼약에 의해 정혼(定婚)한 사이다. 그런데 전라 박병사가 자신의 권세를 악용하여 김춘영에게 청혼하고, 그녀는 정절을 지키기 위해 자결을 시도하게 된다. 그러나 그녀는 모친의 몸종 딸인 화영에 의해 구출되어 도주하고, 화영이 김춘영인 양 위장하여 박병사와의 혼례를 대행하고 자결한다. 그러나 이 내막을 모르는 김춘영의 부모는 화영을 딸로 알고 장례를 치르고, 윤경렬 역시 김춘영이 죽은 것으로 안다. 훗날 암행어사가 되어 이 무덤을 찾은 윤경렬은 묘 앞에 제물(祭物)을 진설하고 체읍(涕泣)하며 김춘영의 혼백(魂魄)을 위로하는 위령제(慰靈祭)를 지낸다. 위의 예문은 이 위령제에서 윤경렬이 지어 읽은 제문이다.

> 박명 첩 한시는 혼 졈 간으로써 시중 상공 녕위의 고ᄒ느니 첩이 어려 상공 문하에 닙승ᄒ민 구고의 셩덕을 닙스와 무흠이 셰월을 보니더니 상공의 쳥직흠으로 슬하의 쟝셩흔 ᄌ녀 업고 다른 시봉홀 동긔 업스되 공명을 헌 신 ᄀ치 바리고 뒤 뫼히 나무 뷔고 앏 너에 고기 낙가 진효 갈셩ᄒ니 왕상과 밍종을 족히 귀타 ᄒ리오 구괴 하셰 ᄒ시민 다시 뎨항을 쩌나지 말고 국은을 갑고ᄌ ᄒ더니 국운이 불힝ᄒ야 일월이 밧고이니 군ᄌ의 츙셩으로도 국파신망 ᄒ민 엇지 망극지 아니 ᄒ리오 간젹 오셰신이 군을 히코ᄌ ᄒ민 첩이 군을 구코ᄌ 하미 뉘 도로혀 불우히 길음을 더홀 줄 알앗스리오 첩이 즉시 죽어 뒤흘 좃고ᄌ ᄒ나 유탁을 춤아 져바리지 못ᄒ야 목슘을 보젼ᄒ고 원슈 갑기를 원ᄒ더니 이졔 젹은 계교로써 원슈의 간을 니여 뎨ᄒ느니 밝은 녕빅은 첩의 졍셩을 술피소셔[19]

위의 인용문은 「장녕전」에 삽입되어 있는 제문으로, 장필한의 부인 한씨가 지은 것이다. 「장녕전」에서 장필한은 오세신에 의해 억울하게 죽음에 이르게 된다. 그의 부인인 한씨는 자기 남편을 죽인 오세신을 독

---

19) 「장녕전」, 『구활자본 고소설 전집』 제13권, 인천대 민족문화연구소, 1984, 18~19면.

살한 후에 그의 염통을 꺼내 장필한의 영귀(靈鬼) 앞에 놓고, 남편의 혼
령을 위로하는 위령제를 지낸다. 위의 인용문은 바로 이 위령제에서 한
씨 부인이 지어 읊은 제문이다.

이상에서 살펴본 바와 같이, 고전소설에 삽입되어 있는 망자에 대한
제문은 상제례의 제문이나 위령제의 제문 등 다양한 활용상을 보여준다.
고전소설에서 이러한 제문들은 작중 인물의 죽음을 애도하기도 하고, 또
는 그 원혼을 달래기도 하면서 소기의 문학적 효과를 만들어 내고 있는
것이다.

2) 신령에 대한 제문

고전소설에는 앞에서 살펴본 망자에 대한 제문에 비해 수적으로 많지
는 않지만, 하늘과 땅의 여러 신령(神靈)에게 올리는 제전(祭奠)에서 사용
되고 있는 제문도 나타난다. 주지하는 바와 같이, 자연에 대한 신앙은
고래로부터 존재하였으며, 신명(神明)을 받들어 복을 비는 제사의식도 일
찍이 비롯되어 인간의 삶 깊숙이 자리잡아 온 것이 사실이다.[20] 그리하
여 고전소설에도 천지신명(天地神明), 명산대천(名山大川), 황천후토(皇天后
土), 일월성신(日月星辰) 등 여러 신령에게 올리는 제사의식이 다양하게
나타나게 되었으며, 이러한 제사의식에 사용되는 제문이 작품 내에도 자
연스럽게 끼어 들게 되는 것이다.

---

20) 김영진, 『한국자연신앙연구』, 청주대 인문과학연구소, 1985, 15~19면 참조.

유세차 갑자년 갑자월 갑자일의 디명국 동성문 너의 거ᄒ난 유심은 형산 신
령 전의 비난다 오호라 디명 틱조 창국공신지손이라 션디의 공덕으로 부귀를
겸젼ᄒ고 일신이 무량ᄒ나 년광이 반이 넘도록 일졈 혈륙이 업셔스니 사후 빅
골인들 뉘라셔 엄토ᄒ며 션영힝화를 뉘라셔 봉사ᄒ리요 인간의 죄인이요 지ᄒ
의 악귀로다 이러ᄒ 일을 싱각ᄒ니 원혼이 만심이라 이러ᄒ 고로 더러운 정셩
을 신령전의 발원ᄒ오니 황쳔은 감동ᄒ와 자식 ᄒ나 졈지ᄒ옵소셔[21]

위의 인용문은 「유충렬전」에 삽입되어 있는 제문의 모습이다. 제문의
내용을 통해 짐작할 수 있듯이, 이것은 자식을 얻기 위해 신령에게 올리
고 있는 제사의식에 끼어 들어 있는 제문이다.

일반적으로 고전소설의 주인공은 만득자(晚得子)로 출생하는 경우가
많다. 주인공의 부모는 대개 늦도록 자녀가 없어 갈등을 겪는데, 이 무
자갈등(無子葛藤)을 해결해 주는 방편이 바로 기자제(祈子祭)다. 실제로 민
속(民俗)에서 이러한 기자제는 치성을 드린다거나 주술적 방법을 이용하
는 등 여러 형태로 행하여졌는데, 치성기자(致誠祈子)의 경우에 있어서
가장 보편적으로 거행되는 의식은 산제(山祭)다.[22] 「유충렬전」에서 살펴
볼 수 있는 위의 제문은 유충렬의 부모가 자식을 얻기 위해 남악 형산의
신령에게 산제를 지낼 때 축수(祝手)하며 읽은 것이다. 이 기자제의 덕택
으로 유충렬의 출생이 이루어지게 된다. 이처럼 고전소설에서 산천의 신
령에 대한 제문은 무자 갈등을 해소시키기 위한 기자제의 제문으로 활
용되기도 한다.

유세차 모년 모일 갑자에 대송국 남경 동화문 내 거하난 뎡흠은 산쳔 신령전
에 비나이다 오호라 뎡흠은 대송 태죠 창업 공신 뎡운에 십 칠대 손으로 대대

---

21) 「류충렬전」, 『구활자본 고소설 전집』 제11권, 인천대 민족문화연구소, 1984, 17면.
22) 이두현 외, 『한국민속학개설』, 보성문화사, 1983, 60~61면.

국녹이 흠족하고 자손이 창성 하옵더니 흠의계 이르러난 년광이 기우도록 슬하
에 일점 혈육이 업사오니 사후 백골을 뉘라 거두어 쥬며 션영 향화을 뉘게다
전하올잇가 그럼으로 죠선에 죄인을 면치 못하오니 엇지 슯푸지 아니 하리오
복원 산쳔 신령은 구버 살피사 일점 혈육을 점지하사 조선에 득죄함을 면케 하
시옵기를 쳔만 복망이라23)

위의 인용문 역시 자식을 얻기 위해 남악 형산의 신령에게 산제 형식
의 기자제를 지내며 지어 읊은 제문이다. 「여장군전」의 주인공 정수정
은 이 기자제의 효력으로 잉태되고 출생된 인물이다. 수정의 부친 정흠
은 성품이 강직하고, 명망이 높으며, 부귀 또한 넉넉한데 다만 자식이
없어 고민한다. 그러던 중 명산대천에 빌어 자식을 얻는 일이 종종 있으
니 그리 해보자는 부인 양씨의 말에 따라 정흠 내외는 남악 형산에 들어
가 목욕재계한 후, 자식을 갖게 해달라고 정성으로 발원한다. 이때 정흠
이 단상에 꿇어앉아 읽은 제문이 위의 인용문이다.

고전소설 속에 끼어 들고 있는 이러한 신령에 대한 제문은 기자제 외
에도 전쟁의 승리를 축원하기 위해 거행되는 제사의례의 의식문으로도
활용된다.

모년 모월 모일의 대명 대스마 대장군 병마 도춍독 대원슈 김원은 빅비 돈슈
흐고 텬지신령과 명산대천과 후토부인끠 알외느니 국운이 불힝흐와 삼 공주롤
아귀라 흐는 즘성의게 닐스와 텬지 쥬야 침식이 불안흐샤 날노 흐여곰 아귀롤
잡아 텬하의 붓그러우믈 셜흐고 텬눈을 온젼케 흐라 흐시고 젼젼 불미흐시미
이 산이 명국 ᄯ히오 지어 신령도 명국 신령이라 국운을 위흐여 엇지 돕지 아
니리오 복원 신령 후토논 크게 도와 성공케 흐시고 인명이 샹치 말게 흐소셔
상향24)

---

23) 「녀장군전」, 『구활자본 고소설 전집』 제26권, 인천대 민족문화연구소, 1984, 469면.
24) 「김원전」, 박용식 역주, 『한국고전문학전집』 16, 고려대 민족문화연구소, 1995, 120면.

신명(神明)에게 올리는 제전(祭奠)의 의식문으로 활용되고 있는 위의 제문은 「김원전」에서 인용한 예다. 이 작품에서 세 공주를 아귀가 납치해 가자, 주인공 김원은 이들 공주를 구출해 내기 위해 도원수가 되어 아귀와 한판 대결을 벌이게 된다. 출진에 앞서 김원은 우양을 잡아 제물을 마련하여 진설해 놓고 천지신령, 명산대천, 후토부인 등 여러 신령에게 승리를 축원하는 제를 올린다. 위의 인용문은 바로 이 제사의식에서 김원이 읽은 제문이다.

> 유세츠 모년 모월 모일에 박명 첩 조은희는 비박지쥬로 텬디신명게 고흐압나니 첩이 국가 디스와 가군의 원수를 위흐야 명일에 도격으로 더부러 접젼흐겟스오니 명텬과 셩신은 첩의 졍셩을 살피스 일직이 도격을 파흐고 가군을 구흐야 기가를 불너 졍장 군졸이 한 가시로 질기게 흐심을 바라나이다[25)]

위의 예문은 「백학선전」에 삽입되어 있는 천지신명에 대한 제문이다. 「백학선전」에서 조은하는 나라를 침범해 온 가달의 군대와 맞서 대전을 벌이게 된다. 정병 10만을 거느리고 출정하기에 앞서 조은하는 황천후토(皇天后土)의 신령에 제사를 지낸다. 위의 인용문은 출정 전날 밤 삼경에 조은하가 친히 제단에 올라가, 가달과의 전쟁에서 승리할 것을 기원하며 지어 읽은 제문의 모습이다. 이 제가 끝나자, 조은하 앞에 선녀가 나타나 내일의 전쟁에서 원수를 도우라는 상제(上帝)의 하교를 전하게 되고, 조은하는 가달과의 대전을 승리로 이끌게 된다.

이와 같이 고전소설에는 무자 갈등을 해소하기 위한 기자제의 제문이나 또는 전쟁의 승리를 축원하는 제사의식의 제문 등이 개입되고 있다. 이들 제문은 대체로 천지의 여러 신령을 대상으로 하여 만들어지는데,

---

25) 「빅학션」, 앞의 책, 548면.

망자에 대한 제문보다 고전소설에 수용되는 빈도는 떨어진다. 그러나 이들 신령에게 올려지는 제문 역시 사건 구성을 위한 중요한 문학적 장치로 작품 내에서 소기의 역할을 담당하고 있다.

4. 제문의 문학적 기능

앞에서 검토한 바와 같이, 고전소설에는 각종 제사의식이 빈번히 수용되고 있으며, 그로 인해 제문의 개입도 상당히 많이 나타나고 있다. 이러한 제문들은 단순한 장식적 차원의 소재로 존재하는 것이 아니라, 작품 내에서 다양한 용도로 활용되면서 작품의 구성에도 기여한다. 다음에서는 이들 제문이 고전소설 작품 속에 삽입되어 어떠한 문학적 기능을 발휘하는지 살펴보기로 한다.

1) 제의의 현장성 재현

제문은 제사의식의 요식의 하나로서, 제의가 진행되는 과정에서 낭송되는 일종의 의식문이다. 따라서 제사의식이 고전소설에 수용될 경우 그 진행 과정에 제문이 끼어 들게 되면, 제의(祭儀)의 사실감(事實感)과 현장감(現場感)은 보다 구체화된다. 이렇듯 고전소설에 삽입되고 있는 제문은 해당 제사의식의 사실성 내지는 현장성을 작품 내에 보다 구체적으로 재현해 내는 역할을 담당한다.

　　주부 이 말을 듯고 삼칠일 지계를 졍이 ᄒ고 소복을 졍졔ᄒ며 졔물을 갓초고
축문을 별노이 지어 가지고 부인과 흠기 남악산을 차져가니 ……(즁략)……
옛날 위부인이 셔동 오류인을 거나리고 도학ᄒ던 일층 단이 문어졋다 일층단
별노 모아 노구밥을 졍결이 담아 놋코 부인은 단ᄒ의 궤좌하고 주부는 단상의
궤좌ᄒ야 분힝 후 축문을 너여 옥셩으로 축수할 졔 그 축문의 ᄒ여스되 ……
(축문생략)…… 빌기를 다 ᄒ미 지셩이면 감쳔이라 황쳔인들 무심할가 단상의
오쉭 구름이 ᄉ면의 옹위ᄒ고 산즁의 빅발 신령이 일졀이 ᄒ강ᄒ여 졍결케 지
은 졔물 모도다 흠향ᄒ다26)

　　위의 인용문은 앞서 언급한 바 있는 「유충렬전」에 등장하고 있는 기
자제(祈子祭)의 모습이다. 이 장면은 유충렬 부모가 아들을 얻기 위해 남
악산에 찾아가 거행하는 제의 과정을 그려내고 있다. 무너진 제단(祭壇)
을 다시 쌓고, 노구밥을 정성스럽게 준비하며, 무릎꿇고 앉아 분향하고,
두 손을 비비며 치성(致誠)을 드리는 일련의 과정과 이에 감응한 남악산
의 신령이 내려와 제물을 흠향(歆饗)하는 신비스러운 장면이 제시되고
있다. 이러한 기자제의 진행과정에, 이미 앞에서 소개한 바 있어 위의
인용문에서는 생략하였는데 제문이 삽입되어 읽혀짐으로써 제의의 현장
성은 보다 구체적으로 재현되고 있는 것이다.

　　ᄭᅡ토리 뒤밋쳐 발버 가셔 바위의 언친 털을 울며 불며 차져다가 갈입으로 소
렴ᄒ고 덩덩이로 매장ᄒ고 원츄리로 명졍 씨셔 애숑목의 거러노코 밧머리 사티
난디 금졍업시 산역ᄒ야 ᄒ관하고 산신졔와 불신졔를 지니고 졔물을 차닐 젹에
가랑닙의 이슬 바다 졔쥬 굴밤 ᄶᅡ지로 졉시 삼어 도토리 잔 삼어 담아 노코 속
새디로 시져 삼어 친가 유무 형셰디로 그렁져렁 차려노코 호상 소임으로 집사
를 분졍하니 누구 누구 드럿던고 의관 조혼 두루미는 초헌관이 되여 잇고 몸
가븝연 날넌 졔비는 졉빈긱 되여 잇고 말 잘ᄒ는 앵무새난 진셜을 맛탓구나 ᄶᅡ

---

26) 「류충렬전」, 앞의 책, 16～18면.

옥이 슬어 안져 축문을 읽으니 그 축문의 하얏스되

　유셰차 모년 모월 모일 미망 까토리 감소고우 현벽 장끠 학생부군 거현디둔 셕 신반실당 신쥬긔셩 복유존령 사구종신 시빙시의

　라 하엿더라27)

「장끼전」에서 장끼는 아내인 까투리의 만류에도 아랑곳 않고 콩을 집어먹다가 사냥꾼의 올무에 걸려 죽게 된다. 이에 까투리는 비명횡사한 남편 장끼의 장례를 거행한다. 위의 인용문은 아내 까투리가 두루미, 제비, 앵무새, 따오기 등을 불러 장끼의 상례를 치르는 장면을 보여준다. 망자의 시신을 소렴(小殮)한 후 매장(埋葬), 하관(下官), 산신제(山神祭), 불신제 등을 거쳐 제물을 진설하고 장례를 지내는 일련의 과정에 독축자(讀祝者)가 읽은 축문(祝文)이 개입됨으로써 그 제의의 현장성은 더욱 제고된다. 이처럼 제문은 제의가 진행되는 과정에 개입하여 그 장면을 보다 사실적으로 재현해 내며, 독자로 하여금 현장감을 느끼도록 유도한다.

2) 인물 형상화에 기여

일반적으로 제문의 형식은 서사, 본사, 결사의 3단 구성으로 이루어져 있다. 이러한 3단 구성 중 간지(干支)로 시작되고 있는 서사와, 흠향(歆饗)과 상향(尙饗)으로 마무리되는 결사는 대체로 제문의 일정한 격식에 따르게 된다. 이렇듯 서사와 결사가 지극히 형식적이고 상투적인데 비해

---

27) 「장끼전」, 『구활자본 고소설 전집』 제12권, 인천대 민족문화연구소, 1984, 68~69면.

제문의 본사는 개인적인 심정을 토로하는 부분이다. 따라서 이 본사에는 그 글을 지은 사람의 내면적인 모습이 드러나게 된다.

고전소설에 삽입되어 있는 제문의 본사 부분도 이처럼 작중 인물의 내면 세계를 표출해 내고 있는 경우가 많은데, 그럴 경우 제문은 작중 인물의 성격을 부각시키는 문학적 장치로서의 역할을 수행하게 된다. 고전소설 작품 내에서 등장인물의 형상화에 기여하고 있는 제문의 예를 제시해 보기로 한다.

> 간지 모년 모월 모일의 중국 부마 도위 안평국 왕자 적성의난 통곡ᄒ고 모든 격군의 고혼을 위로ᄒ야 졔젼하노라 오호라 그디 등으로 더부러 수로 누말이을 동고하야 일령주을 어더 회정ᄒ다가 이곳의 다달나 불의한 변을 만나 면치 못ᄒ고 세을 조차 창히 즁의 고혼이 되여스니 엇지 슬푸지 아니 하리요 차호라 니 몸은 두 눈을 쎄여 바린 후의 한 쪼각 판자을 티워 만경창파의 밀쳐스니 살기을 바리리오 연이나 명천이 감동ᄒ사 목숨이 사라나셔 즁국의 들어가 호승상을 맛나 유ᄒ다가 몸이 용문의 올나 할님학사로 근시터니 금상첨화로 쳔조 공주의 부마가 되여 이졔 나는 고국을 도라가니 부귀영화 극진하거니와 그디 등의 망혼니야 언의 늘의 고국을 도라오리요 슬푸도다 눌노 인연ᄒ여 수즁 고혼이 되야쓴들 막비쳔수라 과도히 원망치 마르소셔 니 도라가 그디 등의 쳥빅한 고혼의 원억한 졍곡을 이지리뇨 니 영귀하야 이졔 본국으 도라오미 그디 등의 혼영이 도우미라 환국한 즉시의 군등 자손을 불너 쓸 거시니 군등 혼령은 만반 진수를 만이 흠향ᄒ소셔[28]

위의 예문은 「적성의전」에서 주인공 성의가 지어 읽은 제문이다. 간지(干支)로 시작하고, 흠향(歆饗)으로 종결시켜 제문의 격식화된 틀을 따르고 있는 이 제문의 내용 중 성의의 심정이 표출되는 부분은 해중고혼(海中孤魂)을 위로하고 있는 본사다. '오호라', '차호라', '슬푸도다' 등의

---

28) 「적성의전」, 앞의 책, 398면.

영탄어(詠嘆語)를 구사하면서 전개되고 있는 이 본사는 왕후의 약을 구하러 자신과 함께 서역 만리를 다녀오다가 항의의 악행(惡行)으로 바다에 빠져 몰사한 격군(格軍)의 억울한 죽음을 애도하고, 그들 혼령(魂靈)의 음조(陰助)에 감사해 하는 성의의 내면 심리를 진솔하게 토로해 내고 있다. 이 위령제(慰靈祭)의 제문을 통해 항의와 대비되는 성의의 따뜻한 성품이 잘 부각된다.

고전소설에 삽입된 제문 중 인물 형상화의 기능이 두드러진 예는 「오유란전」, 「종옥전」에서 찾아볼 수 있다. 잘 아는 바와 같이, 「오유란전」과 「종옥전」은 지나치게 여색(女色)을 멀리하는 도학군자(道學君子)의 호색성(好色性)을 폭로시켜 그를 망신당하게 하는 서사 구조를 지닌 작품이다. 이들 작품에서 주인공의 호색적 모습을 효과적으로 드러내는 문학적 장치가 바로 제문인 것이다.

유세차(維世次) 병인년 사월 을축삭(朔) 삼십일 갑오에 한양(漢陽)에 사는 정인(情人) 이랑(李郎)은 변변치 못한 제수를 삼가 차려 놓고 두서너 줄로 제문을 지어 한을 품고 평양의 절조있는 여인인 고(故) 오유란 낭자의 영백(靈魄) 앞에 아뢰나이다. 오호애재(嗚呼哀哉)라! 오호통재(嗚呼痛哉)라! 부창부화(夫唱婦和)는 지키기 위한 한 평생의 약속이오, 부생모육(父生母育)은 저버리기 어려운 어버이의 그지없는 은혜라. 우리의 가연이 겨우 정해지려 할 때 부친께서 병환 중이라는 급한 소식을 어찌해야 하리오 서산의 해가 기울어지려 함에 오직 어버이를 섬길 날이 적음을 생각했을 뿐이오, 동상(東床)의 약속을 맺음에 어찌 낭자의 죽을 때가 닥쳐오리라고 생각했으리오 ……(중략)…… 비록 창자가 끊어지는 일이 있더라도 정을 끊기란 어려울 것이며, 이미 살아서 나를 따랐으니 죽어서도 역시 나를 따라 주소서. 낭자가 평생에 모든 예의범절이 남보다 뛰어났으니 만일 저승에서라도 나의 뜻을 알아주어 다시 한 번 만날 수 있도록 해주신다면 조랑(趙郎)의 더할 수 없는 충정(衷情)에 감동하여 애경(愛卿)이 전생(前生)에서 이미 맺은 연분(緣分)을 이은 것처럼 하겠나이다. 글은 말을 다

할 수 없고, 말은 뜻을 다할 수 없구려. 오호애재(嗚呼哀哉)라! 상향(尚饗)[29]

위의 인용문은 「오유란전」에서 김생의 속임수에 빠진 이생이 오유란이 죽은 줄 알고 그녀의 가묘(假墓)에서 지전을 불사르면서 읽어 내린 제문이다. 이생의 내면 세계를 잘 드러내고 있는 이 제문의 본사는 도학자(道學者)인 체 하며 여색을 멀리하던 애초의 모습과는 전혀 달리, 이생이 지나칠 정도로 여색에 빠져 있음을 보여준다.

이러한 양상은 「종옥전」에서도 나타나는데, 주인공 종옥이 향란의 가묘(假墓)에서 제사지내며 지어 읽은 제문에도 내면에 숨겨진 그의 호색적(好色的) 모습이 잘 드러난다. 이처럼 이들 작품은 제문을 적절히 활용하여 도덕군자(道德君子)로 예고된 주인공을 여색에 빠진 비속(卑俗)한 인물로 전락시켜 그들을 희화화(戲畫化)하고 있는 것이다.[30]

3) 사건 진행에 관여

고전소설에 삽입된 제문 중에는 작품이 전개되는 과정에서 그것이 사건 진행상 필요한 요소로 작용하는 경우도 있다. 이처럼 사건 진행에 관

---

29) 維世次 丙寅 四月 乙丑朔 三十日 甲午 漢陽情人李郎 謹具菲薄之需 兼賚數行之誄 含恨告訣于箕城節婦故烏有娘靈魄之前曰 嗚呼哀哉 嗚呼痛哉 夫唱婦和 縱勤百年之約 父生母育 難負罔極之恩 際人倫之纔定 奈親癠之急報 西日將頹 惟念事親之日少 東床留約 豈料斷絃之時迫 ……(中略)……腸雖斷而情難斷 生已從而沒亦從 娘子平生 凡流絶殊 如有知於九原 顧復賜於一見 感趙郎之至情 續愛卿之前緣 文不盡言 言不盡意 嗚呼哀哉 尚饗「烏有蘭傳」

30) 여세주, 「「종옥전」과 「오유란전」에 문제된 성 모랄과 웃음」, 『대동한문학』 제10집, 대동한 문학회, 1998, 185면.

여하여 작품 구성에 기여하는 제문의 예를 고전소설 작품 속에서 구체적으로 찾아보기로 한다.

> 유세차 부경 십칠년 곱자 이월 곱인삭 이십팔일 신사의 남경 동성문 너셔 사는 불효자 유충열은 모친 장씨젼의 예로 갓초와 지전으로 희상 고혼을 위로ㅎ오니 혼빅이나 바드소셔 오희라 우리 부모 년광이 반이 남어 일점혈육이 업셔 끽로 복중의 셔룬 마음 남악산의 정셩듸려 천힝으로 츙열을 나아노코 인지중지 키여너여 영화를 보려쎠니 간신의 희를 보아 부친이 만리 연경의 간 후로 모친만 모시고 잇다가 피화ㅎ야 다라날졔 이 물가에 다다르니 난디 업난 희상 수적 사면으로 달여드러 우리 모친 절박ㅎ야 풍낭 중의 너쳐 노으니 모친임은 간 디 업고 천힝으로 모진 목숨 츙열이만 사라나셔 ……(중략)…… 만리 연경의 가장 일코 무변디희의 자식 일코 도적의게 절박ㅎ야 슈중고혼 되아쓰니 천만셰를 지너간들 모친갓치 통박홀가 혼령이 나외셔거든 이러타시 만반진수를 흠힝ㅎ고 도라가셔 후싱의나 다시 만나 셰셰 상봉 모자되야 다치 못한 자모지정을 다시 풀가 바리난이다 ㅎ올 말삼 무궁ㅎ오나 눈무리 흘너 옷시 젓고 흉중이 답답ㅎ야 그만 근치난이다 상힝31)

「유충렬전」에서 인용한 이 예문은, 모친이 세상을 뜬 줄 아는 유충렬이 그 혼백(魂魄)을 위로하고자 제사를 지내며 읽은 제문이다. 유충렬 모자는 부친을 귀양보낸 간신들에 의해 죽을 고비를 맞게 된다. 이 와중에서 유충렬은 겨우 목숨을 구하는데, 그는 모친이 회수에서 물에 빠져 죽은 것으로 잘못 안다. 그러나 그의 모친 역시 목숨을 구해 이처사의 집에 의탁하여 지낸다. 이렇듯 생이별한 유충렬 모자가 상봉하게 되는 계기가 된 것이 바로 위의 제문인 것이다.

유충렬이 훗날 회수에서 모친을 위해 제사를 지낼 때, 그것을 구경하는 사람들 중에는 이처사도 끼어 있었다. 이처사는 그 제사에서 낭독되

---

31) 「류충렬전」, 앞의 책, 180~182면.

는 제문의 내용이 유충렬 모친이 항상 이르던 말과 같음을 통해 유충렬이 부인의 아들임을 직감하고는, 급히 돌아와 이 사실을 유충렬의 모친에게 알린다. 그리하여 마침내 유충렬과 그의 모친의 극적인 상봉이 이루어지게 된다.

이처럼 위의 제문은 헤어져 있던 모자(母子)가 극적으로 재회하는 사건의 진행 과정에서 주요한 역할을 담당하고 있는 것이다. 이러한 역할을 효과적으로 수행하기 위해 이 제문은 그 내용에 유충렬의 출생에서부터 부친의 귀양, 유충렬 모자의 이별 과정 등을 소상히 담고 있다.

> 유세차 건안 십이연 정희 십일월 을사삭 이십일 가자의 좌장군 유비 모사 제갈양은 건고 우천지 일월성신 오악신령 사히룡왕 화덕진군 후토신령 강산풍빅이 일시의 함역하옵소서 국운이 불힝하야 역격 됴됴 도절신기하고 유슈천자하고 방시국모하니 기천지죄을 인인이 공분이온듸 이제 됴됴 용병 빅만과 용장 천여원이라 장여강동으로 일원사용할시 금자여손권으로 동심함역하야 욕파됴됴하고 안보사직 이올 터인듸 됴됴 듸병을 불감당이라 복망 천지신령은 감동ㅎ와 동남풍 삼일삼야만 허급ㅎ시면 공파됴됴ㅎ옵고 홍복한실ㅎ게 ㅎ옵소서 근이 청작셔수공신전헌 상향32)

「화용도」에서 조조의 대군을 파하기 위한 방편으로 필요한 것은 동남풍(東南風)이었다. 이에 제갈량은 남병산에 올라 제물을 배설하고 제석에 단좌하여 동남풍을 불게 해달라고 천지신령(天地神靈)에게 지성으로 축수(祝手)한다. 위의 인용문은 이때 제갈량이 지어 고한 제문으로, 이 제문은 이 작품 내에서 동남풍을 일으켜 조조의 대군을 대파하는데 있어서 결정적인 계기로 작용하고 있다. 이처럼 이 제문 역시 작품의 사건 진행 과정에 개입하여 중요한 역할을 발휘하고 있는 것이다.

---

32) 완판 83장본 「화용도」, 김현주·김기형, 『적벽가』, 박이정, 1998, 166~168면.

4) 작중 분위기의 고조

고전소설에 제사의식이 개입되면 그 제사의 성격에 부합하는 작중 분위기가 조성되기 마련이다. 상제례(喪祭禮)와 위령제(慰靈祭) 같은 제사의식은 망자(亡者)의 죽음을 애도하고 그 원혼을 진혼(鎭魂)하는 비창한 분위기를 연출해 내며, 기자(祈子)나 전쟁 승리 등을 신령에게 축원하는 제사의식의 경우에는 엄숙한 분위기를 만들어 낸다. 제사의식과 더불어 고전소설 속에 삽입된 제문은 이러한 비창하고 엄숙한 작중 분위기를 더욱 고조시켜 주는 문학적 장치이기도 하다. 작품 내에서 제의의 분위기를 고조시켜 주는 제문의 예를 살펴보기로 한다.

> 분하고 급한 마음으로 하면 병영으로 출도하고 박병사를 봉고파직 후에 김진사의 한을 풀고 김소저의 원수를 갑흘 마음이 불연듯 하것만은
> ……(중략)……고사를 생각하니 슯흔 심회 교집하야 춘영소저의 무덤을 차자가니 만고렬녀 춘영지묘라 쓴 것이 어제 본 듯 완연하다 일편단심 썩은 간장 구비구비 끈어진 듯 졈졈이 나린 눈물 동풍에 세우되야 슯히 안자 체읍타가 제물을 작만하고 제문을 지은 후에 혼백을 위로하니 제문에 하엿스되[33]

앞서 검토한 바 있듯이, 「미인도」에서 윤경렬은 박병사의 악행으로 자신과 정혼한 김춘영이 죽은 줄 안다. 위의 인용문은 암행어사가 되어 내려온 윤경렬이 춘영의 묘를 찾아가 혼백을 위로하며 애통해 하는 장면이다. 이러한 작중 분위기를 더욱 고조시켜 주는 것은, 이미 앞에서 인용 소개한 바 있는 윤경렬이 지어 읽은 제문이다. 제문의 내용을 통하여 제의 현장의 비통한 분위기가 상승되는 효과를 만들어 낸다.

---

33) 한국정신문화연구원본 「미인도」, 90～99면.

그 날 밤의 장승상 부인이 제젼을 갓초와 강상의 나어가 심소졔를 위ᄒ여 혼을 불너 위로코져 ᄒ야 졔ᄒ라 ᄒ고 시비를 다리고 강두에 다다르니 밤은 집퍼 삼경인듸 쳡쳡이 씨인 안기 산악의 잠겨 잇고 쳡쳡이 이난 너넌 강수의 어려엿다 편주를 흘이 져어 즁유의 쩌여 두고 비 안의셔 셜위ᄒ고 부인이 친이 잔을 부어 오열ᄒ 졍으로 소졔를 불너 위로ᄒ난 말리

오호 이지 심소졔야 죽기를 실허ᄒ고 살기를 질거홈은 인졍의 고연커날 일편단심의 양육ᄒ신 부친의 은덕을 죽기로ᄡ 곱푸려ᄒ고 일노 잔명을 시스로 자단ᄒ니 고혼 쏫시 희려지고 나는 나부 불의 드니 엇지 안이 실풀소냐 ᄒ 잔 술노 위로ᄒ니 응당이 소졔의 혼이 안이면 멸치 안이 ᄒ리니 거히 와셔 흠힁ᄒ물 바리노라

눈물 ᄲ리여 통곡ᄒ니 쳔지미물인들 엇지 안이 곱동ᄒ리 두렷시 발근 달도 체운 속의 숨어 잇고 희박키 부던 바롬도 고요ᄒ고 어용 잇도던지 강심도 젹막ᄒ고 사장의 노던 빅구도 목을 질게 쩨여 끌눅끌눅 소리ᄒ며 심상ᄒ 어션더른 기든 돗디 머무른다 뜻박기 강 가운듸로셔 ᄒ 줄 말근 기운이 비머리의 어렷다가 이윽ᄒ여 사라지며 일기 명낭커날 부인이 반겨 이러셔셔 보니 가득키 부엇던 잔이 반나 업난지라 소졔의 영혼을 못너 늑기시더라[34]

위의 인용문은 장승상 부인이 심청의 원혼(冤魂)을 위로하고자 제사를 지내는 「심청전」의 한 부분이다. 여기에서는 깊은 밤 작은 배 안에서 위령제를 거행하는 작중 시공(時空)을 비창한 분위기로 그려내고 있으며, 삽입되어 있는 제문으로 인하여 이러한 분위기는 더욱 고조된다. 이처럼 고전소설에 삽입된 제문은 제사의식이 빚어내는 작중 분위기를 한층 끌어올리는 문학적 기능을 발휘하기도 하는 것이다.

---

34) 완판 71장본 「심청전」, 앞의 책, 247~248면.

5. 맺음말

　이상에서 본고는 고전소설에 제문이 수용되고 있는 양상과 그 활용실태 및 그것이 작품 내에서 담당하고 있는 문학적 기능을 검토해 보았다. 지금까지 논의된 내용을 요약·정리하여 결론을 삼고자 한다.

　고래로부터 비롯된 제사의식은 이후에도 꾸준히 지속되면서 생활의 중요한 부분으로 자리잡기에 이른다. 그리하여 이 제사의식은 인간의 삶을 반영하는 고전소설에도 자주 등장하게 되는데, 이때 제사의식의 요식의 하나인 제문이 자연스럽게 작품 속에 끼어 들게 된다. 고전소설에 개입되고 있는 이러한 제문들은 작가의 계획된 의도에 따라 작품 내에서 다양한 문학적 기능을 발휘하게 된다. 이처럼 작품구성의 한 기법으로 제문이 작품에 개입되고 있는 양상은 우리 소설사의 이른 시기에서부터 나타나고 있을 뿐만 아니라, 상당히 많은 작품에서 그러한 예를 찾아볼 수 있다.

　고전소설에 삽입되어 있는 제문은 망자(亡者)의 제전(祭奠)에 사용하는 것과 하늘과 땅의 신령(神靈)의 제전에 사용하는 것으로 크게 양분할 수 있다. 이 중 양적으로 풍부한 양상을 보여주는 것은 전자의 제문이다. 이 제문은 고전소설 작품 내에서 망자를 조상하는 상제례(喪祭禮)의 제문이나, 불행한 죽음을 맞이한 원혼을 위로하는 위령제(慰靈祭)의 제문으로 주로 활용되고 있다. 망자에 대한 제문에 비해 활용빈도는 떨어지지만 고전소설에는 천지신명(天地神明), 명산대천(名山大川), 황천후토(皇天后土), 일월성신(日月星辰) 등과 같은 여러 신령에 대한 제문도 적잖이 나타난다. 이 제문들은 작품 내에서 주로 기자제(祈子祭)의 제문이나 또는 전쟁 승리를 축원하는 제의의 의식문으로 활용되고 있다.

고전소설에 빈번히 개입되고 있는 이러한 제문들은 단순한 장식물로 존재하는 것이 아니라 작품 내에서 다양한 문학적 기능을 발휘한다. 이들 제문은 제사의식의 진행 과정에 끼어 들어 그 제의의 사실성과 현장성을 작품 내에 재현시키는데 일익을 담당하며, 독자로 하여금 현장감을 느끼도록 유도한다. 또한 고전소설에 삽입된 이들 제문은 서사, 본사, 결사의 3단 구성 중 개인의 심정을 토로하는 본사 부분을 통해 작중 인물의 내면 세계를 표출해 냄으로써 인물의 형상화에 기여하기도 한다. 뿐만 아니라 이들 제문은 작품 전개에 필요한 요소로 사건 진행에 관여하기도 하며, 제사의식이 거행되는 비창하고 엄숙한 작중 분위기를 더욱 고조시켜 주는 기능을 담당하기도 한다.

이처럼 고전소설에 제문이 삽입되어 있는 양상이 이른 시기의 작품에서부터 보이고 있을 뿐만 아니라, 후대의 많은 작품 내에서도 제문이 여러 문학적 기능을 지니고 다양하게 활용되고 있다는 사실은 우리의 소설사에서 중시할 만하다. 이런 점에서 고전소설에 삽입된 제문에 대한 논의는 앞으로 본격화될 필요가 있다고 하겠다.

참고 문헌

『구활자 소설총서 고전소설』, 민족문화사, 1983.

『구활자본 고소설 전집』, 인천대 민족문화연구소, 1984.

『한국고전문학전집』, 고려대 민족문화연구소, 1993.

김영진, 『한국자연신앙연구』, 청주대 인문과학연구소, 1985.

김일근, 「고전소설과 언간」, 『고전소설연구』, 화경고전문학회, 1993.

민영대, 「최척전에 삽입된 서간에 대한 고찰」, 『유천신상철박사화갑기념 국어국문
    학논총』, 문양사, 1996.

———, 「서궁일기에 삽입되어 있는 서간의 유형과 기능」, 『한남어문학』 제23집,
    한남대 국어국문학회, 1998.

———, 『조위한의 삶과 문학』, 국학자료원, 2000.

박대복, 「고소설에 수용된 민간신앙 연구」, 중앙대 대학원 박사논문, 1989.

박종익, 「고소설의 통과의례적 실상 연구」, 충남대 대학원 박사논문, 1997.

여세주, 「「종옥전」과 「오유란전」에 문제된 성 모랄과 웃음」, 『대동한문학』 제10집,
    대동한문학회, 1998.

오출세, 「한국서사문학에 나타난 통과의례 연구」, 동국대 대학원 박사논문, 1990.

유경숙, 「조선조 여성 제문 연구」, 충남대 대학원 박사논문, 1996.

이두현 외, 『한국민속학개설』, 보성문화사, 1983.

장덕순, 『한국수필문학사』, 새문사, 1985.

장철수, 『한국의 관혼상제』, 집문당, 1995.

진필상, 『고대산문문체론』, 심경호 역, 『한문문체론』, 이회문화사, 1995.

최강현, 『한국수필문학신강』, 서광학술자료사, 1994.

최광식, 「한국 고대의 제의 연구」, 고려대 대학원 박사논문, 1989.

최길성, 『한국의 조상숭배』, 예전사, 1986.

최승순, 「동제 축문의 형식고」, 민속학회 편, 『민간신앙』, 교문사, 1989.

고전소설에 삽입된 상소문의 양상과 기능

1. 머리말

소설에는 작가나 작중 인물(作中人物)의 언어뿐만 아니라 다양한 양식의 언어가 공존한다. 소설은 이러한 가지각색의 언어 형식을 수용하여 조화를 이루어 낸 하나의 완성체다.[1] 고전소설에도 작가와 작중 인물의 목소리뿐만 아니라 다양한 양식의 시가(詩歌)와 산문(散文)이 뒤섞여 있다. 이 같은 각양 각색의 언어 형식들은 효과적으로 작용하면서 하나의 작품이 형상화되는데 기여하게 된다.

고전소설의 문체를 한층 입체적이고 다채롭게 해주며, 작품 구성에도 적잖이 기여하는 삽입 문예 양식에 대하여 그간 학계에서는 꾸준히 연

---

1) 황패강, 「소설이해를 위한 문체론적 시각」, 『다곡이수봉선생회갑기념 고소설연구논총』, 간행위원회, 1988, 171~182면 참조

구를 진행시켜 왔다. 그런데 이 방면의 연구는 주로 삽입 시가(揷入詩歌)에 집중되었고,[2] 산문 양식의 삽입 양상에 대한 관심은 상대적으로 미흡한 것이 사실이다. 기실 고전소설에는 서간문(書簡文), 제문(祭文), 상소문(上疏文), 비답(批答), 비문(碑文) 등 여러 종류의 산문이 수용되어 있으며, 이들 산문은 작품 내에서 효과적으로 기능하고 있다. 그러나 이러한 삽입 산문 양식에 대한 논의는 단지 서간문과[3] 제문에[4] 대해서만 부분적으로 시도되고 있을 뿐 아직 본격화되지는 못하고 있다. 따라서 고전소설 내에 삽입된 다양한 산문 양식에 대한 검토는 앞으로 보다 심화·

---

2) 삽입시가에 대한 연구업적은 상당히 축적되었는데, 그 중의 일부를 제시해 보면 다음과 같다.

　　김동욱, 「판소리 삽입가요 연구」, 『한국 가요의 연구』, 을유문화사, 1961.

　　설중환, 「금오신화의 삽입시 연구 시론」, 『논문집』 1, 우석여대, 1980.

　　민병수, 「한문소설의 삽입시에 대하여」, 『한국고전산문연구』, 동화문화사, 1981.

　　김창현, 「삽입시가의 기능연구」, 『목원어문학』 5집, 목원대 국어교육과, 1985.

　　이승복, 「고전소설의 서사구조와 삽입시가의 기능」, 『국문학 연구』 제76집, 서울대 대학원 국문학연구회, 1986.

　　정충권, 「판소리 삽입가요의 삽입양상 연구」, 서울대 대학원, 1989.

　　정병호, 「금오신화에 나타난 삽입시가의 양상과 기능」, 『한국의 철학』 19집, 경북대 퇴계 연구소, 1991.

　　조종업, 「고전소설과 한시」, 『고전소설연구』, 화경고전문학연구회, 1993.

3) 김일근, 「고전소설과 언간」, 『고전소설연구』, 화경고전문학연구회, 1993.

　　이장환, 「고소설에 삽입된 서간연구」, 한남대 대학원, 1994.

　　경일남, 「고전소설의 삽입서간 연구」, 『어문연구』 제28집, 어문연구회, 1996.

　　민영대, 「최척전에 삽입된 서간에 대한 고찰」, 『유천신상철박사 화갑기념 국어국문학 논총』, 문양사, 1996.

　　──, 「서궁일기에 삽입되어 있는 서간의 유형과 기능」, 『한남어문학』 제23집, 한남대 국어국문학회, 1998.

　　──, 「월영낭자전 연구 (1), 삽입된 서간의 유형과 기능을 중심으로」, 『한남어문학』 제26집, 한남대 국어국문학회, 2002.

4) 경일남, 「고전소설에 삽입된 제문의 양상과 기능」, 『어문연구』 38, 어문연구학회, 2002.

확대될 필요가 있다 하겠다.

고전소설에 삽입되어 있는 다종의 산문 양식 중 주목할 만한 것으로 상소문(上疏文)이 있다. 군주(君主)에게 하의(下意)를 상달(上達)하는 글인 상소문은 고전소설에 수용되고 있는 여러 산문 양식 가운데 출현 빈도가 비교적 높을 뿐만 아니라, 작품 내에서 문학적 장치로서의 중요한 기능을 담당하기도 한다. 그럼에도 불구하고 아직 학계에서 이에 대한 논의를 시도하고 있지 않는 것은 아쉬운 바라 하겠다. 이런 점에서 고전소설 작품 내에 삽입되어 있는 상소문에 대한 연구의 필요성이 있다 보아진다.

상소문이 고전소설 작품 내에 수용되어 어떠한 양상으로 활용되고 있으며, 또한 그것이 고전소설 작품 속에서 어떠한 문학적 기능을 발휘하고 있는지 살펴보고자 하는 것이 본고의 목적이다. 이 같은 검토를 통해 고전소설에 삽입된 상소문의 문학적 실상이 여실히 드러날 것으로 보아지며, 아울러 본고의 이러한 논의가 고전소설에 삽입된 다양한 산문 양식을 이해하는데 기여하는 바 있기를 기대한다.

2. 상소문의 수용 양상

1) 상소 언론의 수용

주지하는 바와 같이, 중국에서 이미 진대(秦代)에 발전한 상소제도(上疏制度)는 우리 나라에 일찍이 도입되어 활용되다가 조선시대에 이르러서는 주요한 언로(言路)로 자리잡게 되었다.5) 조선시대에는 현직 관료는 물론이거니와, 퇴직 관료와 재야의 선비 그리고 유생(儒生)에 이르기까지 각계 각층의 사람들이 상소(上疏) 할 수 있도록 문호가 개방되어 있었고, 상소의 내용에도 별다른 제약이 없었다. 따라서 조선시대에 상소제도는 크게 활성화될 수 있었던 것이다.

그런데 이러한 상소라는 언론 매체의 모습은 고전소설 작품 속에서도 자주 등장한다. 고전소설의 작중 인물들 역시 작품 속에서 자신의 의사를 군주(君主)에게 상달(上達)하기 위해서는 상소라는 언로를 이용해야만 하기 때문이다.

> 이때는 화정 오년이라 승상 진권이 본디 소인의 무리라 국권을 잡어 텬즈 성덕을 어지리니 걸주의 조악으로 성탕의 셩덕을 더러임 굿흔지라 황샹셔 츙의 군즈로 진권의 간특흔 죄샹을 여러 번 샹쇼ᄒ니 일즉 화젼의 쥬옥을 버리고 바다 굿흔 문장을 기우리미 ㅅ의 격졀ᄒ고 언언이 직언이라 츙셩된 말슴과 졍도 한 문믹이 지샹에 버려시니 족히 셩심을 도루혈지라6)

위의 인용문은 「황장군전」의 서두 부분이다. 여기에는 권세를 장악하여 정치를 농단하는 간신인 진권의 죄상을 황상서가 수 차례 상소하는 장면이 서술되고 있다. 잘 아는 바대로, 특권세력의 비리와 부정을 탄핵(彈劾)하는 것은 상소를 올리는 주된 동기 중의 하나다.7) 고전소설에도 상소라는 언론 제도를 이용하여 간신의 불충(不忠)과 비행(非行)을 규탄하는 예가 적지 않다. 위의 인용문이 보여주듯, 간신 진권을 탄핵하기 위해 황상서가 상소를 올리는 것이 바로 그러한 예에 속한다.

---

5) 김민환, 『한국언론사』, 사회비평사, 1996, 85면.
6) 「황장군전」, 『구활자본 고소설전집』 17, 인천대 민족문화연구소, 1984, 525면.
7) 이상희, 「조선조 사회의 언론현상 연구」, 『한국의 사회와 문화』 제10집, 한국정신문화연구원, 1989, 291면.

화설 대숑 말년에 셔쥐 금병산에 일위 명환이 잇으니 셩은 장이오 명은 필한
이오 즈는 명상이니 그 션죠는 한죠 유후 장냥의 후예라 디디 명문거족으로 공
후 벌널이라 위인이 츙효 정직ᄒ고 량친을 지효로 셤기며 일즉 등과ᄒ야 벼슬
이 한님학ᄉ에 니르러 명망이 죠야에 진동ᄒ니 상이 그 강명 정직홈을 총이ᄒ
시나 셰강속말ᄒ야 죠정에 간신이 만흐므로 병을 닐크라 이에 상표 ᄉ직ᄒ미
상이 부득이 윤허ᄒ시니 공이 고두 ᄉ은ᄒ고 고향에 도라와 량친을 지효로 셤
길시[8]

위의 인용문은 「장한절효기(張漢節孝記)」의 첫머리다. 이 부분에는 한
림학사 장필한이 간신들의 전횡으로 조정이 탁란해지자 벼슬을 버리고
낙향하는 사건이 그려지고 있다. 이때 장필한이 관직에서 물러나고자 병
을 핑계삼아 상주(上奏)한 언론 매체는 다름 아닌 상소다. 이처럼 사직(辭
職)하고자 하는 의도에서 상소라는 언론 매체를 이용하고 있는 예도 고
전소설에서 쉽게 찾아볼 수 있다.

이와 같이 상소제도가 크게 활성화되면서 상소라는 언론 매체가 고전
소설 작품 속에 수용되는 것은 자연스러운 현상이라 하겠다. 고전소설의
작가는 작품 구성상의 필요에 따라 상소라는 언론 매체를 적절하게 이
용하고 있으며, 작가의 의도에 따라 고전소설에 끼어 든 상소라는 언론
매체는 작품 내에서 맡겨진 역할을 수행하게 되는 것이다.

2) 상소문의 수용 양상

이렇듯 상소라는 언론 매체는 고전소설 작품 속에 빈번히 등장하고
있다. 그런데 이러한 상소 언론의 요체는 군주에게 상달하고자 하는 진

---

8) 「장한절효긔」, 『구활자본 고소설전집』 13, 인천대 민족문화연구소, 1984, 5면.

정(陳情)이나 간언(諫言) 등을 적은 상소문(上疏文)이다. 따라서 앞에서 제시한 인용문에서처럼, 작품 내에 상소문의 내용이 개입되고 있지 않은 상소는 단지 군신(君臣) 사이의 의사소통 수단인 정치적(政治的)인 언로(言路) 장치에서 머물 뿐 실질적인 문학적 효과를 크게 만들어 내지는 못한다.

상소라는 언로가 고전소설 작품 내에서 하나의 중요한 문학적 장치로 작용하는 경우는 상소의 핵심이라 할 만한 상소문(上疏文)의 내용을 수반하는 경우다.

중화(中和) 원년(元年) 2월에 임금은 동원(東原)으로 도읍을 옮기니, 승상인 오균이 상소하여 간하였다.

선왕(先王)께서 국토를 정하실 때 여기에다 도읍을 세우셨던 것은 다름 아닌 이곳이 금성탕지(金城湯池)의 요새이자 천부(天府)의 땅인 까닭입니다. 땅덩어리는 비록 작으나마 역시 왕 노릇하기에 족하옵니다. 하오나 동원(東原)은 그렇지 못하고 사방으로 적을 맞아들이기 좋은 곳이라 덕(德)으로 하면 가히 왕업을 이룰 만하겠지만 그렇지 못하면 망하기 좋은 곳입니다. 옛적 주(周)나라는 동도(東都)로 도읍을 옮기더니 힘이 쇠잔해져 떨치지를 못하고, 한(漢) 나라도 마찬가지 동경(東京)으로 옮겨가더니 난리가 끊이지 않았으니, 도끼 자루를 구하는 데는 도끼 날의 크기와 크게 어긋나서는 아니 되는 것 같은 좋은 귀감이 이에 있나이다.

그러나 임금은 그 말을 듣지 않고 말하였다. "내 이제 동(東)으로 가고 싶은 따름인데, 어찌 답답하게 시리 예서 오래 머물겠소?" 그 날로 도읍을 옮기고는 동도(東陶)라 칭호 하였고, 인월(寅月)을 한 해의 머리로 삼았다.9)

---

9) 「화사」, 김창룡, 『한국가전문학선』, 정음사, 1985, 124~125면.
中和元年二月 王移都東原 丞相烏筠 上疏諫曰 先王定邦 設都於此 金城湯池 天府之土 地方雖小 亦足以王 東原不然 四面受敵 有德可以王 無德可

위의 인용문은 「화사(花史)」의 한 부분으로, 승상 오균이 영왕에게 천도(遷都)의 불가함을 상소하지만 영왕이 이를 듣지 않고 수도를 동원(東原)으로 옮기는 장면을 보여준다. 여기에서는 앞에서 인용했던 예문의 경우와는 달리 천도가 불가한 이유를 논하면서 간언(諫言)한 오균의 상소문 내용이 그대로 삽입되어 있다.

이처럼 고전소설에 상소문의 내용이 개입되면 상소는 단지 의사소통을 위한 언로 장치에서 머무는 것이 아니라, 작품 내에서 작가가 의도하는 문학적 기능을 수행하는 보다 유효한 장치로 작용하게 된다.[10) 이와 같이 상소문이 작품 내에서 문학적 장치로 활용되고 있는 예는 적지 않은 고전소설 작품에서 찾아볼 수 있는데, 이러한 사실은 상소문이 고전소설의 작품구성을 위해 이용되던 보편적 기법 중의 하나임을 보여주는 바로 주목할 필요가 있다 하겠다.

3. 상소문의 활용 실태

일반적으로 상소(上疏)는 군주(君主)에게 하의(下意)를 상달(上達)하는 것이기 때문에 외형상으로는 대개 군주의 처분을 바라는 청원소(請願疏)의 형태를 취하고 있으나, 내용상에 있어서는 그 용도에 따라 간쟁소(諫諍疏), 탄핵소(彈劾疏), 변무소(辨誣疏), 사직소(辭職疏), 청원소(請願疏) 등 다양한 모습을 지니게 된다.[11) 고전소설 작품 내에 수용되고 있는 상소문 역

以亡 昔周遷東都 委靡不振 漢移東京 亂亡相繼 柯則不遠 荃鑑在茲 王不聽曰 五欲東, 安能鬱鬱久居此乎 卽日移都 號稱東京 以寅月爲歲首

10) 고전소설에 삽입된 상소문이 작품 내에서 담당하는 문학적 기능에 대해서는 본 논문의 '상소문의 문학적 기능'에서 상술하기로 한다.

시 내용 면에서 이 같은 다양한 용도로 활동되기는 마찬가지다. 다음에
서는 고전소설에서 많이 활용되고 있는 상소문의 주요 유형을 중심으로
그 구체적인 실상을 검토해 보기로 한다.

1) 간쟁소

고전소설에 삽입된 상소문 중 두드러진 활용상을 보여주는 유형은 간
쟁소(諫諍疏)다. 주지하는 바와 같이, 간쟁소는 군주(君主)의 부당한 처사
나 과오를 지적·비판하여, 군주로 하여금 정사를 바르게 하도록 할 의
도에서 올려지는 상소문을 일컫는다. 이처럼 간쟁소는 군주의 과실을 간
언하는 것이기 때문에 군주와 충돌할 위험성을 안고 있기도 하다. 그리
하여 고전소설에서도 간쟁소를 올린 작중 인물이 삭탈관직(削奪官職)되
거나 유배(流配)의 시련을 겪기도 한다. 고전소설에서 간쟁소의 형태로
활용되고 있는 상소문 중 몇 편을 예시해 보기로 한다.

> 臣은 聞占之聖王이 治成制定然後에 方始作樂ㅎㄴ니 堯之大章과 舜
> 之簫韶ㅣ 是也ㅣ라 陛下ㅣ 卽位數年에 敎化ㅣ 不及於萬方ㅎ고 刑政이
> 末布於百姓이어늘 鐘鼓之聲과 絲竹之音으로 娛樂度日ㅎ시니 以陛下之
> 神聖睿知로 不至沉惑於聲技ᄂ 臣雖明智이오ᄂ 天下之民이 以爲新天子
> 卽位之後로 不施濟民之善政ㅎ고 但事蕩心之音樂이라ㅎ야 擧疾首蹙頞
> 而相告ㅎ오리니 履端之初에 失望之歎이 不少홀지라 臣이 官在大臣之列

---

11) 조선시대 상소의 일반적인 유형과 내용에 대해서는 다음의 논저를 참조하였음.
  정만조, 「조선조시대의 언로와 상소」, 『담수』 15, 담수회, 1986.
  설석규, 「조선시대 유생상소의 유형과 추이」, 『경북사학』 제17·18합집, 경북사학
  회, 1995.
  김세철·김영재, 『조선시대의 언론문화』, 커뮤니케이션북스, 2000, 67~74면.

ᄒᆞ야 旣不能盡輔導之職則當以治王法ᄒᆞ시고 卽斷鍾鼓管篇之絃ᄒᆞ사 使
天下見聞者로 知聖人之所爲ㅣ 出於尋常萬萬ᄒᆞ소셔12)

위의 인용문은 「옥루몽(玉樓夢)」에서 대신(大臣) 윤형문이 천자(天子)의
실정(失政)을 바로 잡기 위해 상주한 간쟁소다. 「옥루몽」에서 천자는 간
신 노균의 말을 믿고 동홍을 총애하여 그와 더불어 풍악으로 나날을 보
낸다. 윤형문의 상소문은 이렇듯 풍류에 빠져 선정(善政)을 베풀지 못하
는 천자의 과오를 일깨워 주기 위한 간쟁소로서, 그는 이로 인해 삭탈관
직을 당하게 된다.

가만히 생각건대, 위태로움은 안일한 데서 생기고 난(亂)은 치평(治平)한 데
서 잇달아 일어나는 까닭에, 염려하지 않았던 변(變)과 무망(無妄)한 재화를
밝으신 임금님은 삼가 하는 바입니다. ……(중략)…… 이제 천군(天君)이 스
스로 일컫기를, '이미 다스려졌고, 이미 평안하여졌다.' 하고, 더욱이 한 치 만
큼 돋아 오른 햇순이 곧 천 길로 되고, 남상(濫觴)의 물이 곧 도천(滔天)하기에
이르는 것을 알지 못하며, 또 근본이 굳지 못했는데, 그만 한묵(翰墨)의 자리와
문학 사학(史學)의 지역에서 놀면서 밤낮으로 친근해진 것은 도홍모영(陶泓毛
穎) 등의 네 사람뿐입니다. 또 고금(古今)의 영웅을 개연(慨然)히 상상해서 그
로 하여금 동동(憧憧)이 허파나 간장의 사이로 내왕하게 하니, 이러한 무리들
은 난을 일으키기가 어렵지 아니하나이다. 원컨대, 군상(君上)께서는 단충(丹
衷)에 힘써 화평(和平)으로써 다스리면, 곧 무형(無形)한 데서도 볼 수 있고,
무성(無聲)한 데서도 들을 수 있어서, 엎어지고 자빠져서야 비로소 나를 생각
한다는 기자(譏刺)는 다행히 면할 수 있을지니, 지극히 간절한 생각을 다하지
못하겠나이다.13)

---

12) 「옥루몽」, 『활자본 고소설전집』 6, 동국대 한국학연구소, 1976, 281~282면.
13) 「수성지」, 김광순 역주, 『한국고전문학전집』 26, 고려대 민족문화연구소, 1996, 30
     ~32면.
     竊以危生於安 亂仍於治 故不虞之變 無妄之災 明君所愼也 ……(中略)……
     今君 自謂已治已平矣而殊不知寸萌之千尋 濫觴之滔天 且根本未固而遽

「수성지」에서 천군(天君)은 즉위한 처음에 천하가 태평해지자 한가한 생활을 한다. 그러나 위태로움이 안일한 데서 생긴다는 사실을 걱정하는 주인옹(主人翁)은 아직 나라의 기초가 굳지도 않았는데 문방사우(文房四友)만을 가까이 하는 것은 옳지 않다고 천군에게 상주(上奏)한다. 위의 인용문은 바로 주인옹이 천군에게 올린 상소문으로, 천군을 바른 길로 인도하고자 하는 주인옹의 충심이 담겨 있는 간쟁소다.

2) 탄핵소

탄핵소(彈劾疏)는 부정·비리·비행 등을 저지른 자의 죄상(罪狀)을 폭로하여 군주(君主)에게 그의 처벌을 요구하는 내용을 담고 있는 상소문이다. 이러한 탄핵소도 고전소설 작품에서 적잖이 활용되고 있는 상소문 유형 중의 하나다.

臣楊昌曲은 聞古之明王이 言災變ᄒ고 不問其祥瑞ᄂ 欲敬天修德이라 故로 詩에 曰 敬天之怒ᄒ야 無敢戲豫라 ᄒ니 殷之桑穀과 周之返風이 莫非因災修德이라 後世人君은 聞災殃而不懼ᄒ고 臣子ᄂ 頌祥瑞而納媚ᄒ니 漢之麒麟과 宋之天瑞ㅣ 非徒爲千秋之嘲ㅣ라 蠧病其國ᄒ고 愚弄其君ᄒ니 臣이 每看史記라가 至此ᄒ야ᄂ 不覺掩卷長歎ᄒ야 慨然流涕러니 不幸今日에 更見衰世氣像於陛下朝廷ᄒ오니 臣은 心寒骨驚ᄒ와 莫知所謂로소이다 ……(중략)…… 噫噫痛哉라 豈知陛下之臣子ㅣ 欺罔天道ᄒ고 籠絡君父ㅣ 至於此極乎잇가 伏願陛下ᄂ 今日上表言祥瑞者를 一一遠黜ᄒ야 以徵諂諛之風과 欺罔之習ᄒ소서 臣이 更伏念雷者ᄂ 天地之號

遊於翰墨之場 文史之域 日夜所親近者 陶泓毛穎輩四人而已 又慨想今古英雄 使其憧憧來往於肺腑之間 如此等輩 作亂 不難也 願君上 勉從丹衷御以和平則可謂視於無形 聽於無聲而庶免顚倒思余之刺矣 無任懇惻之至

令이라 所以鼓動造化ㅎ야 發生萬物이니 今仲冬之月에 如此急行은 天下
萬民이 蟄伏困悴ㅎ야 望大寒陽春於陛下故로 天以冬雷로 警動陛下ㅎ야
益勉聰明睿知ㅎㅅ 發號施令을 無敢懈怠케홈이니 伏願陛下ᄂᆞᆫ 益勉聖衷
ㅎㅅ 廓揮乾斷ㅎ시고 勵精圖治ㅎㅅ 勿事安逸ㅎ시고 恒懷戒懼之心ㅎㅅ
報答天意ㅎ소셔 臣이 猥處大臣之列ㅎ야 不能攝理陰陽ㅎ야 有此非常之
災殃ㅎ오니 不能逃瘝職之罪라 伏願遞斥臣之官職ㅎ사 董督羣僚ㅎ소셔14)

위의 인용문은 「옥루몽」에 삽입되어 있는 상소문으로 양창곡이 간신
의 부정을 논박(論駁)하는 탄핵소(彈劾疏)다. 천자가 즉위한 지 9년 째 되
던 해 겨울에 천둥이 쳐 천자가 대경하니 간신들이 나서 겨울천둥은 재
앙이 아니라 상서(祥瑞)라고 아첨한다. 이에 양창곡은 상소를 올려 조정
을 기롱(欺弄)하는 간신들을 징계할 것을 천자에게 간언한다. 이 탄핵소
로 인해 천자를 기망(欺罔)한 간신들은 모두 벼슬에서 내쫓기게 된다.

　　신이 보건대 요즈음의 망징패조(亡徵敗兆)는 층으로 겹으로 누적되어 나온
결과이나이다. ……(중략)…… 대장군 양서가 그 신분이 정승의 서열에 있는
데다가, 왕비와 연관 있는 친척 입네 하여 그 세력을 믿고 종횡무진 설치며, 제
공을 내세워 교만 방자하니 불행한 사태를 일으킬 일이 조석간에 임박해 있으
니, 그 형태를 보지 못하시오면 그 그림자라도 살펴보시옵소서. 게다가 지금은
나라 안에 좋은 장수는 없고 바깥으로 적국(敵國)이 많아서 촉주(蜀主)는 스스
로 황제라 칭하고, 하황(夏黃)은 참람되이 왕위에 앉았으며, 밀(密) 지역 놈들
은 무례하게도 감히 우리 큰 나라에 대어드니, 이러한 걱정거리 등도 말할 나위
없이 멀리 치워 버려야 하는 것인데, 하물며 자라서 퍼지는 화근이 군신(君臣)
이 함께 모이는 궁성의 안에서 있는 것이겠습니까? 바라옵건대 폐하께서는 일
찍 방향을 정하셔서 회한을 끼치는 일이 없도록 하소서. 신(臣)은 왕가(王家)
집안의 신분으로 명정(明廷)에 발붙이는 우로지택(雨露之澤)을 입고 북돋워
키워 주신 은혜를 지고 있는 몸이 폐하께 기울여 앙모하는 정성을 이기지 못하

---

14) 「옥루몽」, 위의 책, 475~476면.

와 감히 이신지책(移薪之策)을 올리오니 밝으신 성상께서는 보잘 것 없는 이 사람을 굽어 살피시와 조금이라도 택해 써주시옵길 엎드려 바라나이다.15)

「화사」에서 인용한 위의 상소문 역시 탄핵소 형태의 상소문이다. 탄핵의 대상인 양서는 왕의 총애를 받는 양비(楊妃)의 사촌 오빠로서, 이를 악용해 정권을 잡으려 꾀하나 그 어떤 신하도 죽음이 두려워 감히 그에 대해 시비를 제기하지 못한다. 위의 상소문은 이때 충신인 매복이 과감히 나서 교만 방자하기 이를 데 없는 양서의 부정과 비리를 논죄(論罪)하는 탄핵소다.

3) 변무소

고전소설에서 상소문은 무고(誣告)에 의해 피해를 입은 자의 억울한 사정을 군주(君主)에게 호소하거나, 애매하게 논죄를 당한 자를 변호하기 위한 방편으로 활용되기도 한다. 이러한 유형의 상소문을 변무소(辨誣疏)라 하는데, 고전소설 작품 내에서 변무소의 역할을 하고 있는 상소문의 구체적인 실상을 제시해 보기로 한다.

---

15) 「화사」, 김창룡, 위의 책, 133~134면.
臣觀今日亂亡之兆 疊生層出 ……(中略)…… 大將軍楊絮 身居宰列 戚連椒掖 怙勢縱橫 負功驕恣 禍亂之作 迫在朝夕 不見其形 願察其影 且今內無良將 外多敵國 蜀主稱帝 夏黃僭位 密人不恭 敢拒大邦 此其爲患亦已疎矣 矧茲滋蔓之禍 在於蕭墻之內者乎 願王早爲之所 無貽後悔 臣體分金枝 跡側明廷 蒙雨露澤 荷培養恩 不勝傾陽之悃 敢進移薪之策 伏願聖明 俯察蒭蕘 少賜材擇

전승상 강히주난 근돈수빅비ᄒ옵고 상소우폐하젼 ᄒ나이다 황송ᄒ오나 츙신
은 국가지본심이요 간신을 물이치고 츙신을 나소와 인졍을 힝ᄒ시고 덕을 베푸
사 창싱을 살피시면 소신 갓탄 병골이라도 틱고순풍 다시 만나 청산빅골이나
조흔 쌍의 뭇칠가 ᄒ엿더니 간신의 말을 듯삽고 쥬부 유심을 연경으로 원찬ᄒ
시니 선인의 ᄒ신 말삼 인군과 신ᄒ보기를 초기 갓치 ᄒ야 밧기로 츙신의 입을
막고 간신의 악을 바다 국권을 아ᄉ쓰니 엇지 안이 ᄒ심ᄒ오릿가 왕망이 협졍
ᄒ미 왕실리 미약ᄒ고 회왕이 위틱ᄒ미 항적이 죽어쓰니 복원 황상은 집피 싱
각ᄒ옵소셔 신이 비록 죽난 날이라도 사은 히 갓사오니 복원 황상은 츙신 유심
을 직시 방송ᄒ와 폐하를 돕게 ᄒ옵소셔 주달ᄒ올 말삼 무궁ᄒ오나 황송ᄒ와
근치나니다.16)

주지하는 바와 같이, 「유충렬전」에서 유충렬의 부친 유심은 반역을
꾀하는 간신 정한담과 최일귀 등의 모함으로 인하여 억울하게 귀양살이
를 가게 된다. 후에 이 사실을 알고 격분한 강희주는 상소를 올려 유심
의 유배가 무고(誣告)에 의한 것임을 밝히고, 그를 방면해 줄 것을 천자
에게 강변한다. 비록 강희주 역시 간신의 모함으로 귀양가는 것으로 끝
나 그 뜻을 관철시키진 못하지만, 그가 올린 상소문은 신구(伸救)를 목표
로 상달한 변무소(辨誣疏)의 모습을 여실히 보여준다.

디ᄉ마 디장군 디원슈 겸 니부시랑 간위틱부 문연각 틱학ᄉ 신 쟝경은 셩황
셩공 돈슈빅비ᄒ옵고 상언우황상폐하끠 올니옵ᄂ니 복이 신이 본디 남방 쳔누
지인으로 다만 조실부모ᄒ고 유리표박 ᄒ옵다가 소셩운에게 의지ᄒ옵다가 장셩
ᄒ미 외람이 턴은을 닙ᄉ와 벼살이 한원에 이르럿ᄉ옵기에 쥬야 감읍ᄒ와 셩덕
을 만분지 일이나 갑ᄉ올가 ᄒ얏ᄉ옵더니 이졔 폐하의 홍복을 힘닙어 남만 셔융
을 소졔ᄒ옵고 황하에 이르러 텬힝으로 실산ᄒ 부친을 상봉ᄒ오니 쏘ᄒ 셩은이
망극ᄒ온 지라 신뷔 쟝취 역력 유간에 간을 맛나 피란ᄒ옵다가 도젹에게 잡힌

---

16) 「유충열전」, 최삼룡 · 이월령 · 이상구 역주, 『한국고전문학전집』 24, 고려대 민족문
    화연구소, 1996, 68면.

비 되여 휘하에 충슈ᄒ오미 죽으려 ᄒ되 능히 뜻을 이루지 못ᄒ와 누덕을 시러
맛춤니 황하의 위로 ᄒ얏습다가 오날늘 텬힝으로 부지간 산 낫츠로 맛낫ᄉ오니
신의 소더 벼살을 드려 아비 죄를 속ᄒ가 ᄒ옵ᄂ니 복원 셩샹은 미신에 천박ᄒ
졍셩을 어엿비 역이ᄉ 신에 벼살을 거두심을 천만 바라옵ᄂ이다[17]

「장경전」에 삽입되어 있는 위의 상소문 역시 부친의 원통함을 풀어주
기 위해 장경이 상주한 변무소다. 상소문의 내용에서도 보이듯, 장경의
부친인 장취는 역적인 유간에게 잡혀가 그의 휘하에서 장수노릇을 하다
가 유간이 망하자 유배된다. 훗날 서융 등이 모반했을 때 대원수가 되어
출전하였다가 우연히 장취를 만나게 된 장경은 부친의 억울한 사정을
상소문을 통해 호소한다. 이 변무소로 인해 장취는 사면되기에 이른다.

4) 사직소

상소문 중에는 현직에 있는 벼슬아치가 그 직에서 물러나기 위해, 또
는 새로이 벼슬에 발탁된 자가 그 직을 사양하기 위해 올리는 글이 있
다. 이러한 유형의 상소문을 사직소(辭職疏)라 한다. 고전소설 속의 등장
인물들도 작품 내에서 벼슬에서 물러나고자 하거나 벼슬을 사양하고자
할 때 이러한 사직소를 올리게 된다. 고전소설에서 사직을 위한 용도로
활용되고 있는 상소문을 몇 편 예시해 보기로 한다.

승샹 신 양쇼유는 돈수빅비ᄒ옵고 황뎨폐하끠 상언ᄒᄂ이다 사롬이 셰상에
나셔 소원이 불과 장샹공후이오니 벼술이 장샹공후에 니르면 남아지 원이 업습
고 부모ㅣ 즈식을 위ᄒ야 공명부귀를 축원ᄒᄂ니 몸이 공명부귀에 니르면 남아

---

17) 「쟝경전」, 『구활자본 고소설전집』 12, 인천대 민족문화연구소, 1984, 26면.

지 쇼망이 업눈지라 그리 ᄒᆞ온즉 장상공후의 영화와 공명부귀의 즐거움이 엇지 인심의 흠모ᄒᆞ눈 바와 시속의 닷토눈 비 아니오리잇가 세상 영화부귀 엇지 족홈을 알며 화를 ᄌᆞ취ᄒᆞ눈 쥴 헤아리릿가 신이 지조 격고 릉이 열부되 놉흔 벼술을 쒸여 취ᄒᆞ며 공이 엇고 물망이 업스되 긴호 쟈리에 오리 거ᄒᆞ오니 귀홈이 신ᄌᆞ의게 이믜 극진ᄒᆞ오며 영화가 부모의게 이믜 밋친지라 ……(중략)…… 신이 업더여 싱각ᄒᆞ오디 폐하 반다시 신으로써 늙은 신하오 녯 물건이라 ᄒᆞ샤 춤아 일조에 물너가지 못ᄒᆞ게 ᄒᆞ시오나 인ᄌᆞㅣ 부모를 싱각홈이 엇지 그 부모ㅣ ᄌᆞ식을 사랑홈보다 다르오리잇가 신이 폐하의 은덕을 입옴이 이믜 깁스오니 신이 엇지 멀니 ᄒᆞ즉ᄒᆞ고 산중에 업더여 요순갓ᄒᆞ신 닌군을 영결ᄒᆞ오리잇가 이믜 찬 그릇은 가히 ᄒᆞ여곰 넘게 못ᄒᆞ며 이믜 업친 멍에눈 가히 다시 타지 못ᄒᆞ오니 복걸 폐하눈 신이 맛흔 일에 견디지 못홈을 헤아리시고 신의 놉흔디 거ᄒᆞ기 원치 아니믈 슯히샤 특별히 고향에 걸귀케 하와 여년을 맛치믈 허락ᄒᆞ샤 셩덕을 노리ᄒᆞ며 은틱을 감격ᄒᆞ게 ᄒᆞ옵소셔18)

주지하듯이 「구운몽」에서 양소유는 장원급제하여 한림학사를 제수받은 이후 환로를 걸어 마침내 대승상의 반열에까지 오른다. 그러나 그는 만년에 이르자 고향에 돌아가 여생을 한가로이 지내고자 원한다. 그리하여 그는 휴퇴(休退)의 상소를 올리게 된다. 위에 인용한 상소문은 바로 벼슬에서 물러나고자 양소유가 상주한 사직소(辭職疏)다.

臣以不肖才學으로 蒙聖朝簡拔之恩ᄒᆞ와 官爵高而富貴極ᄒᆞ오니 恒切戒懼之心이라 唯不知尊嚴ᄒᆞ고 區區忠言이 駭妄者多어날 不以爲非ᄒᆞ시고 聖敎鄭重ᄒᆞ시오니 臣이 尤不勝惶恐罪悚이로소이다 臣本南方布衣로 家貧親老ᄒᆞ야 因艱難而求爵祿이오 實非經綸才學이 自期致君澤民이라 今若知進而不知退ᄒᆞ고 貪多務得ᄒᆞ야 專恃天寵ᄒᆞ고 無所自量則上負聖恩ᄒᆞ고 下召災殃이라 其不肖不忠이 尤甚矣리니 伏願陛下눈 察臣之情勢

---

18) 「연뎡 구운몽」, 『구활자본 고소설전집』 2, 인천대 민족문화연구소, 1984, 232~234면.

ㅎㅅ 許歸田園ㅎ야 長久恩寵於君臣之間ㅎ소셔 臣이 年未滿三十이오ᄂ
素多疾病ㅎ고 又有老親ㅎ와 每思閑寂自奉ㅎ고 靜處調攝ㅎ오니 惟我皇
帝陛下ᄂ 天地父母ㅣ라 憐臣之情地ㅎㅅ 亟收官職ㅎ야 使安其分케 ㅎ시
고 許歸田園ㅎ사   永保思寵ㅎ소셔19)

일반적으로 사직소는 한 두 번에 그치지 않고 수 차례 반복적으로 올
려지기도 한다. 「옥루몽」에서 연왕이 휴퇴(休退)의 윤허(允許)를 받기까지
의 과정이 그러한데, 위에 인용한 상소문은 연왕이 상주한 첫 번째 사직
소다. 질병이 있을 뿐만 아니라 노친(老親)을 봉양해야 하는 자신의 처지
를 불쌍히 여겨 전원(田園)으로 돌아가는 것을 허락해 달라는 연왕의 간
곡한 심정이 잘 표출되고 있다.

5) 청원소

고전소설에 등장하고 있는 상소문 중에는 작중 인물이 군주에게 자신
의 요구를 상달하고 그 처분을 바라는 용도로 활용되고 있는 상소문이
있다. 이러한 유형의 상소문을 청원소(請願疏)라 하겠는데, 이런 유형의
상소문도 고전소설에서 쉽게 찾아볼 수 있다. 청원의 용도로 활용되고
있는 상소문의 예를 살펴보기로 한다.

승상 위국공 부마도위 신 양소유ᄂ 돈수빅비ㅎ옵고 황상폐하끠 상언ㅎ옵ᄂ
이다 신은 본디 초짜 미쳔ᄒ 빅셩이라 로모를 공궤홈에 족지 못ㅎ와 두초지
지로 외람히 국록으로써 로모의 감지지양을 밧들가 ㅎ와 분수를 헤아리지 못
ㅎ옵고 향공을 입ㅅ와 과거에 참방ㅎ와 조정에 션지 수 년에 조셔를 밧들어

---

19) 「옥루몽」, 앞의 책, 482면.

강젹을 치오미 졀도 무릅을 굽히옵고 쏘 명을 밧즈와 셔으로 치오미 흉혼 토
번이 속수츌항 ᄒ오니 이 엇지 신의 혼 계칙이라 ᄒ리잇가 이ᄂᆞᆫ 다 황샹의 위
엄의 밋친 바오 모든 장수ㅣ 죽기로써 싸홈홈이어눌 폐하ㅣ 이에 도로혀 그
젹은 수고를 권장ᄒ옵시고 즁혼 벼술노써 포양ᄒ옵시니 신의 맘에 과송황감
ᄒ나이다 ……(중략)…… 신의 모 년령이 이믜 놉고 질병이 침즁ᄒ오나 다른
즈녀ㅣ 업스와 가히 구호치 못ᄒ오며 산쳔이 견원ᄒ와 소식이 쏘혼 쟈조 통치
못ᄒ오니 쳑호지망이 복창ᄒ옵더니 이졔 국가의 무스홈으로 관부가 한가ᄒ오니
복걸 폐하ᄂᆞᆫ 신의 위박혼 졍세를 슯히시고 신의 봉양홀 지원을 고념ᄒ샤 특별
히 두어 달 결을을 허락ᄒ샤 ᄒ여곰 도라가 션영에 셩묘ᄒ고 로모를 다려와 모
즈ㅣ 홈ᄭᅴ 셩덕을 송츅ᄒ옵고 써 반포의 졍셩을 다ᄒ게 ᄒ옵시면 신은 맛당히
졍셩을 다ᄒ와 텬은을 갑ᄒ리라 ᄒ오니 셩샹은 긍민히 녁이샤 윤허ᄒ옵소셔20)

위의 인용문은 「구운몽」에 삽입되어 있는 상소문으로, 양소유가 올린
청원소다. 입상출장(入相出將)하여 부귀 영화를 누리던 양소유는 고향에
홀로 남겨진 노모를 모셔와 봉양코자 한다. 위의 청원소에는 연로하고
병이 깊은 모친을 모셔올 수 있도록 두어 달의 겨를을 허락해 달라는 양
소유의 효성 깊은 간청이 담겨져 있으며, 이 청원이 윤허됨으로써 그는
효친(孝親)의 바램을 이루게 된다.

셔쥐 금병산 장녕은 돈수빅비ᄒ옵고 일봉 쇼를 룡탑 하의 올니ᄂᆞ니 빈젹 진
한이 젼일 남양틱슈 오셰신과 동심ᄒ야 신의 아비 필한을 모살ᄒ고 신의 어미
를 겁박고즈 ᄒ오니 신 모 계교로써 셰신을 죽여 원슈를 갑은 후에 셰신이 쳐
의게 잡히여 죽은 비 되오니 신의 유모 신을 업고 도망ᄒ야 익쥬에 니르러 송
됴 벼살ᄒ던 원셩의 누의에게 슈양혼 비 되여 십 셰의 니르러 비로소 부모 셰
신의게 죽은 줄 아오니 이ᄂᆞᆫ 신과 불공딕텬지쉬라 진한을 죽여 보슈코즈 ᄒ더
니 도젹이 죽기를 지측ᄒ여 텬조를 황거ᄒ오니 이ᄂᆞᆫ 신의 보슈홀 긔회라 감히
텬위지하의 스졍을 ᄒ옵ᄂᆞ니 복원 폐하ᄂᆞᆫ 일지군을 빌니시면 진한을 버혀 국가

---

20) 「연뎡 구운몽」, 위의 책, 194∼195면.

근심을 덜고 버거 신의 원슈를 갑고즈 ㅎ느이다[21]

위의 인용문은 「장한절효기(張漢節孝記)」에서 주인공 장영이 천자에게 상달한 상소문의 내용이다. 「장한절효기」에서 장영의 부친인 장필한은 간신인 오세신과 진한의 음모에 의해 죽음에 이르며, 그의 모친인 한씨 역시 그들로 인해 고초를 겪게 된다. 그리하여 장영은 부친과 사별하고 모친과도 생이별한 채 원씨 부인의 양자로 성장하게 된다. 그러던 중 진한이 반역하여 황성을 침범하자, 천자가 사방에 격서(檄書)를 반포하여 장수를 모집한다. 이에 장영이 진한을 죽여 부모의 원수를 갚을 수 있는 기회를 자신에게 달라고 천자에게 상소한다. 장영의 이러한 청원은 천자에 의해 받아들여져, 그는 대원수로 출전하여 진한을 쳐서 부모의 원수를 갚는다. 위의 상소문은 바로 출전의 기회를 얻기 위해 장영이 상주한 청원소(請願疏)다.

4. 상소문의 문학적 기능

앞에서 살펴본 바와 같이, 고전소설에는 상소문(上疏文)의 개입이 비교적 빈번히 나타나고 있으며, 이들 상소문은 작품 내에서 다양한 용도로 활용되면서 문학적 장치로 작품 구성에 이바지한다. 다음에는 이들 상소문이 고전소설 작품 속에 삽입되어 담당하는 문학적 기능에 대하여 검토해 보기로 한다.

---

21) 「장한절효긔」, 위의 책, 55~56면.

1) 사건 전개의 기능

고전소설에 삽입된 상소문의 문학적 기능 중의 하나는 사건 전개적 기능이다. 고전소설 속의 상소문은 단순한 장식물로 작품 내에 개입되고 있는 것이 아니라, 소설 구성상 적재 적소에 위치하여 사건의 전개 과정에서 주요한 역할을 담당하기도 한다. 작중 인물을 삭탈관직시키거나 유배로 몰고 가기도 하는 간쟁소(諫諍疏)나 탄핵소(彈劾疏)는 갈등을 유발하여 사건의 발단을 가져오기도 하고, 갈등을 증폭시켜 작중 사건을 위기 상황으로 몰고 가기도 한다. 또한 변무소(辨誣疏)나 청원소(請願疏)의 형태로 작품 내에 개입된 상소문은 갈등을 해소시켜 사건의 종결을 이끌어 내기도 한다.

右丞相臣楊昌曲은 謹齋沐上疏于 聖神文武皇帝陛下經繡之下 ᄒ노이다 ……(중략)…… 臣은 側聞ᄒ오니 陛下ㅣ 今於後苑에 起土木之役ᄒ시고 民間에 擇入歌舞之才ᄒ샤 不顧萬幾叢脞ᄒ시고 憑藉一時之消暢而日事音樂ᄒ시니 臣은 不識커이다 孰爲陛下而獻此計者잇고 善人이 惡淫聲亂色而遠之者ᄂ 其心志가 陷於放蕩이라 夫心之被誘於外物이 譬如物之浸潤ᄒᄂ니 陛下ㅣ 今日에 以爲消暢則明日은 以爲前例오 明日에 爲前例則又明日은 惟日是事ᄒ리니 推此以往이면 今日之樂이 明日無聊則不得不思新樂이오 明日에 思新樂則又明日은 淫聲亂色이 次第以臻矣리니 臣은 以爲梨園羯鼓와 後庭玉樹가 將不日至於陛下之前이라 ᄒ노이다 思之到此에 不覺毛骨이 竦然ᄒ고 肝膽이 冷落ᄒ야 寧欲碎首於九重天陛ᄒ야 溘然無知로소이다 ……(중략)…… 臣本汝南窮儒로 蒙陛下罔極之恩ᄒ와 官至大臣之列ᄒ고 富貴ㅣ 極於布衣ᄒ니 以犬馬之賤으로도 猶愛主人ᄒ고 豚魚之愚로도 能知信義어든 臣雖不肖無狀이ᄂ 非有犬馬豚魚之心腸이라 食君之祿而衣君之衣ᄒ고 特蒙恩愛ᄒ와 忍見今日之失德擧措와 亡國幾微ᄒ고 畏嶺海斧鉞ᄒ야 袖手傍觀이면 還有愧於犬馬豚魚

ㅣ로소이다 伏願陛下는 付獻計者於攸司而斬首ㅎ야 懲一勵百ㅎ시고 撤
罷梨園樂工與後苑新亭ㅎ쇼셔22)

「옥루몽」에 삽입되어 있는 위의 상소문은 천자가 풍악에 빠져 정사를
돌보지 않자 양창곡이 올린 간쟁소다. 천자가 노균과 동홍 등의 소인(小
人)을 맹신하여 조정이 탁란해지고 망국(亡國)의 기미가 보이자, 양창곡
은 일신의 안위를 생각하지 않고 상소를 올려 극간한다. 그러나 그의 이
러한 노력은 수포로 돌아가고, 그는 결국 유배의 길을 떠나게 된다. 이
처럼 위의 간쟁소는 주인공의 고난을 유발시켜 작중 사건을 위기 상황
으로 이끄는 사건 전개적 기능을 수행한다.

승상 뎡을션은 돈슈빅비ㅎ옵고 셩상탑하의 올나나이다 신이 황명을 밧즈와
한 번 북쳐 셔융을 황복밧고 빅셩을 진무ㅎ온 후 회군ㅎ려 ㅎ옵더니 신의 집
급훈 소식을 듯고 밧비 올나와 보온즉 여츠여츠훈 가변이 잇스오니 엇지 붓그
럽지 아니리잇가 츠시 비록 신의 집 일이오나 스스로 쳐단치 못ㅎ와 이 연유를
자셔이 샹달ㅎ옵느니 원 폐하는 극형으로 국법을 쓰스 죄즈를 밝히 다스리시고
신의 집 시비 금셤이 샹젼을 위ㅎ야 죽엇스오니 그 원혼을 표장ㅎ시믈 바라나
이다23)

주지하듯이, 「정을션전」에서 유추년과 조부인은 정을션의 두 부인이
다. 그런데 정을션이 전장(戰場)에 나간 사이, 조부인은 유추년에게 간통
의 누명을 씌워 그녀를 사경으로 몰고 간다. 뒤늦게 이 사실을 알게 된
정을션은 급히 귀가하여 조부인을 처단하고 유추년을 구출해 낸다. 위의
상소문은 초왕의 딸인 조부인의 처형을 천자에게 허락 받기 위해 정을

---

22) 「옥루몽」, 앞의 책, 284~287면.
23) 「정을션전」, 『구활자 소설총서 고전소설』 11, 민족문화사, 1983, 36면.

선이 올린 청원소로, 이 요구가 천자에게 받아들여져 조부인은 사사(賜死)된다. 이처럼 「정을선전」에 삽입된 청원소 역시 유추년과 조부인의 대립이 첨예화된 위기적 상황을 끝내고 작중 사건을 결말로 이끌어 내는 사건 전개적 기능을 발휘하고 있다.

2) 성격 부각의 기능

일반적으로 상소는 시정(時政)의 폐단을 지적하거나 특권 세력의 비리를 탄핵하기 위해 주로 올려지게 된다.24) 따라서 상소를 올리기 위해서는 자신의 목숨을 담보로 하는 용기와 기개가 필요하며, 그 같은 용기와 기개는 상소문의 문장을 통해 여실히 표출된다. 실제로 조선시대 선비들의 상소문에는 군주로 하여금 선정(善政)을 베풀도록 그의 과실을 지적하는 과감한 용기와 현직 관료의 비리를 폭로하여 그들의 간담을 서늘케 하는 서릿발같은 기개가 잘 드러나고 있다.25)

고전소설 속의 상소문 역시 작중 인물들의 죽음을 무릅쓰는 용기와 기개를 바탕으로 올려지게 된다. 간신배와 소인들의 교언(巧言)에 현혹되어 정사를 바르게 하지 못하는 군주에게 충간(忠諫)하거나, 충신들을 참소하여 조정에서 몰아내고 왕권을 농단하는 간신과 찬역을 도모하는 역적을 탄핵하기 위해서는 불의와 부정에 당당하게 맞설 수 있는 기백이 필요함은 물론이다. 그리고 이러한 충신(忠臣) · 지사(志士)의 충절과 기개는 고전소설 속의 상소문에도 그대로 표출된다. 그리하여 고전소설에 삽입된 상소문은 작중 인물의 충신 · 지사적 성격을 형상화하는데 크게 기

---

24) 이상희, 위의 논문, 291면.
25) 장덕순, 『한국수필문학사』 새문사, 1985, 175∼182면 참조

여하기도 한다.

고전소설 작품 내에서 작중 인물의 성격을 부각시켜 주는 기능을 수행하는 상소문의 예를 한 편 제시해 보기로 한다.

> 위국공 위왕 현수문은 셩황 셩공 돈슈빅비ᄒ고 글월을 황뎨 폐하 룡탑 하에 올니ᄂᆞ이다 신이 본디 하방 천인이 아니오라 디디 숑실 신하로 신이 오세에 부모를 실산ᄒ고 하방에 류락ᄒ다가 션황뎨의 널부신 덕과 텬은이 하히 갓습다가 의외에 북젹 셔번이 창궐ᄒ야 션뎨 룡톄 루란ᄒ시거늘 신이 도젹을 토멸ᄒ얏습더니 션뎨 츈공이 잇다 ᄒ사 고관디작을 주시니 마음에 우구ᄒ와 셩덕을 엇지 보답ᄒ올는지 모로옵더니 진왕의 급난과 죠길의 흉변 후에 열토봉왕ᄒ시고 님 붕탁고ᄒ시니 쥬쥬야야에 젼젼긍긍ᄒ옵더니 이졔 폐히 시로 직위ᄒ사 졍사를 다사리지 아니시고 다만 미녀 셩식으로 날을 보닉시며 간신을 갓가이 ᄒ시고 충렬을 멀니ᄒ사 션조 구신을 의심ᄒ야 할토납공ᄒ라 ᄒ시니 이는 션졍이 아니요 무도혼군을 면치 못ᄒ리니 이갓치 오릭 ᄒ시면 디숑 죵시 망ᄒ오리니 무슴 면목으로 션뎨를 디하에 가셔 뵈오리요 다만 션뎨께 만불충효 아니라 티죠 이하 렬셩 황뎨께 불회되오리니 기심슈덕ᄒ사 츠후 그름이 업스시면 신의 원이로소이다26)

「현수문전」에 삽입되어 있는 위의 상소문은 주인공 현수문이 올린 간쟁소(諫諍疏)다. 현수문은 송나라 신종황제 때의 충신이다. 그런데 신종황제가 죽고 어린 태자가 즉위하자 간신들이 교언영색(巧言令色)으로 새 황제를 현혹시킨다. 그리하여 새 황제는 미색에 빠져 정사를 돌보지 않으며, 충신을 멀리하고 간신을 가까이 하게 된다. 그러던 중 새 황제는 현수문을 시기하던 간신들의 흉계에 속아 그를 배척하기에 이르게 된다. 위의 간쟁소는 새 황제의 명이 그릇됨을 지적하고 아울러 혼군(昏君)의 모습에서 벗어나 선정을 베풀 것을 당당하게 촉구하는 내용을 담고 있

---

26) 「현수문전」, 『구활자본 고소설전집』 16, 인천대 민족문화연구소, 1984, 433~434면.

다. 이러한 간쟁소를 통해 난정(亂政)과 폭정(暴政)을 일삼는 황제에 맞서
는 충신 현수문의 강직하고 기백 넘치는 성격의 일면이 잘 형상화되고
있다. 이처럼 고전소설에 삽입된 상소문은 작중 인물의 성격을 부각시키
는 문학적 기능을 발휘하기도 하는 것이다.

3) 흥미 유발의 기능

앞서 살펴본 바와 같이, 상소문은 고전소설 작품 내 적재 적소에 개입
하여 갈등을 야기하거나 해소시킴으로써 사건 전개를 주도적으로 이끌
기도 한다. 그런데 이러한 갈등의 야기와 해소는 서사 사건에 긴장과 이
완을 부여하여 독자들로 하여금 호기심과 통쾌감을 느끼게 하는 효과를
발휘하게 된다. 이러한 흥미 유발의 기능은 상소문이 고전소설 내에서
담당하는 또 하나의 문학적 기능이다.

고전소설에 삽입되어 있는 상소문 중 간쟁소(諫諍疏)·탄핵소(彈劾疏)
·변무소(辨誣疏) 등은 주로 군신(君臣) 간의 갈등이나 신신(臣臣) 간의 갈
등을 유발하여 주인공을 고난에 처하게 할 뿐만 아니라, 사건 전개과정
에 극적 긴장감을 불어넣기도 한다. 그리고 이로 인해 독자들은 강한 호
기심과 흥미를 느끼게 된다.

　　례부샹셔 신 양소유는 돈슈빅비ᄒ옵고 말ᄉᆞᆷ을 황샹 폐하게 올니ᄂᆞ이다 복이
　류긔는 왕졍지본이오 혼인은 인륜지시라 그 근본을 ᄒᆞᆫ 번 닐은 즉 풍화 크게
　문어져 그 나라가 어지럽고 그 비로솜을 숨가지 아니ᄒᆞᆫ 즉 그 가도ㅣ 오러지
　못ᄒᆞ야 그 집이 망ᄒᆞᄂᆞ니 국가 흥망승쇠에 관계됨이 엇지 현져치 아니 ᄒᆞ니잇
　가 그럼으로 셩인 군ᄌᆞ와 인군 명주 미승불 이에 류의ᄒᆞ샤 그 나라를 다스리고
　져 ᄒᆞ시미 반다시 그 류긔를 붓드는 것으로써 즁흥을 삼고 그 집을 가지러니

ㅎ고져 ㅎ미 혼인을 정히 홈으로써 웃듬을 삼는지라 신이 임의 례폐를 정녀의
게 보니웁고 쏘 자최를 정가에 의탁ㅎ엿스온 즉 신이 임의 뎡훈 것이어늘 불의
금쟈에 부마 간택ㅎ시는 은명이 불사훈 쳔신의게 나리시니 황송무디ㅎ와 셩샹
의 하교와 죠가의 쳐분이 과연 례에 득당훈 쥴을 아지 못ㅎ도소이다 신이 셜령
뎡혼치 아니 ㅎ엿슬지라도 문벌이 미쳔ㅎ고 학식이 쳔단ㅎ온즉 부마 간택에 합
당치 못ㅎ웁거든 ㅎ믈며 정가의 납채훈 쟈를 드럽다 아니시고 귀즁ㅎ신 공주로
하가ㅎ려 ㅎ심이리닛고 엇지 례에 합불합은 뭇지 아니시고 구추훈 긔롱을 무릅
써 례 아닌 례를 힝ㅎ고져 ㅎ시느닛가 자에 밀지를 나리스 이메 힝훈 례를 폐
케 ㅎ시니 신은 례부의 직칙이 잇슴으로 그윽히 위ㅎ야 취치 안느니다 신은 두
려워 ㅎ건디 왕정이 신으로 말미암아 어지럽고 인륜이 신으로 말미암아 폐ㅎ야
우ㅎ로 셩덕을 손승ㅎ웁고 아리로 가도를 괴란ㅎ와 맛참니 민멸지화를 면치 못
홀가 져어ㅎ오니 복걸 셩승은 례의 근본을 즁히 ㅎ웁시고 풍화의 비로솜을 바
르게 ㅎ샤 급히 죠명을 거두샤 ㅎ여곰 쳔분을 편안케 ㅎ웁소셔[27]

위의 인용문은 「구운몽」에서 군신갈등(君臣葛藤)을 야기하는 양소유의
상소문이다. 주지하는 바와 같이, 양소유는 정경패와 이미 정혼한 사이
인데, 난양 공주의 퉁소 소리에 화답한 것이 인연이 되어 부마로 간택되
기에 이른다. 이에 양소유는 부마 간택의 조명(詔命)을 거두어 달라고 상
소한다. 위의 상소문이 바로 이것으로, 그는 이 상소문으로 인해 황제와
태후의 노여움을 사게 된다. 그리하여 양소유는 결국 하옥되며, 이로써
작품에 긴장감이 고조되어 독자로 하여금 흥미를 유발하게 한다.

고전소설 속의 상소문은 주인공과 적대자 사이의 대립 관계를 소멸시
키기도 한다. 그리하여 주인공과 마찰하던 간신이 처단되고 악인이 패배
하여 긴장감이 이완됨으로써 독자들에게 통쾌감을 부여해 주기도 한다.

황상의 널브신 덕퇵으로 회음에서 긔도ㅎ왓스오나 싀부와 랑군의 소식을 도

---

27) 「연뎡 구운몽」, 앞의 책, 111∼112면.

모지 알 수 업스오니 아득한 정곡을 엇지 다 측량ᄒ오릿가 다만 통곡할 쑨이
압더니 천만 꿈 밧게 싀모를 맛ᄂ오니 이난 필경 텬우신죠 하심이라 희힝하온
말씀 엇지 다 알외오릿가 이거시 다 황상의 망극ᄒ신 은덕이오니다 그러나 왕
희는 나라의 쇼인이요 신첩의 원슈오니 복원 폐하는 왕희 부ᄌ를 신첩의게 하
ᄉᄒ시면 성공ᄒ던 날닌 칼로 ᄉ정업시 버혀 조정을 밝히고 신첩의 원수를 갑
하 후사람을 증계코ᄌ ᄒᄂ이다[28)

위의 인용문은 「이대봉전」에서 장애황이 황제에게 올린 상소문이다.
상소문의 내용에서 보여 주듯이, 왕희는 장애황의 철천지원수(徹天之怨
讎)다. 남녀 주인공인 이대봉과 장애황은 정혼한 사이인데, 간신 왕희가
이대봉의 부친을 탄핵하여 귀양 보내고, 장애황을 자신의 며느리로 삼고
자 한다. 장애황은 이 위기를 넘긴 다음 남장(男裝)을 한 채 출정(出征)하
여 공을 세운 후, 자기가 직접 원수를 갚고자 황제에게 왕희 부자를 자
신에게 하사해 달라고 상주한다. 위의 인용문은 바로 이때 장애황이 올
린 상소문의 내용으로, 이 상소는 윤허되고 왕희는 무인도로 정배 당하
게 된다. 이처럼 장애황의 상소문은 원수에 대한 복수를 성취케 함으로
써 긴장감을 해소시키고, 독자로 하여금 안도의 흥미를 느끼게 해주는
문학적 기능을 발휘한다.

4) 작가의식 표출의 기능

고전소설에 삽입된 상소문은 작가의 사상을 드러내는 문학적 장치로
작용하기도 한다. 앞서 언급하였듯이 상소문은 조정을 중심으로 하여 군

---

28) 「리대봉전」, 『구활자본 고소설전집』 11, 인천대 민족문화연구소, 1984, 441면.

신(君臣) 사이에 소통되던 글로서, 정치적(政治的) 담론(談論) 성격이 강한 글이다. 따라서 대부분의 상소문은 정사(政事)에 관련된 내용을 주로 담아내고 있다. 이러한 상소문을 통해 작가는 당대(當代)의 정치 현실에 대한 비판을 시도하기도 하고, 작중 인물의 입을 빌어 시국(時局)에 대한 나름대로의 대안을 제시하기도 한다. 고전소설 작품에 개입하여 작가의식을 표출하고 있는 상소문의 예를 살펴보기로 한다.

> 신이 죠뎡ᄉᆞ를 싱각한 즉 엇지 한심치 아니ᄒᆞ리요 옛글에 일넛스되 죠졍의 츙신은 격습고 소인이 만흐면 국가가 망혼다 ᄒᆞ오니 복원 폐하는 반복 소인 왕희 등 슈슴인을 쳐참ᄒᆞ야 간신 당유를 물니치옵고 이졍국법을 ᄒᆞ옵소셔 진나라 죠고와 진나라 진회난 다 소인이로더 국은이 망극ᄒᆞ야 만죵록을 밧아 일셩이 영귀ᄒᆞ엿ᄉᆞ오나 슈신지도를 잘못ᄒᆞ야 황상을 속이여 국ᄉᆞ를 불안케 ᄒᆞ다가 필경 나라이 망케 ᄒᆞ얏쓰니 일노 보건더 엇지 소인으로 ᄒᆞ여금 국ᄉᆞ를 맛기이릿가[29]

「이대봉전」에 삽입되어 있는 위의 상소문은 이대봉의 부친인 이익이 올린 상소문이다. 우승상 왕희는 황제가 유약함을 악용하여 충신들을 참소(讒訴)하여 조정에서 몰아내고 간신과 소인을 모아 세력을 확장하여 국권을 농락한다. 이에 이부상서 이익은 분심을 참지 못하여 간신 왕유를 탄핵하는 상소를 올리게 된다. 그러나 이익은 이 상소로 말미암아 삭탈관직되고 무인도에 유배된다. 이러한 이익과 왕희의 정쟁(政爭)은 당쟁(黨爭)의 양상을 반영하고 있는 것이며, 작가는 상소문을 통해 조선 후기에 척신(戚臣)들이 농권(弄權)하여 해이해진 조정의 양태와 당쟁으로 얼룩진 당대의 정치 현실에 대한 비판적 의식의 일단을 드러내고 있는 것이다.

---

29) 「리대봉전」, 앞의 책, 398면.

設科取士ᄂᆫ 國家用人之法이라 必光明正大ᄒ야 自有成憲ᄒ오니 臣雖
不見董弘之爲人이나 陛下ㅣ 欲取人才컨딘 當集衆士ᄒ야 以較其才ᄒ야
上自朝廷으로 下至四海히 使聽者見者로 必無異論이어날 豈可半夜禁中
에 秘密召之ᄒ사 鄭重恩寵과 莫大科甲을 賜之如兒戱니잇고 彼林下窮廬
예 父母ㅣ 凍餒ᄒ며 妻子ㅣ 凄凉ᄒ고 對案讀書之窮儒ㅣ 口渴氣盡ᄒ며
費心耗神ᄒ야 霜髮이 侵于耳邊이나 以丹心으로 瞻仰北闕ᄒ야 慰父母妻
子曰 聖天子ㅣ 在上ᄒ시니 若修其才則必無遺珠之歎이라 ᄒ다가 若聞此
言이면 掩卷揮淚曰 古人이 欺我로다 萬卷書冊이 在於腹中이나 難免飢
寒ᄒ며 古今成敗를 開刊心中이나 難謀資身之策ᄒ니 若無此逕則十年黃
卷에 反助貧窮ᄒ고 如逢此時則一曲笙簧이 能得富貴라 ᄒ야 必有慮其
場屋ᄒ고 窺其捷逕者ᄒ리니 此豈養成士氣ᄒ야 獎拔人才之本意리잇고
伏願陛下ᄂᆫ 亟收董弘科名 ᄒ샤 以愼國家用人之法ᄒ소셔[30]

위의 인용문은 「옥루몽」에서 소유경이 올린 상소문의 내용이다. 주지
하듯이, 「옥루몽」에서 천자는 간신 노균의 말을 믿고 선정(善政)을 베풀
지 못하는데, 동홍이란 자를 총애하여 과거(科擧)를 통하지도 않고 그에
게 벼슬을 내린다. 그러자 소유경은 그 부당성을 상소로 직언한다. 위의
인용문은 바로 이때 소유경이 올린 상소문으로, 이것은 과거를 거치지
않고 동홍을 발탁한 천자에 대한 소유경의 간언인 동시에 조선 후기 과
거제도의 타락상에 대한 작가의 비판의식의 표출이기도 한 것이다.

이처럼 「옥루몽」의 작가는 소유경의 상소문을 통해 조선 후기의 부패
한 과거제도를 비판하면서, 동시에 소유경의 입을 통해 과거를 보아서
선비를 취하는 것이 국가의 '용인지법(用人之法)'이므로 이것은 '광명정대
(光明正大)'해야 한다는 자신의 과거관(科擧觀)을 피력하고 있는 것이다.[31]

---

30) 「옥루몽」, 위의 책, 273면.
31) 서대석, 「옥루몽의 갈등구조」, 『한국학논집』 1, 계명대 한국학연구소, 1973, 참조
　　차용주, 『옥루몽연구』, 형설출판사, 1981, 142~148면 참조

5. 맺음말

이상에서 본고는 고전소설에 상소문(上疏文)이 수용되어 활용되는 다양한 양상과, 그것이 작품 내에서 담당하는 문학적 기능에 대해 살펴보았다. 지금까지 논의된 내용을 요약·정리해 보면 다음과 같다.

조선시대의 대표적 언론 매체로서 군신(君臣) 사이의 의사 소통 수단이었던 상소(上疏)는 고전소설 작품에도 빈번히 등장한다. 그런데 고전소설에 상소의 장면이 그려질 때, 거기에 상소문의 내용이 끼어들기도 한다. 고전소설 속의 이러한 상소문은 작품 구성에 효과적으로 이용하기 위해 작가가 의도적으로 삽입해 놓은 기능성 장치다. 이처럼 작품 내에서 문학적 장치로 작용하는 상소문의 예는 적지 않은 고전소설 작품에서 찾아볼 수 있다.

고전소설에 삽입되어 있는 상소문의 내용을 살펴보면 군주(君主)에게 상달하고자 하는 하의(下意)의 성격이 무척 다양하게 나타나고 있음을 알 수 있다. 이는 고전소설 속의 상소문이 여러 용도로 활용되고 있음을 보여주는 바이기도 하다. 고전소설에 삽입된 상소문은 작품에 등장하는 군주의 과오를 지적·비판하는 간쟁소(諫諍疏)로 활용되기도 하고, 비리를 저지른 신하의 처벌을 요구하는 탄핵소(彈劾疏)의 모습을 띠기도 한다. 또한 이들 상소문은 억울하게 논죄 당한 작중 인물을 변호하기 위한 변무소(辨誣疏)의 역할을 하기도 하고, 벼슬에서 물러나거나 벼슬을 사양하기 위한 사직소(辭職疏), 그리고 자신의 요구를 윤허해 달라고 군주에게 상달하는 청원소(請願疏) 등의 용도로 활용되기도 한다.

이처럼 고전소설에서 다양한 용도로 활용되고 있는 상소문들이 작품 내에서 담당하는 기능 역시 다양하다. 고전소설에 삽입된 상소문들은 소설 구성상 적재 적소에 위치하여 사건의 발단·위기·종결을 이끌어내는 데 기여하기도 하며, 상소문의 내용을 통해 상소를 올린 작중 인물의 성격을 부각시키기도 한다. 또한 이들 상소문은 사건에 긴장과 이완을 부여하여 독자들로 하여금 관심과 흥미를 느끼도록 유도할 뿐만 아니라, 당대의 정치 현실에 대한 작가의 비판의식을 표출해 내기도 한다.

이와 같이 고전소설에 삽입된 상소문은 작품 내에서 다양한 용도로 활용되면서 주요한 기능을 담당하는 문학적 장치다. 이런 점에서 앞으로 이들 상소문에 대한 논의를 보다 본격화시킬 필요가 있다고 보아진다.

참고 문헌

『활자본 고소설전집』, 동국대 한국학연구소, 1976.

『구활자 소설총서 고전소설』, 민족문화사, 1983.

『구활자본 고소설전집』, 인천대 민족문화연구소, 1984.

『한국고전문학전집』, 고려대 민족문화연구소, 1993.

경일남, 「고전소설의 삽입서간 연구」, 『어문연구』제28집, 어문연구회, 1996.

───, 「고전소설에 삽입된 제문의 양상과 기능」, 『어문연구』 38, 어문연구학회, 2002.

김민환, 『한국언론사』, 사회비평사, 1996.

김세철·김영재, 『조선시대의 언론문화』, 커뮤니케이션 북스, 2000.

김일근, 「고전소설과 언간」, 『고전소설연구』, 화경고전문학연구회, 1993.

김창룡, 『한국가전문학선』, 정음사, 1985.

민영대, 「서궁일기에 삽입되어 있는 서간의 유형과 기능」, 『한남어문학』 제23집, 한
        남대 국어국문학회, 1998.

───, 「월영낭자전 연구(1), 삽입된 서간의 유형과 기능을 중심으로」, 『한남어문
        학』 제26집, 한남대 국어국문학회, 2002.

서대석, 「옥루몽의 갈등구조」, 『한국학논집』 1, 계명대 한국학연구소, 1973.

설석규, 「조선시대 유생상소의 유형과 추이」, 『경북사학』 제17·18합집, 경북사학
        회, 1995.

이상희, 「조선조 사회의 언로현상 연구」, 『한국의 사회와 문화』 제10집, 한국정신문
        화연구원, 1989.

장덕순, 『한국수필문학사』, 새문사, 1985.

정만조, 「조선조시대 언로와 상소」, 『담수』 15, 담수회, 1986.

차용주, 『옥루몽연구』, 형설출판사, 1981.

황패강, 「소설이해를 위한 문체론적 시각」, 『다곡이수봉선생회갑기념 고소설연구논
        총』, 간행위원회, 1988.

제2부
불교 서사물과 삽입 운문

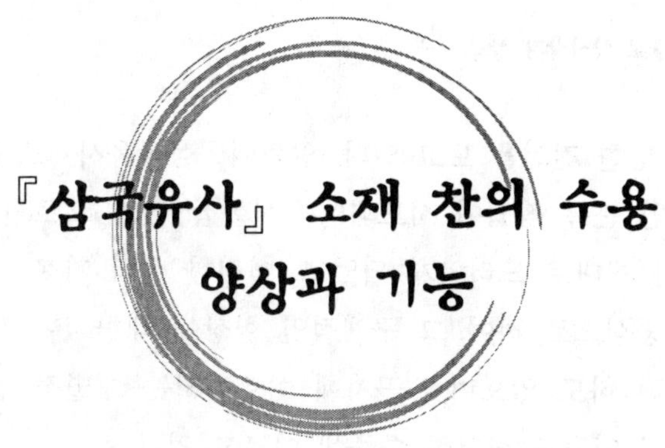

『삼국유사』 소재 찬의 수용 양상과 기능

1. 머리말

잘 아는 바와 같이, 『삼국유사(三國遺事)』는 과목(科目)부터 중국의 삼고승전(三高僧傳)의 선례(先例)를 표방하여[1] 불교적(佛敎的) 신이(神異)를 위주로 다양한 구전(口傳) 전승물(傳承物)과 기록 문헌 자료를 인용·채록해 놓고 있는 책으로, 우리 서사문학사에 있어서 매우 귀중한 문헌 자료다. 더욱이 『삼국유사』는 찬자(撰者)의 불교적 관심에 의거하여 신라(新羅)를 중심으로 고조선(古朝鮮) 이래 고려조(高麗朝)에 해당하는 서사문학 자료들을 집대성해 놓고 있기 때문에, 이 방면 서사문학 연구에 있어서 이 자료가 결정적인 위치를 점하게 되는 것은 당연하다 보아진다.

이런 점에서 『삼국유사』는 일찍부터 서사문학계의 주목을 받아왔고,

---

1) 민영규, 「일연의 선불교」, 『진단학보』 제36호, 진단학회, 152면 참조

그 연구도 상당한 진전을 보고 있다. 일찍이『삼국유사』소재의 설화에 대한 총체적인 분류 작업이 시도되어[2] 설화집(說話集)으로서의『삼국유사』의 면모가 제대로 드러나게 되었고, 이러한 설화 자료 중 불교설화(佛敎說話)를 중심으로 하여 그 구체적인 실상에 대한 본격적인 분류와 분석이 시도된 바도 있으며,[3] 근자에 이르러서는 개별적 설화 작품에 대한 다각도의 연구도 상당한 수준에 이르고 있다.

『삼국유사』를 검토·분석함에 있어서, 이 책 속에 인용·수록되어 있는 자료들은 연구의 주요 대상이 된다. 그런데 이러한 자료의 중요성과 더불어 눈 여겨 볼 필요가 있는 부분은 이러한 자료를 취급하는 찬자(撰者)의 태도다.『삼국유사』의 찬자는 자료들을 단순히 인용·채록하는데 하는데 머무르지 않고, 찬자 자신의 불교적 관심에 근거하여 이들 자료에 자신의 견해(見解)나 고증(考證)을 덧붙이는 서술 방식을 취하고 있다.[4] 그리하여 찬자는 주(註)·논(論)·의(議)·찬(讚) 등의 문장 양식을 이용하여 서사 기록의 내용에 대한 자신의 소견(所見)이나 감흥(感興)을 피력하고 있는 것이다.

이처럼 찬자(撰者)의 소견이나 감흥을 담고 있는 주(註)·논(論)·의(議)·찬(讚) 등의 문장 양식을 서사 기록에 덧붙이는 서술 방식이『삼국유사』전편(全篇)에 일관되게 적용되고 있는 현상은 물론 아니다. 그러나『삼국유사』의 서사물을 주의 깊게 독서해 보면, 비중 있게 다루어지고 있는 서사물의 경우는 그 대부분이 이런 서술 방식을 취하고 있음을 쉽게 눈치챌 수 있다. 이런 점에서『삼국유사』의 검토·분석에 있어서는 서사 기록으로서의 서사물에 대한 연구와 더불어 그 서사 기록에 대한

---

2) 장덕순,『한국설화문학연구』, 서울대 출판부, 1970, 405~427면 참조
3) 황패강,『신라불교설화연구』, 일지사, 1975.
4) 이기백,「삼국유사의 사학사적 의의」,『진단학보』제36호, 진단학회, 162면.

찬자의 소견과 감흥을 피력한 문장 양식에 대한 연구도 병행될 필요가 있다 하겠다.

서사 기록에 대한 찬자의 소견이나 감흥을 적고 있는『삼국유사』속의 여러 문장 양식 중 특히 주목되는 것은 '찬(讚)'이다.『삼국유사』속의 서사물 중 찬자에 의해 비중 있게 취급된 듯한 상당수의 서사물의 문맥 속에는 대부분 한찬(漢讚)이 개입되어 있기 때문이다. 따라서『삼국유사』의 서술 체재를 보다 합리적으로 이해하기 위해서는 이 찬에 대한 검토가 필수적이라 하겠다.

『삼국유사』소재의 찬(讚)은 불상(佛像)이나 고승대덕(高僧大德) 등의 불덕(佛德)을 찬미(讚美)하고, 칭송(稱頌)하는 일종의 불교시(佛敎詩)로서,[5] 찬미와 칭송의 대상인 불상이나 고승대덕에 대해 기술한 선행(先行)의 서사 기록과 불가분의 관계를 맺고 있다. 따라서 찬은 불교시(佛敎詩) 자체로서의 독립적인 문학성과 의미를 지니기도 하지만, 다른 한편으로는 그 찬이 붙어 있는 전체 서사 구조 내에서 그것이 담당하는 서사문학적인 의미와 기능도 아울러 지니게 되는 것이다.

이런 점에서 찬이 어떤 성격의 서사물에 주로 끼어 들어 있으며, 또한 그것이 그 서사물의 전체 서사 문맥 내에서 어떤 문학적 기능을 발휘하고 있는지를 살피는 일은 찬의 총체적인 이해를 위해 필요한 작업이며, 이는 동시에『삼국유사』의 서술 원리를 구명하는데 있어서도 적잖은 기여를 하게 될 것으로 보아진다.

『삼국유사』소재 찬이 지니고 있는 이 같은 중요성에 비추어 볼 때, 이에 대한 서사문학적 측면에서의 연구는 미진한 감이 없지 않다 하겠다.『삼국유사』소재 찬에 대한 불교시(佛敎詩) 측면에서의 논의는 비교

---

5) 인권환,『고려시대 불교시의 연구』, 고려대 민족문화연구소, 1983, 117면 참조

적 활발하게 이루어지고 있는 편이며,6) 이에 대한 연구 업적도 많이 축적되고 있다. 또한 찬에 담긴 일연(一然)의 설화인식(說話認識) 태도나7) 비평의식(批評意識)을 고찰한8) 논의 그리고 찬의 내용적·표현적 특성을 검토한 논의9) 등을 통해『삼국유사』소재 찬의 중요성이 부각되기도 하였다. 그러나『삼국유사』소재의 찬이 서사물의 총체적 서사 구조 내에서 지니는 기능이나 의미에 대해서는 아직 본격적인 검토가 이루어지고 있지 않은 상태다. 따라서『삼국유사』속의 찬이 지닌 서사문학적 성격과 기능에 대한 논의는 앞으로 보다 활발히 시도되어야 할 것이라 보아진다.

이에 본고에서는 우선『삼국유사』속의 서사물 속에 찬(讚)이 개입되거나 또는 개입되지 않는 현상 속에 들어 있는 의미를 탐색하여 찬의 부기유무(附記有無)에 내포되어 있는 찬의 변별적(辨別的) 자질에 대해 살펴보고자 한다. 그리고 이어서 해당 서사물의 총체적 서사 구조 내에서 찬이 개입되고 있는 여러 양상을 구체적으로 검토하며, 이들 찬이 지닌 다양한 문학적 기능을 분석함은 물론 찬의 서사문학적 성격에 대해 논의해 보고자 한다. 이러한 논의를 통해 불교시로써의『삼국유사』소재 찬이 지니고 있는 서사문학적 진면목이 제대로 밝혀지기를 기대한다.

---

6) 이러한 업적 중 일부를 제시해 보면 다음과 같다.
　　김성배,『한국불교가요의 연구』, 문왕사, 1973.
　　인권환,『고려시대 불교시의 연구』, 고려대 민족문화연구소, 1983.
　　이종찬,「고려 선시연구」, 한양대 대학원 박사논문, 1984.
7) 소재영,「삼국유사에 비친 일연의 설화의식」,『숭전어문학』제3집, 숭전대 국어국문학회, 1974.
8) 全鎣大,「삼국유사에 나타난 문학의식」,『경기어문학』1집, 경기대 국어국문학과, 1980.
9) 고경식,「삼국유사 '찬' 연구」,『고려시대 한문학연구(1)』, 집문당, 1995.

2. 찬의 변별적 자질

1) 찬의 편목별 실태

『삼국유사』에 들어 있는 찬(讚)은, 이 책의 찬자(撰者)가 종교적 신념을 바탕으로 하여 고인(古人)의 성행이적(聖行異蹟)에 대한 자신의 깊은 공감(共感)과 진정한 감명(感銘)을 칭송한 일종의 불교 운문(佛敎韻文)이다.[10] 이 불교 운문은 그 형식에 있어서는 7언 4구의 일정한 형태를 취하고 있다. 그리고 이 운문은 '찬왈(讚曰)'이라는 술어(述語)에 이어서 선행(先行)하는 불교적인 서사 내용을 효과적으로 종합하면서, 동시에 그것을 시(詩)라는 문학 양식으로 요약·압축하고 있는 송가적(頌歌的) 성격의 운문이다.

그런데『삼국유사』에 들어 있는 이 같은 찬은 이미 불교 경전(經典)에서 보여 주고 있는 중송(重頌)과 같은 유형의 문장 양식으로 보아진다. 그것은 대부분의 불교 경전이 산설(散說)한 서사 내용을 요약하거나 부연(敷衍)하기 위해 그 중간 부분이나 말미 부분에 거듭하여 송(頌)의 형태를 반복적으로 마련해 놓고 있기 때문이다.[11] 그리하여 일찍이 학계에서도『삼국유사』소재의 찬을 이런 차원에서 검토하여, 그것이 지닌 중송적(重頌的) 성격이 강조되기도 하였다.[12]

『삼국유사』속에는 기이편(紀異篇)에서 효선편(孝善篇)에 이르는 전편(全篇)에 걸쳐 총 49편의 찬(讚)이 보인다. 그러나 이 49편의 찬(讚) 모두가 찬자에 의해서 지어진 작품은 아니다. 이 49편의 찬 중「전후소장사리(前後所將舍利)」조에 개입되어 있는 찬 1편은『삼국유사』찬자의 소작(所

---

10) 소재영, 앞의 논문, 78면.
11) 김운학,『불교문학의 이론』, 일지사, 1981, 34면 참조
12) 인권환, 앞의 책, 117면 참조

作)이 아니라 작자 미상의 찬이다. 「전후소장사리」조에는 모두 2편의 찬이 들어 있다. 그런데 그 2편의 찬 중 1편은 찬자가 지은 찬이지만, 나머지 1편은 대송(大宋) 원우(元祐) 갑술(甲戌)에 보료선사(普耀禪師)의 진영(眞影)에 대해 어떤 사람이 지은 찬(讚)이다. 『삼국유사』의 찬자는 서술의 필요에 의해 이 찬을 「전후소장사리」조에 인용·수록한 것이다. 따라서 『삼국유사』에 들어 있는 찬자가 지은 찬은 이 작자 미상의 찬 1편을 제외한 48편이다.

『삼국유사』에 들어 있는 총 48편에 이르는 찬의 실태를 보다 구체적으로 살펴보기 위해 찬이 붙어 있는 조항을 각 편별로 정리해서 열거해 보면 다음과 같다.(『삼국유사』 속에 개입된 찬은 대개 하나의 조항(條項)에 한 편의 찬이 들어 있는 모습을 띠고 있다. 그러나 경우에 따라서는 하나의 조항에 2편 또는 3편 등 복수의 찬을 개입시켜 놓고 있기도 하다. 아래에 열거하는 조항에 숫자 표시가 없는 경우는 1편의 찬이 들어 있음을 뜻하며, 복수의 찬이 붙어 있는 경우에만 괄호 안에 그 편수를 명기하기로 한다.)

기이(紀異)	「천사옥대(天賜玉帶)」조
홍법(興法)	「순도조려(順道肇麗)」조
	「난타벽제(難陀闢濟)」조
	「아도기라(阿道基羅)」조
	「원종홍법(原宗興法) 염촉멸신(厭髑滅身)」조 (2)
	「법왕금살(法王禁殺)」조
	「보장봉로(寶藏奉老) 보덕이암(普德移庵)」조
탑상(塔像)	「가섭불(迦葉佛) 연좌석(宴坐石)」조
	「요동성(遼東城) 육왕탑(育王塔)」조
	「금관성(金官城) 파사석탑(婆娑石塔)」조
	「황룡사(皇龍寺) 장육(丈六)」조

탑상(塔像)	「황룡사(皇龍寺) 구층탑(九層塔)」조 「사불산(四佛山) 굴불산(掘佛山) 만불산(萬佛山)」조 「전후소장사리(前後所將舍利)」조 「미륵선화(彌勒仙花) 미시랑(未尸郎) 진자사(眞慈師)」조 「남백월이성(南白月二聖) 노힐부득(努肹夫得) 달달박박(怛怛朴朴)」조 (3) 「분황사(芬皇寺) 천수대비(千手大悲) 맹아득안(盲兒得眼)」조
의해(義解)	「원광서학(圓光西學)」조 「양지사석(良志使錫)」조 「귀축제사(歸竺諸師)」조 「이혜동진(二惠同塵)」조 「자장정률(慈藏定律)」조 「원효불기(元曉不羈)」조 「의상전교(義湘傳敎)」조 「사복불언(蛇福不言)」조 「진표전간(眞表傳簡)」조 「심지계조(心地繼祖)」조 「현유가(賢瑜伽) 법화엄(法華嚴)」조 (2)
신주(神呪)	「밀본최사(密本摧邪)」조 「혜통항룡(惠通降龍)」조
감통(感通)	「선도성모(仙桃聖母) 수희불사(隨喜佛事)」조 「욱면비(郁面婢) 염불서승(念佛西昇)」조 「경흥우성(憬興遇聖)」조 「진신수공(眞身受供)」조 「월명사(月明師) 도솔가(兜率歌)」조 「선률환생(善律還生)」조 「김현감호(金現感虎)」조

피은(避隱)	「낭지승운(朗智乘雲) 보현수(普賢樹)」조 「연회도명(緣會逃名) 문수점(文殊岾)」조 「혜현구정(惠現求靜)」조 「신충괘관(信忠掛冠)」조 「포산이성(包山二聖)」조 「영재우적(永才遇賊)」조
효선(孝善)	「대성효이세부모(大成孝二世父母) 신문왕대(神文王代)」조

위에서 제시한 찬의 현황이 보여주듯이, 찬이 붙어 있는 조항은 모두 44개 항목이다. 이 44개 항목은『삼국유사』전체 150개의 서사 항목의 3할(割)에 해당하는 분량이다. 그리고 여타의 편목(篇目)에 비해 불교적 색채가 약한 기이편(紀異篇)을 제외한 나머지 79개 항목만을 놓고 보았을 경우에는, 찬이 들어 있는 조항이 차지하는 비율은 5할 대 이상의 양상을 보여준다. 이처럼『삼국유사』서사물의 서술 체재에서 찬이라는 문장 양식이 차지하는 비중은 매우 큰 것이다. 따라서『삼국유사』서사물의 서술 원리를 제대로 구명하기 위해서는 찬에 대한 검토가 필수적이라 하겠다.

이상에서 살펴본 바,『삼국유사』속에 찬이 들어 있는 편목별(篇目別) 실태를 도표화하여 제시해 보면 다음과 같다.

【『삼국유사』 소재 찬의 편목별 개입 실태】

편목(篇目)	총 조항 수	찬이 개입된 조항 수	비 율
기이(紀異)	71 개	1 개	1.4 %
홍법(興法)	7 개	6 개	85.7 %

편목(篇目)	총 조항 수	찬이 개입된 조항 수	비 율
탑상(塔像)	30 개	10 개	33.3 %
의해(義解)	14 개	11 개	78.6 %
신주(神呪)	3 개	2 개	66.7 %
감통(感通)	10 개	7 개	70.0 %
피은(避隱)	10 개	6 개	60.0 %
효선(孝善)	5 개	1 개	20.0 %
계	150 개	44 개	

위의 도표를 통해 읽을 수 있듯이, 찬은 기이편을 제외한 여타의 편목에 주로 삽입되어 있다. 기이편의 경우에는 총 71개의 조항 중 1개의 조항에만 찬이 들어 있어 기이편의 찬 개입 비율은 겨우 1.4%에 지나지 않는다. 이에 비해 홍법편의 경우에는 총 7개의 조항 중 6개의 조항에 찬이 삽입되어 있어 그 개입 비율은 85.7%에 이른다. 이처럼 편목별 찬의 개입 비율은 일정하지 않다.『삼국유사』의 편목 중 찬의 개입 비율이 과반수를 넘고 있는 경우는 앞서 언급한 홍법편(85.7%)을 비롯하여 의해편(78.6%), 감통편(70.0%), 신주편(66.7%), 피은편(60.0%)이다. 그리고 이에 미치지는 못하지만 탑상편(33.3%), 효선편(20.0%)의 경우도 기이편(1.4%)보다는 훨씬 높은 개입 비율을 보여 주고 있다.

이러한 찬의 개입 비율의 고저(高低) 속에 어떤 유효한 의미가 담겨 있지는 않을까? 다음에는 이러한 질문에 대한 해답을 찾기 위해, 앞에서 살펴본 찬의 존재 실태를 근거로 하여 찬에 담긴 찬자의 의도와 찬의 실체를 분석해 보기로 한다.

2) 찬의 변별적 기능

(1) 역사적 서사물과 불교적 서사물의 구분

앞에서 살펴본 것처럼,『삼국유사』에는 이 책의 찬자가 지은 총 48편의 찬이 44개 서사 조항에 개입되어 있다. 그런데 위에서 제시한 도표에서 단적으로 드러나고 있듯이, 이 44개의 서사 조항은 홍법편(興法篇) 이하 효선편(孝善篇)에 이르는 불교 관련 서사물에 집중적으로 속해 있으며, 역사적(歷史的) 신이사(神異事)를 기술하고 있는 기이편(紀異篇)에는 단 1개의 조항에 1편의 찬만이 속해 있을 뿐이다.

이 같은 찬의 개입 양상이 자의적(恣意的)인 현상인지, 아니면 의도적(意圖的)인 현상인지 단언하기는 쉽지 않다. 그러나 중송적(重頌的) 성격의 불교 운문인 찬이 불교적 기사(記事)를 취급하고 있는 편목(篇目)에 집중적으로 나타나고 있다는 사실을 단순히 우연한 현상으로 보아 넘기기 어려운 것이 사실이다. 기실 편목별 찬의 개입 실태가 보여 주는 이러한 현상은 찬자의 계획된 의도가 빚어낸 결과로 짐작된다. 이런 점에서『삼국유사』에 삽입되어 있는 찬은 찬자의 의도에 따라 불교 관련 서사물에만 한정적으로 붙어 있는 불교 운문이라고 그 성격을 규정지을 수 있겠다.

이런 점에서 보면, 기이편에 유일하게 찬이 개입되어 있는「천사옥대(天賜玉帶)」조가 관심의 대상이 아니 될 수 없다. 이 예외적인 현상을 어떻게 해석해야 할 것인가? 그러나 이러한 질문도「천사옥대」조의 기본적인 서사 성격을 이해하면 자연스럽게 그 해답을 찾아낼 수 있게 된다.

기이편에 들어 있는「천사옥대」조의 서사 내용은 상황(上皇)의 하명(下命)으로 천사(天使)가 지상으로 하강하여 진평왕(眞平王)에게 전해 준 옥대

(玉帶)의 위용(威容)을 서술한 것이다. 이 옥대는 황룡사 장육존상(丈六尊像), 황룡사 구층탑과 함께 신라삼보(新羅三寶)로서,[13] 고구려의 침공을 막는 영험적인 호국보(護國寶)로 신앙되던 불교적 성물(聖物)이었다.[14] 이 처럼 이 서사 조항이 비록 역사적 기사를 위주로 편집된 기이편에 포함되어 있기는 하지만, 이 서사 조항에서 서술하고 있는 대상은 불교적 성물이기 때문에 여기에 찬이 삽입될 수 있었던 것으로 짐작된다.

기실 이 옥대와 더불어 신라 삼보로 신앙시 되던 황룡사의 장육존상[15]과 황룡사의 구층탑[16]은 각각 탑상편에 포함되어 있으며, 그 서사 조항에는 각각 찬이 개입되고 있다. 그러나 찬자는 이 옥대의 경우는 황룡사의 장육존상이나 구층탑과 그 성격이 다르기 때문에, 이 서사 조항을 홍법 이하 효선에 이르는 불교적 편목에 넣을 수 있는 성질의 것이 아니라고 판단하여, 이 「천사옥대」조를 기이편에 편입시켰던 것으로 보아진다. 그러나 비록 그렇다 하더라도 이 옥대가 영험적·찬송적 대상인 불교적 성물이기 때문에, 찬자는 비록 「천사옥대」조가 기이편의 서사 조항이긴 하지만 그 서사물 속에 예외적으로 찬을 삽입시켰던 것으로 짐작된다.

이처럼『삼국유사』속의 찬은 역사적 서사물과 불교적 서사물을 구별 짓는 하나의 변별적 기준이기도 하다.『삼국유사』속에서 찬이 붙어 있는 서사물은 일단 불교적 찬송의 대상이나 그 영험적 내용을 담고 있는 서사물인 것이다. 다음에는 찬이 집중적으로 개입되고 있는 불교적 서사물의 실태에 대해 좀더 구체적으로 살펴보기로 한다.

---

13) 『삼국유사』 권1, 紀異 제1, 「天賜玉帶」
14) 황패강, 앞의 책, 92면 참조
15) 『삼국유사』 권3, 塔像 제4, 「皇龍寺丈六」
16) 『삼국유사』 권3, 塔像 제4, 「皇龍寺九層塔」

(2) 불교적 서사물과 찬

　잘 아는 바대로, 『삼국유사』는 포교(布敎)라는 대명제 아래 찬자 자신의 불교적 관심과 흥미를 중심으로 세심한 주의를 기울여 기술된 책이다. 앞에서 살펴본 찬의 편목별 개입 양상도 찬자의 이러한 편집 태도와 무관하다고 할 수는 없겠다. 『삼국유사』의 기본 체재에 대해서는 기존에 많은 논의가 이루어졌고, 그 결과 기이편은 역사적 내용의 기사를, 그리고 흥법편 이하의 편목은 불교적인 내용의 기사를 위주로 서술되고 있다는 사실이 밝혀지게 되었다.[17] 여기서 찬이 불교적인 내용의 기사를 위주로 한 후자의 편목에 집중적으로 나타나고 있다는 점은 찬의 기본 성격과 관련하여 주목할 필요가 있는 것이다.

　『삼국유사』 찬자의 불교에 대한 관심은 흥법편 이하 효선편에 이르기까지 폭넓게 미쳤을 것으로 짐작되는데, 그 관심의 영역은 크게 세 개의 범주로 나누어 볼 수 있다. 그 첫째 범주는 불탑(佛塔)·불상(佛像)·사리(舍利) 등의 불격(佛格)에 대한 신앙적 기록이다. 여기에 해당하는 편목은 탑상편이다. 그 둘째 범주는 불법(佛法) 초전승(初傳僧)으로부터 학덕(學德)과 도력(道力) 그리고 영험이 뛰어난 학승(學僧)·율사(律師)·신승(神僧) 등 고승대덕의 행적(行蹟)이나 전기(傳記)와 관련된 기록이다. 여기에는 흥법·의해·감통·신주·피은편이 속한다. 그리고 그 셋째 범주는 법속(法俗)의 효행과 그 현보(顯報)에 대한 일화(逸話)를 다룬 기록이다. 여기에 해당하는 편목은 효선편인데, 이 편목은 찬자 일연(一然)의 노모(老母)에 대한 효심과 연결 지을 수 있는 편목이라 보아진다.[18]

---

17) 이기백, 앞의 논문 참조
　　민영규, 앞의 논문 참조
　　김영태, 「삼국유사의 체재와 그 성격」, 『논문집』 13, 동국대, 1974.

  그런데 이러한 찬자의 불교적 관심의 세 범주 중 찬이 많이 개입되고 있는 경우는 첫째와 둘째 범주다. 앞에서 살펴보았듯이, 첫째 범주인 불격에 대한 신앙적 서사물은 그 33.3% 정도(총 30개의 조항 중 10개 조항)가 찬을 수반하고 있다. 그리고 둘째 범주인 고승의 행적에 대한 서사물은 그 72.2% 정도(총 44개의 조항 중 34개 조항)가 찬을 수반하고 있다. 효행적 일화를 다룬 서사물의 경우 찬이 개입된 비율적 수치는 20%에 이르지만, 효선편의 전체 서사 조항이 5개이고 그 중 찬이 들어 있는 조항은 사실상 1개에 지나지 않기 때문에 이 범주의 비중은 미미한 것이 사실이다.

  이런 점에서『삼국유사』에서 찬이 주로 붙어 있는 서사물은 고승대덕(高僧大德)의 행적을 다루고 있는 승전적(僧傳的) 서사물과 불탑·불상·사리 등을 찬송하고 있는 불격적(佛格的) 서사물로 크게 양분할 수 있겠다. 전자의 승전적 서사물은 불교의 삼국 수용 과정으로부터 불교신앙이 구체적으로 확대·전개되어 나가는 일련의 역사적 과정을 고승의 행적을 통해 기술하고 있는 불교사적 성격을 지닌 서사물이다.[19] 그리고 후자의 불격적 서사물은 삼국이 본래 불교동전(佛敎東傳) 이전부터 불연국토(佛緣國土)였음을 강조하는 서사물로서, 이를 뒷받침하는 구체적인 형상으로서 연좌석(宴坐石)·사탑(寺塔)·불상(佛像)·사리(舍利) 등을 제시하고 있다.

  이러한 승전적 서사물과 불격적 서사물의 내용은 결국 불(佛)·법(法)·승(僧) 삼보(三寶)에 관련된 것으로 파악될 수 있으며,[20] 이는 이들 서

---

18) 소재영, 앞의 논문, 62면 참조
19) 민영규 교수는『삼국유사』를 佛敎史로서 周到한 用意와 完全을 기하려는 작품
    이라고 파악하고 있다. 민영규, 앞의 논문, 157면 참조
20) 홍윤식 교수는『삼국유사』가 불·법·승 삼보(三寶)에 대한 신앙의례의 내용을 중

사물들이 근본적으로 신앙적 성격을 지닌 불교 서사물임을 보여주는 바라 하겠다. 이와 같이 찬이 집중적으로 개입되고 있는 불교적 서사물들은 모두 숭배와 기도의 대상을 서술하고 있다. 승전적 서사물의 주된 대상인 인격체(人格體)나, 불격적 서사물의 주된 대상인 불격체(佛格體)는 모두 승려나 불신도에 있어서 찬양과 기도의 대상인 것이다.

승전적 서사물에서 인격체로 등장하고 있는 홍법(興法)의 국왕(國王)이나 다수의 고승들은 불교적 신심(信心)이나 영험이 뛰어난 성자적(聖者的) 존재들로서 숭배의 대상이다. 그리고 불격적 서사물에서 찬양과 기도의 대상인 불격체로 등장하고 있는 불탑·불상·사리들은 불타(佛陀)를 상징적으로 의미하는 대상으로서 불연(佛緣)을 강조하는 불격의 다양한 형상이기도 한 것이다. 따라서 숭배와 찬양과 기도의 대상인 이들 인격체나 불격체에 대한 신앙적 서사물에 찬자의 종교적 신심에서 우러나온 찬송(讚頌)이 붙어 있음은 당연한 결과라고 보아진다.

이렇듯이 승전적 서사물이나 불격적 서사물에 찬자의 신앙적 찬송이 붙어 있는 것은 필연적인 귀결이라 하겠다. 찬의 개입 비율이 승전적 서사물이 7할을 약간 상회하고, 불격적 서사물이 3할을 약간 상회하고 있는 것은 그 조항의 인격체나 불격체에 대한 찬자의 관심의 결과다. 찬이 붙어 있지 않은 경우는 그 서사 조항의 비중이나 서술 대상에 대한 찬자의 신앙적 관심과 찬양의 정도가 상대적으로 낮을 결과일 뿐이며, 그 조항에도 찬이 개입할 수 있는 여지는 항상 존재한다고 볼 수 있겠다.

심으로 하고 있다고 파악하면서 구체적으로 불보신앙(佛寶信仰)의 전개와 그 사회적 의미는 탑상편에, 경전신앙(經典信仰)의 전개와 그 입체상은 신주편에, 그리고 승보(僧寶)에 대한 신앙의 내용과 그 실상은 의해편에 여실히 드러나고 있음을 지적하고 있다.(홍윤식, 「삼국유사와 불교의례」, 『불교학보』 제16집, 동국대 불교문화연구소, 1979 참조)

① 승전적 서사물과 찬

앞의 도표에서 볼 수 있듯이, 승전적 서사물의 대부분은 그 산문 문맥 속에 찬이 붙어 있다. 승전적 서사물 중 찬이 개입되고 있지 않은 경우는 다음의 세 가지다.

첫째 경우는 그 서사물의 서술 분량이나 서사 내용이 지극히 단편적인 때다. 홍법편의 「동경홍륜사(東京興輪寺) 금당십성(金堂十聖)」조나 감통편의 「정수사구빙녀(正秀寺救氷女)」조, 그리고 피은편의 「물계자(勿稽子)」조·「영여사(迎如師)」조·「포천산오비구(布川山五比丘) 경덕왕대(景德王代)」조·「염불사(念佛師)」조 등이 그러한 예다. 이러한 단편적인 서사물은 해당 편목 내의 순차에서도 말미에 위치하고 있다. 이처럼 이들 단편적인 서사물들은 찬자의 큰 관심의 대상이 되지 못했음을 알 수 있다.

둘째 경우는 선행(先行) 서사 조항에서 이미 그 내용이 언급된 것으로, 해당 승려에 대한 찬이 선행 서사 조항에 붙어 있을 때다. 의해편의 「보양이목(寶壤梨木)」조와 「관동풍악발연수석기(關東楓岳鉢淵藪石記)」조가 여기에 해당한다. 「보양이목」조는 선행한 「원광서학(圓光西學)」조와 그 내용이 중복되고, 「관동풍악발연수석기」조는 선행하는 「진표전간(眞表傳簡)」조의 내용과 중복된다. 그러하기 때문에 원광이나 진표에 대한 찬이 선행의 서사 조항에 이미 포함되어 있으므로 하여, 이들 후행하는 조항에서는 동일한 승려에 대한 찬을 되풀이하여 덧붙일 필요가 없었던 것이다.

셋째 경우는 향찬(鄕讚)으로서의 향가(鄕歌)가 해당 서사물 내에서 찬의 기능을 대신하고 있는 것으로 추정되는 경우다. 감통편의 「광덕 엄장(廣德嚴莊)」조와 「융천사 혜성가(融天師彗星歌) 진평왕대(眞平王代)」조가 이런 예에 해당한다. 향가 대부분이 서사물의 중간 부분에 위치하고 있음에 비해, 「광덕 엄장」조의 「원왕생가(願往生歌)」와 「융천사 혜성가 진평왕대」조의 「혜성가(彗星歌)」는 각각 관련 서사물의 말미(末尾)에 놓여 구조적 차이를 보여 주고 있다.

이와 같이 승전적 서사물은 기본적으로 찬을 덧붙이고 있는 서술체재를 취하고 있다. 그런데 『삼국유사』 속의 승전적 서사물이 취하고 있는 이러한 서술 방식은 본격적인 승전 형식을 취하고 있는 『해동고승전(海東高僧傳)』과는 좋은 대조를 이루고 있다. 『해동고승전』의 경우는 운문(韻文) 형태의 중송적인 찬(讚)과는 달리 산문(散文) 형태의 찬(贊)이 서사 말미에 위치하고 있기 때문이다. 물론 『해동고승전』의 찬(贊)은 정사(正史)의 열전체(列傳體)에 보이는 취의부(趣意部)·행적부(行蹟部)·논찬부(論贊部)의 3단계 구성 형식의 '논찬(論贊)'에 해당하는 것으로서, 『삼국유사』의 찬(讚)과는 달리 사찬(史贊)이나 사평(史評)의 성격을 지니고 있다.21) 그런데 『해동고승전』에서의 찬(贊)의 실태는 정전(正傳) 18전(傳) 중에서 11전에만 찬(贊)이 붙어 있어서, 일연이 『해동고승전』의 찬자인 각훈(覺訓)보다 더 의도적으로 찬(讚)을 붙이고 있음을 알 수 있다.

또한 『삼국유사』나 『해동고승전』의 체재에 영향을 주었을 것으로 추정되는 양(梁)·당(唐)·송(宋) 고승전(高僧傳)의 경우에는 『양고승전(梁高僧傳)』에서만, 그것도 개별적인 전(傳)의 말미가 아니라 편목(篇目)의 말미에 찬(贊)이 보이고 있을 뿐이다. 따라서 『삼국유사』에 개입된 찬(讚)은 여타의 고승전류(高僧傳類)의 그것과 비교했을 때, 독자성이 강한 문장 양식으로 보아진다.

---

21) 김상현, 「해동고승전의 사학사적 성격」, 『藍史鄭在覺 박사고희기념 동양학논총』, 동양학논총 편찬위원회, 1984, 195면.

② 불격적 서사물과 찬

『삼국유사』 찬자의 강한 불보신앙(佛寶信仰)을 엿볼 수 있는 불격적(佛格的) 서사물인 탑상편의 서사물 역시 산문 기록의 말미에 찬(讚)을 덧붙이는 것을 원칙으로 하고 있다. 탑상편의 서사물 중 찬이 들어 있는 서사물은 전세불연(前世佛緣)과 불타진신(佛陀眞身)·불상 그리고 미륵불(彌勒佛)이나 관음보살(觀音菩薩) 등에 관련된 기사(記事)다. 이러한 서사물 외에 찬을 붙이고 있지 않은 경우는 단편적인 내용으로 된 서사물인 경우가 그 대부분이다. 따라서 전세불(前世佛)이나 석가진신(釋迦眞身), 보살화현(菩薩化現) 등의 불격(佛格)에 대한 서사물도 원칙적으로는 찬을 후치(後置)하는 서술 방식을 기본으로 하여 기술되고 있다고 하겠다.

불격(佛格)에 대해 기술한 서사물 중 찬을 삽입해 놓고 있는 서사물에서 찾아 볼 수 있는 두드러진 특징 중의 하나는 그 불격이 석가불(釋迦佛) 이전의 가섭불(迦葉佛)과 석가진신(釋迦眞身) 그리고 미래불(未來佛)인 미륵불과 관련되어 있다는 사실이다. 과거불(過去佛) 시의 가람처(伽藍處)로 가섭불이 강연하던 연좌석에 관한 「가섭불연좌석(迦葉佛宴坐石)」조는 가섭불에 대한 신앙적인 서사물이다. 아육왕(阿育王)이 창건한 고구려 요동성(遼東城)의 불탑에 대한 서사물이나, 가락국(駕洛國)의 허황후(許皇后)가 서역 아유타국(阿踰陀國)에서 가져왔다는 파사석탑(婆娑石塔)에 대한 서사물은 불국토신앙(佛國土信仰)과 관련된 것으로서, 불탑에 대한 신앙적인 표현이다. 「황룡사 구층탑」조 역시 전불가람처(前佛伽藍處)인 황룡사의 구층탑에 대한 찬양이다. 또한 「사불산 굴불산 만불산」조는 천상에서 내려온 사면방장(四面方丈)과 지하에서 출현한 사방불(四方佛)과 만불산(萬佛山)을 찬양하고 있다. 「황룡사 장육」조는 아육왕이 조성에 실패하고 인연국토(因緣國土)인 신라에서 완성을 본 존상(尊像)에 대한 찬양을 담은 서사물

이다. 그리고 「전후소장사리(前後所將舍利)」조는 진흥(眞興)·선덕(善德) 양
대에 소장(所將)한 불타의 진신 사리에 대한 서사물이며, 「미륵선화(彌勒
仙花) 미시랑(未尸郎) 진자사(眞慈師)」조·「남백월이성(南白月二聖) 노힐부
득(努肹夫得) 달달박박(怛怛朴朴)」조·「분황사천수대비(芬皇寺千手大悲) 맹
아득안(盲兒得眼)」조 등은 미륵불·관음보살에 관련된 서사물이다.

이처럼 불격에 대한 서사물은 전대(前代)에 불연(佛緣)이 있는 국토였기
때문에 현세에 불타의 진신이 상주하고, 또한 미래불인 미륵불이 수적
(垂迹)한다고 하는 신앙적인 표현인 것이다. 따라서 이들 신앙적인 서사
물에 불격을 찬양·찬미하는 송찬(頌讚)이 후치(後置)되는 것은 지극히
당연한 결과라 하겠다.

이상에서 살핀 바와 같이, 『삼국유사』 소재 찬의 부기유무(附記有無)를
통해 각 편목별 서사물의 근본 성격이 어느 정도 드러났다고 하겠다. 즉
『삼국유사』 편목 중 흥법(興法) 이하 효선(孝善)에 이르는 불교적 사사물
에는 의도적으로 찬을 개입시키고 있으며, 이러한 서술 방식은 이들 서
사물의 기본적인 서술 체재로 보아진다. 또한 기이편의 역사적 서사물의
경우에는 의도적으로 찬이 배제되고 있는데, 이는 자의적인 현상이 아니
라 찬자의 서술 태도에 따른 의도적인 현상임을 짐작할 수 있다.

그리고 찬을 기본 요건으로 하고 있는 불교적 서사물은 크게 승전적
(僧傳的) 서사물과 불격적(佛格的) 서사물로 양분되는데, 양자 공히 불교
삼보(三寶)에 대한 신앙적인 서사물이다. 찬자는 이러한 신앙적 서사물을
정성껏 마련하고, 그것을 지극한 신앙심과 존경심에 의해 시적(詩的)으로
표출하고 있는데, 그것이 바로 찬이라 보아진다. 그렇다면 이 찬은 『삼
국유사』 내에서 그것을 기본 요건으로 하는 서사물과 그렇지 않은 서사

물을 구분시켜 주는 그런 변별적인 자질을 지니고 있는 문장 양식이라고 보아야 할 것이다.

3. 찬의 수용 양상

『삼국유사』에 수록된 해당 서사물의 서사 구조 내에 찬(讚)이 수용되고 있는 양상은 다양한 모습을 보여 준다. 이러한 찬의 수용 양상은 크게 세 가지 유형으로 분류해 볼 수 있는데, 그것을 대략 정리해 보면 다음과 같다.

그 첫째 유형은 산문(散文) 말미에 한 편이나 그 이상의 찬이 붙어 서사 구조가 종결되는 형태다. 『삼국유사』 소재 찬을 수반한 서사물의 대부분이 이런 서술 체재를 지니고 있으며, 이를 기본형(基本型)이라 하겠다. 둘째 유형은 선행(先行) 산문의 말미에 한 편의 찬이 붙고, 그 뒤에 다시 산문 기록이 이어지면서 전체의 서사 구조가 종결되는 형태다. 「전후소장사리(前後所將舍利)」조・「가섭불연좌석(迦葉佛宴坐石)」조・「황룡사구층탑(皇龍寺九層塔)」조가 이러한 형태를 취하고 있으며, 이런 형태를 변형(變型)이라 하겠다. 셋째 유형은 선행 산문의 말미에 한 편의 찬이 붙고, 다시 산문 기록이 이어진 후 그 말미에 또 한 편의 찬이 붙어 있는 형태다. 「현유가(賢瑜伽) 법화엄(法華嚴)」조가 이러한 모습을 보여 주며, 이 형태는 복합형(複合型)이라 부르기로 한다.

이처럼 『삼국유사』 소재 찬이 해당 서사물의 서사 구조 내에 존재하고 있는 위상은 다양한 양상을 보여 주고 있다. 다음에는 『삼국유사』 소재 찬이 서사물의 서사 구조 내에 수용되고 있는 각각의 양상에 대해 구체적으로 살펴보기로 한다.

1) 기본형

『삼국유사』에 수록된 서사물의 구조 내에서 찬이 수용되고 있는 가장 기본적인 유형은 산문(散文) 말미에 찬을 붙여 전체 서사 구조를 종결시키는 형태다. 이러한 기본형은 찬을 개입시키고 있는『삼국유사』소재의 서사물이 취하고 있는 가장 보편적인 형식이다. 이 기본형의 서사 구조는 단일 사건(單一事件)으로 이루어지고 있다는 구성상의 특징을 지니기도 한다. 이 기본형의 서사 구조는 산문 말미에 붙어 있는 찬의 수(數)에 따라 다시 이대분(二大分)이 가능하다. 다음에는 이들 각각의 실상을 살펴보기로 한다.

(1) 단일 사건 + 단수의 찬

기본형의 서사물이 보여 주는 가장 전형적인 구조 형태는 단일 사건을 서술하고, 그것이 마무리되었을 때 한 편의 찬을 덧붙이는 형태다. 이 전형적인 구조 형태에서 단일 사건을 이끄는 핵심은 단일의 대상이며, 그 서사물의 말미에 붙은 찬(讚)에서 찬양·찬송되고 있는 대상 역시 단일의 대상이다. 이 기본형에 속하는 대다수의 서사물들은 이러한 형태를 취하고 있다.

처음으로 바다 건너, 중국 땅 구름을 뚫었으니.
몇 사람이 오가면서, 맑은 향기 움켰던고

옛날의 그 자취는, 저 푸른 산이 있으니.
금곡(金谷)과 가서(嘉西) 두 절의, 지난 일을 들었으리.[22)]

　위에서 인용한 시는 「원광서학(圓光西學)」조의 말미를 장식하고 있는 찬이다. 당(唐)의 『속고승전(續高僧傳)』과 『고본수이전(古本殊異傳)』의 「원광법사전(圓光法師傳)」, 그리고 『삼국사(三國史)』 「열전(列傳)」 등의 기록을 인용하면서 원광의 행적을 서술한 다음에, 여기에 이어서 덧붙여 놓고 있는 찬자의 찬이다. 이 찬에 선행하고 있는 서사 내용은 원광의 일대기적 내용이며, 찬에서의 찬양 대상도 원광법사 일개인이다.

　그러나 이와는 달리, 단일 사건의 서사 구조 말미에 붙어 있는 한 편의 찬이 그 내용에서 단수의 대상을 찬양·찬송하는 것이 아니라 복수의 대상을 찬양·찬송하고 있는 경우도 있다. 「귀축제사(歸竺諸師)」조와 「포산이성(包山二聖)」조의 서술 체재가 바로 이러한 예에 해당한다. 그런데 이들 서사물에 들어 있는 한 편의 찬에서 복수의 대상이 찬양·찬송되고 있다는 사실은 이들 서사물의 서사 내용에서 단일 사건을 이끄는 핵심 대상이 단수가 아니라 복수의 존재라는 점을 보여 주는 바다. 이와 같은 유형에 해당하는 찬의 실상을 제시해 보기로 한다.

첩첩이 쌓인 푸른 메, 멀디 먼 천축의 하늘.
어여뻐라 여러 스님, 힘껏 등반하였도다.
저 밝은 달이 몇 번이나, 고범을 떠나 보냈던고
저 석장이 구름 따라, 돌아옴을 못 봤다네.[23)]

---

22) 航海初穿漢地雲　幾人來往挹淸芬　昔年蹤迹靑山在　金谷嘉西事可聞(『삼국유사』 권4, 의해 제5, 「원광서학」, 번역문은 이가원 역, 『삼국유사 신역』, 태학사, 1991, 305면에서 인용. 이하의 『삼국유사』 번역문은 이 책의 인용 면수 만을 밝히기로 함.)

위에 인용한 찬은 「귀축제사(歸竺諸師)」조에 삽입되어 있는 작품이다.
이 찬에 선행하는 서사 내용은 불법을 구하기 위해 천축(天竺)으로 떠났
던 많은 신라승(新羅僧)에 대한 기록이다. 이 「귀축제사」조에는 '천축의
구법담(求法談)'이라는 단일 사건·단일 주제 속에 아리나(阿離那)·발마
(跋摩) 등을 위시한 다수의 신라승의 존재가 언급되고 있다. 따라서 이를
찬양·찬미하는 찬 속에서 그려지고 있는 대상이 복수의 '제사(諸師)'로
나타남은 당연한 귀결이다.

> 달을 밟고 오가면서, 운천에 노닐을 제.
> 두 늙은이 풍류가, 몇 백년을 지났던고
> 온 골짜기 내와 놀에, 고목만 남아 있고
> 찬 그림자 굽었다 폈다, 오히려 맞이하는 듯이.24)

「포산이성(包山二聖)」조의 서사 내용은 포산의 남북(南北)에 은거하면
서 서로 교유하다가 진(眞)으로 돌아간 관기(觀機)와 도성(道成)이라는 두
성사(聖師)의 영험스러운 이야기다. 위에서 인용해 놓은 시는 이 영험담
의 말미에 붙어 그 두 성사의 불덕(佛德)을 찬송하고 있는 찬자의 찬이다.
이 찬 역시 단일 사건과 단일 주제의 이야기에 등장하는 복수의 고승을
찬양하고 있다.

이처럼 기본형의 서사 구조에 개입되어 있는 찬 중에는 단수가 아닌
복수의 대상을 한 편의 찬 속에서 찬양하고 있는 경우가 있다. 그런데
이러한 형태의 찬이 개입된 서사물의 경우, 서사 조항의 제명(題名)은 다
른 서사 조항의 그것과 차이를 드러낸다. 즉 위에서 언급했듯이, 이들

---

23) 天竺天遙萬疊山 可憐退士力登攀 幾回月送孤航去 未見雲隨一杖還(312면)
24) 相過踏月弄雲泉 二老風流幾百年 滿壑烟霞餘古木 偃昂寒影尙如迎(401면)

조항의 제명은 「귀축제사」조의 경우에서처럼 '제사(諸師)'나 「포산이성」 조의 경우에서처럼 '이성(二聖)'과 같은 방식으로, 그 서사 조항에서의 찬양의 인물이 복수임을 직접적으로 표출시키고 있는 것이다.

그런데 여기서 한 가지 더 주목해야 할 점은, 이러한 제명 양상이 다음에 검토하겠지만 복수의 찬이 붙어 있는 기본형 유형에 속하는 서사물의 조항 이름과도 차이를 드러내고 있다는 점이다. 기본형의 서사 구조를 취하고 있는 서사물 중 「원종흥법(原宗興法) 염촉멸신(厭觸滅身)」조는 염촉의 멸신을 통해 원종이 흥법의 대업을 이루게 되었다는 분리될 수 없는 단일 사건·단일 주제의 이야기다. 그럼에도 이 서사물의 서사 구조에서는 원종과 염촉을 찬송하고 있는 두 편의 개별적인 찬이 산문 말미에 각각 후치(後置)하고 있다. 이처럼 이 서사물은 단일 사건 속에 등장하는 복수의 인물을 각각 분리시켜 찬양하여, 한 편의 찬 속에 복수의 인물을 찬양하고 있는 위의 경우와는 분명히 다른 모습을 보여 주고 있다. 그런데 이처럼 찬의 개입 양상이 차이를 보이고 있을 경우, 이 두 유형의 서사 조항의 제명에서도 차이를 보이고 있는 것이다.

한 편의 찬 속에 복수의 인물이 찬양되고 있을 경우의 제명(題名)은 찬양의 대상을 '제사(諸師)'나 '이성(二聖)'과 같이 포괄적으로 묶어 기술하고 있다 이에 비해, 복수의 인물을 복수의 찬으로 분리·찬양하고 있는 경우에는 「원종흥법 염촉멸신」조에서와 같이 각각의 개별적인 대상을 '원종(原宗)'과 '염촉(厭觸)'과 같이 독립적으로 제명에 명시하고 있는 것이다. 이러한 점을 통해 서사 조항의 제명은 찬의 내용·성격과도 무관하지 않음을 알 수 있으며, 아울러 서사 조항의 이름 붙이기 방식을 통해 찬자의 찬에 대한 관심의 정도도 짐작해 볼 수 있겠다.

(2) 단일 사건 + 복수의 찬

위에서 살펴보았듯이, 기본형에 해당하는 불교적 서사물 속에는 대체로 한 편의 찬이 수용되고 있는 양상을 보여 준다. 그러나 기본형의 서사 구조 속에 모두 한 편의 찬만이 개입되고 있는 것은 물론 아니다. 기본형의 서사물이 서술하고 있는 사건 속에 등장하는 찬양의 대상이 단수(單數)가 아니라 균등한 비중을 지닌 복수(複數)의 존재인 경우, 즉 비중 있는 복수의 찬양 대상이 단일 사건을 전개해 나갈 때에는 그 서사물의 서사 구조 속에 복수의 찬이 연속적으로 개입되기도 하는 것이다.

이처럼 기본형의 구조에서는 산문 말미에 한 편의 찬이 붙는 것이 원칙이지만, 찬자가 신앙적인 중요성이 크다고 판단한 복수의 존재가 등장하는 경우에는, 그 대상을 한 편의 찬 속에 융해시키지 않고 각각의 존재를 분리하여 찬송하기도 하는 것이다. 이렇듯 복수의 찬이 연속적으로 후치(後置) 될 때에는, 각각의 찬 뒤에 '우모(右某)'라고 명시하여 그 찬의 찬양 대상이 누구인지를 구체적으로 밝히고 있다.

『삼국유사』에서 이런 형태를 보여 주는 서사물은 앞에서 언급했던 「원종흥법(原宗興法) 염촉멸신(厭髑滅身)」조와 「남백월이성(南白月二聖) 노힐부득(努肹夫得) 달달박박(怛怛朴朴)」조다. 다음에는 이들 서사물의 서사 구조 내에 들어 있는 찬의 구체적인 실상을 살펴보기로 한다.

찬(讚)하되

성인의 지혜는 예부터, 만세 앞을 꾀하나니.
구구한 의론들은, 추호인양 가늘어라.
법륜이 금륜을 따라, 구를 줄 알았으니.
임금님 해와 함께, 부처님 해도 높으리.

　　오른편은 원종(原宗)

　　정의 위해 몸 버리니, 이것만도 놀라움이.
　　하늘 꽃 흰 젖이, 다시금 정이 깊도다.
　　느껍게도 한 칼에, 이 몸이 죽은 뒤에.
　　원마다 범종 소리, 서울을 움직였네.

　　오른편은 염촉(厭觸)[25]

　　위의 인용문은 「원종흥법 염촉멸신」조에 삽입되고 있는 찬의 실상이다. 앞에서도 이미 지적하였듯이, 이 서사물은 염촉이 멸신함으로써 불법이 번성하게 되었다는 단일 사건·단일 주제를 다루고 있는 기본형의 서술 체재를 취하고 있다. 그런데 여기에 등장하는 염촉과 원종의 비중을 찬자는 공히 높게 보고, 각각의 인물에 대한 찬을 독립적으로 개입시켜 놓고 있는 것이다. 그리고 그 두 편을 찬을 구분하여 전자는 원종에 대한 찬이며, 후자는 염촉에 대한 찬임을 분명히 밝히고 있다.

　　이러한 찬의 개입 양상은 「남백월이성 노힐부득 달달박박」조에서도 동일하게 나타난다. 잘 아는 바와 같이, 이 불교적 서사물은 미타불(彌陀佛)과 미륵불(彌勒佛)을 염구(念求)하던 달달박박과 노힐부득이 관음이 현신한 성랑(聖娘)에 의하여 성불(成佛)하게 되는 일종의 성불담(成佛談)이요, 관음 영험담이다. 이처럼 이 이야기는 분리할 수 없는 하나의 사건과 단일 주제를 갖춘 서사물인데, 이 서사물의 서술 체재를 보면 산문 기록이 종결된 다음에 세 편의 찬이 연쇄적으로 이어지고 있는 형상을 하고 있

---

25) 讚曰 聖智從來萬世謀 謀區興議謾秋毫 法輪解逐金輪轉　舜日方將佛日高
　　右原宗　循義輕生已足驚 天花白乳更多情 俄然一劍身亡後 院院鐘聲動帝
　　京　右厭觸(212~213면)

다. 세 편의 찬이 연속되고 있는 구체적인 실상은 다음과 같다.

찬(讚)하되

푸른 빛이 뜯는 듯한, 바위 문 박탁하는 소리.
저문 날에 어떤 이가, 구름 문을 두드린고
남녘 암자 가까우니, 마땅히 찾아가서.
파란 이끼 밟는다면, 나의 뜨락 더럽히리.

오른편은 북암(北庵)

내 낀 골짜기 어두웠는데, 나는 어디로 갈꺼나.
남창에 대자리 깔렸으니, 여기서 머무런다.
밤 깊어 백팔 염주, 고요히 구을릴 제.
다만 손님 잠을, 깨울까 두렵노라.

오른편은 남암(南庵)

솔 그늘 십리 길에, 갈 곳이 아득하이.
밤 깊은 이 쑥절에, 스님 찾아 시험코자.
세 차례 목욕하니, 날이 장차 새는 도다.
두 아기 낳은 뒤에, 서쪽 향해 떠났소

오른편은 성랑(聖娘)[26]

---

26) 讚曰 滴翠嵓前剝啄聲 何人日暮扣雲扃 南庵且近宜守去 莫踏蒼苔汚我庭
右北庵 谷暗何歸已暝煙 南窓有簟且流連 夜闌百八深深轉 只恐成喧惱客
眠 右南庵 十里松陰一逕迷 訪僧來試夜招提 三槽浴罷天將曙 生下雙兒
擲向西 右聖娘(264~265면)

위의 인용문이 보여 주듯, 「남백월이성 노힐부득 달달박박」조의 서사 구조 속에는 달달박박(北庵)과 노힐부득(南庵) 그리고 낭자(聖娘)를 각각 찬양한 모두 세 편의 찬이 개입되어 있는 것이다. 그런데 이 서사 조항의 제명(題名)에는 그 세 명의 찬양 대상 중 노힐부득과 달달박박 만을 명기하고, 성랑(聖娘)을 표기하고 있지는 않다. 그러나 찬자는 비록 제명에는 명기하지 않았지만, 두 성사(聖師)의 성불을 도와준 관음의 화현(化現)인 성랑에 대한 자신의 신앙적 찬양을 한 편의 찬에 담아 내고, 그것을 두 성사의 찬 다음에 덧붙여 놓고 있는 것이다.

2) 변형

『삼국유사』에 수록된 불교적 서사물의 구조 내에 찬이 수용되어 있는 또 다른 유형은 전체 서술 체재 중간에 찬이 삽입되어 있는 형태를 취하고 있는 경우다. 즉 선행하는 산문 기록 말미에 한 편의 찬이 오고, 그 뒤에 다시 산문이 붙어 있는 형태다. 이러한 찬의 개입 방식은 기본형에 산문 기록이 덧보태진 형태라 하겠는데, 이런 점에서 이런 유형을 변형(變型)이라 부르기로 한다.

이 변형의 구조적 특징은 찬에 이어져 기술되고 있는 산문 기록에서 찾을 수 있다. 이 후행하는 산문 기록은 서사 대상에 대한 제3자의 후기(後記)이거나 그와 관련된 참고 기록인데, 이를 토대로 변형을 다시 이대분할 수 있다. 다음에는 변형의 두 하위 유형의 구체적인 실상에 대해 살펴보기로 한다.

(1) 기본형 + 제3자의 기록

변형에 속한 하위 유형 중의 하나는 기본형의 형태에 찬자가 아닌 제 3자의 기록이 산술(散述)되어 있는 서술 형태다. 이러한 유형의 서술 체재를 보여 주는 서사물은 「전후소장사리(前後所將舍利)」조다. 이 서사물의 서술 체재는 단일 사건으로 이루어진 서사 내용의 말미에 찬이 붙는 기본형의 구조에 일연(一然)의 제자인 무극(無極)의 후기가 덧붙여져 있는 형태를 취하고 있다. 무극은 스승의 기록을 안찰(按察)하고서, 그 기록 뒤에 자신의 의견을 덧붙이고 있는 것이다.27)

이처럼 변형에 속하는 하나의 형태는 기본형의 서술 체재에 찬자가 아닌 제3자의 기록이 첨가되어 만들어진 것이다. 그런데 이러한 변형의 서술 체재는 엄밀하게 보면 이를 기본형에 포함시켜도 큰 무리는 없어 보이기도 한다. 그것은 이 변형의 서술 체재에서 찬자의 서술은 사실상 찬에서 마무리가 된 것이기 때문이다.

(2) 기본형 + 관련 참고기록

변형의 또 하나의 하위 유형은 기본형의 형태에 선행한 산문 내용과 관련이 있는 불경기록(佛經記錄)이나 기존 저술의 내용이 추가적으로 인용·설명되고 있는 서술 체재다. 「가섭불연좌석(迦葉佛宴坐石)」조와 「황룡사구층탑(皇龍寺九層塔)」조의 서술 체재가 이런 유형에 해당한다.

「가섭불연좌석」조는 『옥룡집(玉龍集)』이나 『국사(國史)』 등의 문헌을 통해 신라 월성(月城)의 동편 황룡사의 땅에 있는 연좌석에 대한 기록을 인용·서술한 다음에, 찬을 통해 연좌석에 대한 찬자의 신앙적 감흥을

---

27) 『삼국유사』 권3, 탑상 제4, 「前後所將舍利」조 참조

표현하고 있다.

> 자애로운 햇빛이, 잠긴지 오래고
> 오직 연좌석이, 의구히 남았도다.
> 상전이 몇번이나, 벽해로 변했어도
> 오히려 바뀌잖고, 우뚝히 솟아 있네.28)

이러한 기본형의 구조에 이어서 「가섭불연좌석」조는『아함경(阿含經)』에 나오는 가섭불을 설명하고, 오세문(吳世文)의 「역대가(歷代歌)」와 김희녕(金希寧)의 「대일역법(大一曆法)」, 그리고 「찬고도(纂古圖)」 등에서 개벽(開闢) 시기를 추정한 내용의 부당함을 지적하고 있다.

이처럼 「가섭불연좌석」조의 서술 체재는 기본형의 형태에 관련 참고 기록이 추가된 서술 체재를 취하고 있다. 그런데 찬 이후에 덧보태진 참고기록은 단지 선행 서사 내용의 확증을 위한 보충 자료의 차원에서 수용되고 있는 것으로 보아지며, 따라서 가섭불 연좌석에 관련된 실질적인 서술은 기본형과 같이 사실상 찬에서 종결된다고 하겠다.

「황룡사 구층탑」조도 이와 동일한 변형의 서술 체재를 취하고 있다.

> 이 절을 귀신이 받들어, 제경을 위압하니.
> 휘황한 단청들이, 나는 기와를 움직이도다.
> 이에 오르면 모두 항복, 구한 뿐이 아니라니.
> 천지가 평정됨을, 비로소 깨달았네.29)

---

28) 惠日沈輝不記年 唯餘宴坐石依然 桑田幾度成滄海 可惜巍然尙未遷(220~221면)

29) 鬼拱神扶壓帝京 輝煌金碧動飛甍 登臨何啻九韓伏 如覺乾坤特地平(231~232면)

「황룡사 구층탑」조는 찬에 선행하는 산문(散文)에서 황룡사에 구층탑이 세워지게 된 유래를 서술하고 있으며, 이 서술에 이어서 구층탑을 찬양하는 찬자가 지은 찬이 덧붙여져 있다. 위에 인용한 것이 이 찬의 모습이다. 그리고 이 찬에 이어서 안홍(安弘)의 「동도성립기(東都成立記)」와 『국사』 그리고 사중고기(寺中古記) 등의 기록을 인용하여 선행의 서술 내용을 재설명하고 있다.

이와 같이 변형의 서술 체재는 기본형의 그것에 제3자의 후기가 첨가되거나 또는 참고 자료의 내용이 인용·설명되고 있는 형태로, 서술 체재상으로 선행(先行)의 산문 기록과 후행(後行)의 산문 기록 사이에 찬이 삽입되어 있는 구조 형태를 취하고 있다. 이처럼 이 변형의 서술 체재는 표면적으로는 기본형과 상이한 모습을 보여 주고 있는 것이 사실이다. 그렇지만 위에서 살펴보았듯이, 이 변형의 서술 형태는 내용적으로는 기본형의 서술 형태와 크게 다를 바가 없다 하겠다. 특히 찬자의 보충 기록이 아닌 제3자의 후기를 덧붙이고 있는 변형의 경우는 사실상 기본형의 형태와 동일한 유형이라 해도 무방하다 보아진다.

3) 복합형

『삼국유사』 서사물의 구조 내에 찬이 수용되고 있는 또 다른 유형은 선행 산문과 후행 산문의 말미에 각각 찬이 붙어 있는 형태다. 이런 형태는 기본형의 형태가 두 개 복합되어 있는 '기본형 + 기본형'의 모습을 보이고 있는데, 이런 점에서 이 유형을 복합형(複合型)이라 부를 만하다.

이 복합형에서는 찬이 복수로 존재하게 된다. 찬이 복수로 개입되고 있는 양상은 이 외에도 앞서 살펴보았듯이, 기본형의 경우에서도 나타나고 있는 현상이기도 하다. 그런데 복합형 서사물에 삽입되어 있는 복수의 찬은 기본형의 복수의 찬과는 개입된 위치에서 큰 차이를 보여 준다. 즉 기본형 구조에서의 복수의 찬은 연쇄적으로 개입되고 있는데 비해, 복합형에서의 복수의 찬은 분리되어 개입되고 있는 것이다.

이러한 찬의 개입 위치의 차이는 서사 내용을 구성하고 있는 사건의 차이에서 기인하는 결과다. 복합형의 서사 사건은 단일 사건으로 구성된 기본형의 서사 사건과는 달리 복수의 개별적인 사건의 결합으로 구성되어 있다. 따라서 복합형에서의 찬은 각각의 개별적 사건이 일단락 된 부분에 개입되어, 결국 복수의 찬이 연쇄적으로 위치하지 않고 분리되어 존재하는 것이다.

「현유가(賢瑜伽) 법화엄(法華嚴)」조의 서술 체재가 바로 이러한 복합형의 형태를 보여 주고 있는 예다. 이 서사물은 전혀 별개의 성격을 지닌 개별적인 두 사건이 주제의 공통성으로 인해 하나의 서사 조항에 결합되어 있다. 「현유가 법화엄」조에서의 개별적인 두 사건은 유가종(瑜伽宗)의 대덕(大德)인 대현(大賢)의 영험적인 사적과 화엄종(華嚴宗)의 대덕인 법해(法海)의 영험적인 사적이다. 이 서사 조항의 서술 체재는 이 두 개의 개별적인 영험담의 이중구조(二重構造)로 되어 있으며, 이 두 개의 영험담은 각각 분리·독립시켜 각각의 조목(條目)으로 나누어도 무방할 정도로 별개의 사건인 것이다. 다만 이들 개별적인 사건이 하나의 서사 조항에 수용될 수 있었던 것은 그 영험들이 강경(講經)을 통해 이루어졌다는 공통점을 지니고 있기 때문이다.

「현유가 법화엄」조에서 대현은 『금광경(金光經)』을 강하여 금광정수

(金光井水)를 일곱 길이나 솟게 하였으며, 법해는『화엄경』을 강하여 동해(東海)를 기울여 바닷물이 불어서 넘치게 하였다. 이처럼 이들 두 성사(聖師)의 영험적 행적은 공히 강경(講經)을 통해 이루어지고 있는 것이다. 찬자는 이 두 개의 개별적인 영험담을 하나의 서사 조항으로 통합하여, 그것을 강경에 의한 법력(法力)의 실례로써 나열하고 있는 것이다.

이렇듯「현유가 법화엄」조에서 그려내고 있는 개별적인 성격을 지닌 두 개의 영험담적 서사 사건은 그 하나 하나를 한 편의 서사물로 분리시켜도 괜찮을 정도로 독자성이 강하다. 때문에 이들 개별적인 두 개의 영험담의 말미에는 한 편의 찬이 덧붙어서 각각의 서사 사건을 일단락 시키고 있는 것이다.

> 남산 절 탑돌이에, 석상도 얼굴 돌리니.
> 이 청구에 햇빛이, 중천에 다시 밝았도다.
> 저 우물이 다시 말랐단들, 맑은 물결 솟았으니.
> 금로 한 올 연기, 그럴 줄을 뉘가 아리.30)

위의 찬은 유가조(瑜伽祖)인 대현의 영험담 말미에 붙어 있는 찬송이다. 대현이 용장사(茸長寺)에 머물 때, 석장육(石丈六)을 돌면 석상도 그를 따라 돌았다는 영험적 일화와 여름 가뭄 시에 대현이『금광경(金光經)』을 강설하여 단비를 내리게 하였다는 영험적 일화 등 선행(先行)하는 대현의 영험담을 요약하면서 그를 찬양·찬미하고 있는 중송적(重頌的) 성격의 찬이다.

> 법해에 물결 일어, 법계가 넓었으니.

---

30) 遶佛南山像逐旋 靑丘佛日再中懸 解敎宮井淸波湧 誰識金爐一炷烟(348면)

사해가 차고 빔은, 어렵지 않도다.
백 억이나 많은 수를, 크다고 이를 건가.
스승님 손가락 끝에, 모두가 달려 있네.31)

위에서 인용한 시는 화엄종의 대덕인 법해가 보여 준 영험담의 말미에 붙어 있는 찬이다. 이 찬에 선행하는 서사 사건은 경덕왕이 법해를 황룡사로 청해 화엄경을 강설하게 했는데, 이때 왕이 법해에게 대현이 강경으로 우물물을 솟게 했음을 말하니, 법해가 동해를 기우려 바닷물이 넘치게 하였다는 영험스러운 일화다. 이와 같은 서사 내용을 찬양하고 있는 것이 바로 위의 찬이다.

이상에서 보듯, 「현유가 법화엄」조에서 찬은 대현의 영험담의 말미 부분과 법해의 영험담의 말미 부분에 각각 위치하고 있는 것이다. 그리고 찬이 복수로 존재하기 때문에 서사 조항의 제목에 찬양의 대상인 유가종의 대현과 화엄종의 법해를 동시에 복합적으로 명시해 놓고 있는 것이다. 「현유가 법화엄」조의 이 같은 제목 붙이기 방식은 「이혜동진(二惠同塵)」조의 제목 붙이기 방식과 좋은 대조를 이룬다.

앞에서 검토한 바 있듯이, 복수의 찬송 대상을 따로 따로 분리하여 각각의 개별적인 찬을 산문 말미에 붙이고 있는 경우는 서사 조항의 제명에 찬송의 대상이 독립적으로 명시되는데 비해, 한 편의 찬 속에서 복수의 대상을 찬양하고 있을 경우에는 그 서사 조항의 제명에 찬양의 대상을 독립시키지 않고 포괄적으로 묶어서 표시하고 있다. 서사 조항의 제명으로만 보더라도 「현유가 법화엄」조는 대현과 법해를 찬양하는 찬이 독립적으로 존재하고, 「이혜동진」은 찬양 대상인 혜숙(惠宿)과 혜공(惠空)

---

31) 法海波瀾法界寬 四海盈縮未爲難 莫言百億須彌大 都在吾師一指端(349~
   350면)

의 두 고승을 한 편의 찬으로 찬송하고 있음을 짐작할 수 있다.

「이혜동진」조의 서사 구조를 보면 「현유가 법화엄」조의 그것과 마찬가지로 이중 구조로 되어 있다. 즉 혜숙과 혜공이라는 두 성사(聖師)의 개별적인 영험담적 사적이 결합되어 있는 형태가 「이혜동진」조의 서사 골격인 것이다. 이 두 개별적인 영험담이 하나의 서사 구조 안에 연결될 수 있는 이유는 혜숙과 혜공 두 성사가 공히 세속에 묻혀 지내면서 행하였던 영험의 유사성 때문이다. 이처럼 두 개의 개별적인 서사 사건이 그 유사성으로 인해 한 편의 서사물을 구성하고 있다는 점에서 이 두 서사물의 구조 형태는 동일하다고 하겠다. 그러나 「이혜동진」조는 제명(題名)에서 암시하듯 찬이 서사 구조의 말미에 한 편만 붙어 있으며, 그 한 편의 찬으로써 두 성사의 사적을 칭송하고 있는 것이다. 이로써 대현과 법해에 비해 혜숙과 혜공에 대한 찬자의 신앙적인 관심의 정도가 상대적으로 미약했음을 확인할 수 있겠다.

이상에서 살펴본 바와 같이, 찬을 수용하고 있는 『삼국유사』의 서사물의 총체적인 서사 구조는 찬의 개입 위치와 그 성격에 따라 기본형(基本型)·변형(變型)·복합형(複合型)으로 구분할 수 있으며, 기본형의 서술 체재가 근간이 되어 변형과 복합형으로의 구조적인 변모가 이루어지고 있음을 확인할 수 있다. 그리고 이러한 세 유형의 서사 구조에서 찬은 공히 선행 서사 내용을 일단락 시키는 서사적 기능을 발휘하고 있음을 알 수 있다.

복합형은 기본형의 구조가 이중적으로 결합된 형태로, 각각의 찬은 해당 서사 구조의 말미에서 그 내용을 종합적으로 요약하면서 완결시킨다. 변형의 경우에는 찬 다음에 이어지고 있는 산문 기록이 있는데, 이

것은 앞의 서사 내용에 대한 보충 설명이나 관련 자료의 인용에 불과하다. 따라서 이 변형에서도 서사 구조의 실질적인 종결은 역시 찬이 담당하고 있는 것이다.

이와 같이 찬은 표면적인 서술 체재에서는 변형·복합형의 파격을 보이지만, 내면적으로는 공통적으로 기본형과 동일하게 서사 내용을 일단락 짓는 종결의 의미를 지니고 있는 것이다. 이는 잘 아는 바대로,『삼국유사』의 찬이라는 문장 양식이 중송적 속성을 지닌 운문이기 때문으로 보아진다.

4. 찬의 문학적 기능

앞에서 검토한 바와 같이,『삼국유사』의 서사물, 특히 불교적 색채가 강한 서사물의 상당수는 찬을 서술 체재 안에 개입시키고 있다. 이러한 찬은 그 서사물 안에 수용되어 여러 가지의 문학적 기능을 수행하게 된다. 다음에는『삼국유사』속의 찬이 어떠한 문학적인 기능을 발휘하고 있는지에 대해 구체적으로 검토해 보기로 한다.

1) 선행 서사 내용의 시적 압축

잘 아는 바와 같이『삼국유사』에 수록되어 있는 찬은 중송적(重頌的) 성격의 불교시(佛敎詩)다. 이 중송(重頌)이란 불교경전(佛敎經典)에서 보이는 운문 형태로, 대부분의 경전에서는 선행하는 장문(長文)의 산문 내용을 요약·중복하기 위한 방편으로 경전의 중간 부분이나 말미 부분에 그 장문의 산문 내용을 압축해 놓은 운문 양식을 개입시키고 있다.[32] 이 운문 양식이 바로 중송이다.『삼국유사』소재의 한찬(漢讚)은 이러한 경전상의 중송과 같은 부류의 불교 운문인 것이다.

따라서『삼국유사』소재의 찬도 서사물의 서사 구조 내에 개입하여 중송의 경우처럼 선행의 서사 내용을 효과적으로 요약하고, 동시에 시적(詩的)으로 압축하는 기능을 담당하게 된다. 장문의 선행 서사 기록은 그 서사 구조 내에 선행 서사 내용을 시적으로 요약·압축한 찬을 붙여 극적인 감흥을 고조시킴과 동시에 문학적인 여운(餘韻)을 길게 할 수 있고, 시적으로 압축된 찬은 그 앞의 상세한 서사 내용을 통해 그 내용의 구체적인 이해가 용이해지는 것이다. 이렇듯 선행하는 서사 기록과 그것을 시화(詩化)한 찬은 상보적인 관계에 있으며, 상호 관련성이 매우 긴밀한 것이다.

해당 서사물의 말미에 덧붙어서 선행 서사 내용을 시적으로 압축·묘사하고 있는 찬의 실상을 구체적으로 살펴보기로 한다.

> 압록강에 봄이 깊어, 물가에 풀 푸르고
> 흰 모래엔 해오라기, 한가히 졸음 짓네.
> 멀리 오는 노 젓는 소리, 별안간에 놀랐노라.
> 안갯 속 고기잡이 배, 어디에서 손님 오시나.[33]

위에서 인용한 운문은「순도조려(順道肇麗)」조에 들어 있는 찬의 모습이다. 이 찬에 선행하고 있는 서사 내용은『고려본기(高麗本紀)』의 기록을 중심으로 인용·서술되고 있는데, 소수림왕 때 전진(前秦)의 부견(符

---

32) 周叔迦,「漫談 變文的起源」,『돈황변문논문록』, 明文書局, 臺北, 249면 참조
33) 鴨淥春深渚草鮮 白沙鷗鷺等閑眠 忽驚柔櫓一聲遠 何處漁舟客到烟(200면)

堅)이 불상, 불경과 함께 중 순도(順道)를 고구려에 보내 고구려에서 불교가 비롯된 내력을 길지 않은 내용으로 기술해 놓고 있다. 여기에 이어지고 있는 위의 찬은 이러한 선행 서사 내용을 시적으로 압축한 것이다.

> 서녁 이웃 옛 절에, 불등이 밝았을 제.
> 방아 찧고 돌아오니, 밤은 이미 깊었도다.
> 나의 염불 한 마디에, 부처 하나 이루려고
> 손을 뚫어 노를 다니, 이 몸은 이미 잊었다오[34]

위의 찬은 「욱면비(郁面婢) 염불서승(念佛西昇)」조에 개입되고 있는 욱면에 대한 찬양이다. 이 「욱면비 염불서승」조는 신라 경덕왕 때 아간(阿干) 귀진(貴珍)의 여종인 욱면(郁面)이 염불을 통해 등천(登天)한 이야기다. 욱면은 주인을 따라 절에 가면 늘 염불을 하였다. 그러자 주인이 그녀가 자기 직책을 잘 못한다고 하며, 그녀에게 하루 저녁에 곡식 두 섬씩을 찧게 하였다. 그럼에도 욱면은 서둘러 초저녁이면 벌써 방아를 다 찧고는 절에 와서 밤늦도록 염불을 하였다. 그러던 그녀는 마침내 진신(眞身)으로 변하여 등천하게 된다. 이러한 서사 내용을 시적으로 압축한 것이 바로 위의 찬이다.

이처럼 『삼국유사』 소재의 찬은 서사 문미(文尾)에서 선행 서사 내용을 시적으로 압축하고 있는 것이다. 이러한 찬의 문학적 기능은 찬이 기본적으로 중송적 속성을 지니고 있기 때문에, 『삼국유사』에 개입되고 있는 모든 찬이 태생적(胎生的)으로 가질 수밖에 없는 본질적 기능인 것이다. 이렇듯 선행의 서사 내용과 말미 운문인 찬은 친연적이고 상보적인 관련성을 가진 존재인 것이다.

---

34) 西隣古寺佛燈明　春罷歸來夜二更　自許一聲成一佛　掌穿繩子直忘形(367면)

2) 신앙적 감명의 시적 찬양

『삼국유사』 소재의 찬이 지닌 특징 중의 하나는 이 문장 양식이 불격(佛格)이나 고승대덕(高僧大德)에 대한 찬자 자신의 신앙적인 감명과 찬양을 시화(詩化)하고 있는 운문이라는 점이다.[35] 다음에는 『삼국유사』 속에서 찬자의 신앙적 감명을 시적으로 찬양하는 문학적 기능을 수행하고 있는 찬의 구체적인 모습을 살펴보기로 한다.

> 초원에 사냥하고, 침상 머리에 누웠고
> 술집에서 노래 부르고, 우물 속에 잠 이루더니.
> 신 한 짝 남겨 두고, 허공을 날아 어디로 갔나.
> 한 쌍의 지중한, 불 속의 연꽃이여.[36]

위의 예문은 「이혜동진(二惠同塵)」조의 서술 체재에 개입되어 있는 찬이다. 이 서사물은 세속에서 생활하면서도 영험적인 이적(異蹟)을 많이 보인 혜숙과 혜공 두 고승의 이야기를 담고 있다. 찬자는 이러한 두 고승의 영적(靈迹)을 찬의 1구(句)에서 3구까지를 통해 시적으로 압축·표현하고 있으며, 마지막 4구에서는 그 두 고승을 '한 쌍의 지중한 불 속의 연꽃'이라고 예찬하면서 두 고승에 대한 자신의 신앙적 존경심을 시적으로 형상화하고 있는 것이다.

이처럼 불교적인 대상에 대한 찬자의 신앙적 감명과 찬양을 찬을 통해 드러내고 있는 양상은 『삼국유사』에 개입되어 있는 찬이 공통적으로 보여 주는 바다. 『삼국유사』에 개입되어 있는 7언 절구(絶句) 형태의 한

---

35) 소재영, 앞의 논문, 78면 참조
36) 草原縱獵床頭臥 酒肆狂歌井底眠 隻履浮空何處去 一雙珍重火中蓮(317면)

찬(漢讚)은 모두 불상(佛像)·불탑(佛塔)·사리(舍利) 등 불격에 대한 찬자의 지극한 신앙심과 학덕(學德)·도력(道力)·영험이 뛰어난 고승대덕에 대한 찬자의 지극한 존경심을 문학화한 일종의 종교적 찬양시(讚揚詩)인 것이다.

3) 종교적 상징의 시적 형상화

『삼국유사』 소재의 찬은 불교적 사실이나 그 영험을 예찬·찬송하는 불교적 운문이요, 종교시(宗敎詩)다. 종교시란 그 용어 자체의 의미로는 교화(敎化)의 목적을 위한 시를 뜻하겠지만, 교화만을 목적으로 하면 문학에서는 멀어지고, 사실상 교의(敎義)에 불과하게 된다.37) 따라서 찬도 주제의식으로는 불교적 목적성을 표방하고 있지만, 그 표현에 있어서는 시적 문학성을 지니지 않을 수 없는 것이다.

더구나 『삼국유사』 소재의 찬은 선행하는 서사 내용을 요약·압축하고 시화(詩化)해야 하기 때문에 고도의 시적 함축미(含蓄美)를 지니지 않을 수 없게 된다. 『삼국유사』 소재의 찬은 이러한 시적 함축을 위해 상징적(象徵的) 표현으로 선행 서사 내용을 형상화하기도 하는데,38) 주로 불교적인 매개체를 통한 상징화가 이루어지고 있다.

흔히 종교시에서는 상징의 기법이 많이 나타난다. 종교문학이 제시하고자 하는 신적(神的) 존재·신비와 경외(敬畏)·피안의식(彼岸意識) 등에 대한 직접적인 묘사가 사실상 불가능하기 때문에, 종교시는 이처럼 구체

---

37) C. I. Glicksberg, Literature and Religion, 최종수역, 『문학과 종교』, 성광문화사, 1981, 92면 참조
38) 고경식, 앞의 책, 198~201면 참조

적으로 형상화하기 어려운 종교적·신비적 사실을 유추(類推)·우회적(迂廻的)인 표시·암시(暗示)·역설(逆說)·애매성(曖昧性)·상징성(象徵性) 등의 기법에 의존해 표현해 내고 있는 것이다.[39] 이와 같이 종교문학은 일차적으로는 종교적인 목적의식에서 창작되기 때문에 그 종교의 사상이나 신앙에 기초하게 되지만, 그러나 종교문학도 문학인 이상은 종교와 문학이라는 이질적인 요소의 조화를 이루어야만 하는 것이다.[40]

『삼국유사』 소재의 찬에서도 이 같은 종교적인 상징은 다양하게 형상화되고 있는데, 그 중에서도 두드러지게 나타나고 있는 것은 달(月)이다. 달은 원시신앙에서도 여성적 의미를 지닌 생명력의 원천이나,[41] 또는 원형적(原型的)인 행위를 반복하는 영원회귀(永遠回歸)의 존재로 간주되던[42] 신앙의 대상이었다. 이러한 신비의 대상인 달은 불경에서는 흔히 불타(佛陀)로 비유된다. 잘 아는 바와 같이, 달이 불교적 상징으로 표현되고 있는 양상은 향가(鄕歌)에서도 나타나는데, 달은 찬에서도 불타(佛陀)나 불보살(佛菩薩)의 정신을 표현하는 불교적 상징물로 등장한다.

우선 달이 불타의 상징물로 형상화되고 있는 예를 찾아 그 구체적인 모습을 제시해 보기로 한다.

> 향 태우고 부처 모셔, 새 그림을 그렸으니.
> 공양하는 스님들이, 옛 벗을 부르도다.
> 이로부터 비파암, 그 위에 달빛이.
> 때때로 구름 덮혀, 연못에 더디 이르도다.[43]

---

39) 최종수 역, 앞의 책, 99면 참조
40) 황패강, 앞의 책, 12~13면 참조
41) C. G. Jung, The Collected Works Vol.5, 317~318면 참조
42) M. Eliade, Cosmos and History, 정진홍역, 『우주와 역사』, 현대사상사, 1976, 128면 참조

위의 찬은 「진신수공(眞身受供)」조에서 인용한 것이다. 이 찬은 효소왕 (孝昭王)이 낙성회(落成會)를 개설하고 재(齋)를 올리는 중에 비파암(琵琶嵓) 에 주석(住錫)하고 있던 진신 석가를 누추하다고 몰라보았다가 후에 크 게 깨달았다는 선행 서사 내용을 시적으로 압축하고 있다. 여기서 '비파 암'의 달빛은 진신의 석가를 가리키는 것으로서, 무명(無明)을 밝히는 지 존(至尊)의 존재인 불타의 상징물인 것이다.

『삼국유사』 소재의 찬에서 불보살(佛菩薩)의 정신을 관념적으로 추상 화한 상징물로 달이 등장하고 있는 경우도 어렵지 않게 찾아볼 수 있다.

> 하늘이 만월(滿月)을 단장하여, 사방에 흩어 두었을 제.
> 땅에서 솟구친 털이, 하룻밤에 열렸도다.
> 기묘한 솜씨로서, 만불을 아로새겼으니.
> 요컨대 진풍으로 하여금, 이 누리에 골고루 불리라.44)

위의 예문은 「사불산(四佛山) 굴불산(掘佛山) 만불산(萬佛山)」조에서 인 용한 찬이다. 이 서사 조항은 하늘로부터 떨어진 사면 방장에 사방여래 (四方如來)를 조각한 사불산, 땅 속에서 파낸 사면에 사방불(四方佛)이 새 겨져 있는 굴불산, 구슬과 옥을 쌓아 가산(假山)을 만들고 수많은 부처를 앉힌 만불산 등에 대한 기록이다. 이들을 찬양하고 있는 위의 찬 속에 보이는 만월(滿月)은 전혀 모남이 없이 둥근 원상(圓像)의 대상체로서, 조 금의 부족함이 전혀 없는 원만구족(圓滿具足)의 불보살(佛菩薩)의 정신을 상징적으로 형상화하고 있는 것으로 보아진다.

이와 같이『삼국유사』소재의 찬에서 달이 불타나 불보살의 상징물로

---

43) 燃香擇佛看新繪 辦供齋僧喚舊知 從此琵琶岩上月 時時雲掩到潭遲(374면)
44) 天粧滿月四方裁 地湧明毫一夜開 妙手更煩彫萬佛 眞風要使遍三才(236면)

형상화되고 있는데 비해, 승려를 상징하고 있는 불교적 상징물로는 용
(龍)이 사용되고 있다. 원래 불경에서의 용은 법행룡(法行龍)으로서의 의
미를 지니고 있는데,45) 찬에서의 용은 주로 고승대덕(高僧大德)의 상징물
로 활용되고 있는 것이다. 다음에는 용이 고승의 상징물로 형상화되고
있는 구체적인 모습을 찬에서 찾아보기로 한다.

> 불교는 넓디 넓어, 바다처럼 가이 없고
> 유와 도는 냇물 같아, 바다를 조종 삼네.
> 가소롭다 고구려 임금, 진탕에 집 세우고
> 큰 바다 모르는 채, 한갓 용만 누웠도다.46)

　위의 찬은 「보장봉로(寶藏奉老) 보덕이암(普德移庵)」조에 수록되어 있
다. 이 서사물은 보덕화상(普德和尙)이 반룡사(盤龍寺)에서 거하다가 좌도
(左道)가 들어와 정도(正道)와 맞서면 국조(國祚)가 위태로울 것을 민망히
여겨 여러 차례 보장왕(寶藏王)에게 간언하였지만 이것이 들어지지 않자,
그가 신통력으로 방장(方丈)을 날려 완산주(完山州) 고대산(孤大山)으로 옮
겨가게 한 일련의 서사 사건을 기술하고 있다. 위의 찬은 이런 선행 서
사 내용을 시적(詩的)을 압축하여 찬양한 운문인데, 여기에 등장하는 '누
운 용(臥龍)'은 곧 보덕화상을 가리킨다.

> 깊은 소에 용이 졸더니, 이 어찌 범연하리.
> 떠날 때의 한 곡조, 많은 것이 사라지네.
> 생사가 괴롭다 하나, 본시 괴로움 아니어라.

---

45) 김영태, 「용신설화의 사상성」, 『삼국유사와 문예적 가치해명』, 새문사, 1982, 86면
　　참조
46) 釋氏汪洋海不窮 百川儒老盡祖宗 麗王可笑封沮洳 不省滄溟徒臥龍(219면)

화장과 부휴는, 그 세계 넓디 넓도다.[47]

『삼국유사』에는 과부의 자식으로 태어나 열두 살이 되도록 말을 못하던 사복이 그의 모친이 세상을 떴을 때, 그 시신과 함께 연화장계(蓮花藏界)로 들어간 이야기가 수록되어 있다. 이 서사 조항이 「사복불언(蛇福不言)」이다. 위에 인용해 놓은 찬은 이 이야기 말미에 붙어 있다. 그런데 이 찬 속에서 사복은 '연묵룡(淵默龍)'으로 상징화되고 있는 것이다.

달이나 용과 같이 구체적인 대상물이 아닌 봄(春)이 찬 속에서 불교적 상징물로 묘사되고 있기도 하다. 이런 예는『삼국유사』 소재의 찬 속에서 쉽게 찾아볼 수 있다.

> 숲 헤치고 바다 건너, 연기와 티끌 무릅쓰고
> 지상문이 열리자, 보배 구슬 받았도다.
> 잡화를 캐어다가, 고국에 심었으니.
> 종남과 태백산이, 한 빛이 봄일러라.[48]

위의 찬은 「의상전교(義湘傳教)」조에서 인용한 것이다. 이 찬에서 봄이라는 시간적 배경은 의상에 의해 화엄이 시작됨을 형상화하고 있는 문학적 장치다. 이 같은 봄의 시간적 상징성은 신라에 불교가 전래되는 과정을 그리고 있는 「아도기라(阿道基羅)」에 개입된 찬에서도 드러난다.[49]

> 금교에 눈이 에워싸, 얼어서 녹지 않으니.
> 계림의 봄빛이, 돌아오지 않았도다.

---

47) 淵默龍眠豈等閑 臨行一曲沒多般 苦兮生死元非苦 華藏浮休世界寬(333면)
48) 披榛跨海冒烟塵 至相門開接瑞珍 采來雜花栽故國 終南太伯一般春(331면)
49) 고경식, 앞의 책, 198〜199면 참조

가히 어여뻐라, 청제는 재주가 많아.
모랑의 집 매화에, 가장 먼저 피었도다.[50]

이상에서 살펴본 바와 같이,『삼국유사』소재의 찬은 달, 용, 봄 등 다양한 종교적 상징물들을 적절하게 이용하면서 찬자의 신앙적인 감흥은 물론 종교적인 신심(信心)을 효과적으로 표출해 내고 있는 것이다. 이런 점에서『삼국유사』소재의 찬은 그 자체로서도 문학성이 뛰어난 종교시라고 하겠다.

4) 주관적 논평의 시적 표현

『삼국유사』소재의 찬이 지닌 또 하나의 문학적인 기능은 불교적 현상에 대한 찬자의 주관적인 논평(論評)을 찬에 담아내고 있다는 점이다.

천산에 날고 기는, 새 짐승을 놓아주고
사해의 돼지와 물고기, 어진 혜택 입었도다.
성군이 이제 갑자기, 돌아갔다 욕되게 마오
상방 도솔천에는, 한창 꽃다운 봄이라오[51]

위의 인용문은 금살령(禁殺令)을 내린 백제 법왕(法王)을 찬양·찬미하고 있는 찬으로, 「법왕금살(法王禁殺)」조의 서사 문맥 속에 개입되어 있다. 찬자는 이 찬을 통해, 조서를 내려서 모든 살생을 금지케 하고, 민가

---

50) 雪擁金橋凍不開　雜林春色未全廻　可怜靑帝多才思　先着毛郎宅裏梅(206～207면)
51) 詔寬狴狱千丘惠　澤洽豚魚四海仁　莫道聖君輕下世　上房兜率正芳春(214면)

(民家)에서 기르는 새매를 놓아주게 하며, 어렵(漁獵)에 사용되는 도구를 불태우게 한 법왕의 행적을 기리며, 동시에 그의 공덕(功德)을 예찬하는 자신의 주관적인 논평을 드러내고 있는 것이다.

기실 앞에서 언급한 것처럼, 찬은 불격이나 고승에 대한 찬자의 종교적인 신심과 신앙적인 존경심이 담긴 글이다. 따라서 그 찬 속에는 찬양의 대상인 불격의 영이성과 신성성, 고승의 영험성과 신통력 등 불교적 현상을 대하는 찬자의 주관적 느낌이나 판단이 스며들기 마련이다. 찬자는 이러한 자신의 주관적인 느낌과 판단을 바탕으로 불격과 고승의 영이와 공덕에 대하여 예찬하고 있는 것이다. 이처럼 찬자의 주관적 논평에 기초하여 찬양·찬송되고 있는 것이 바로 찬인 것이다.

『연화경(蓮華經)』 외우는 것을 업으로 삼으며, 세상 생각을 잊고 산 속에서 은거하다 생을 마친 혜현(惠現)의 승려적 삶에 대한 찬자의 주관적 생각을 엿볼 수 있는 찬을 「혜현구정(惠現求靜)」조에서 인용·소개해 보면 다음과 같다.

> 파리채로 경을 전함, 한 마당에 게을러.
> 지난해엔 맑게 외며, 구름 속에 숨었도다.
> 풍전에 남은 청사, 그 이름이 멀리 전하니.
> 불 탄 뒤 붉은 연꽃, 혀 끝에 꽃답도다.[52]

이상에서 살펴본 것처럼『삼국유사』소재의 찬은 서사물에 개입하여 여러 문학적인 기능을 발휘하고 있다.『삼국유사』소재의 찬은 우선적으로 중송적(重頌的) 불교 운문으로서, 선행의 서사 내용을 효과적으로 압축한 불교시(佛敎詩)의 기능을 지닌다. 또한 이 찬은 찬자의 신앙적인

---

52) 塵尾傳經倦一場 去年淸誦倚雲藏 風前靑史名流遠 火後紅蓮舌帶芳(396면)

감명을 시적으로 찬송·찬미하는 찬양시(讚揚詩)의 기능을 발휘하기도
한다. 그리고 이 찬은 종교적인 상징을 적절하게 시적으로 형상화한 종
교시(宗敎詩)로서의 면모도 제대로 갖추고 있다. 뿐만 아니라 이 찬은 다
양한 불교 현상에 대한 찬자의 주관적인 논평을 담아내는 문학적 용기
(容器)이기도 하다. 이처럼 『삼국유사』 소재의 찬이 지니는 문학적 기능
은 다양하며, 그 의미 역시 중시할 만하다 하겠다. 그리고 이런 점은 찬
에 대한 논의의 필요성을 보여주는 바다.

5. 찬의 변문적 속성

앞에서 살펴보았듯이, 『삼국유사』 소재의 서사물에서 운문으로서의
찬은 선행하는 산문적인 서사 내용과 불가분의 관련성을 지닌다. 이처럼
운문과 산문이 상보적(相補的)인 위치에 있으면서, 서로 교직(交織)되어
하나의 완결된 서사 구조를 이루는 방식은 변문(變文)이 지닌 일반적인
특질이기도 하다.

잘 아는 바와 같이, 변문이란 중국에서 당대(唐代)에 성행을 본 문학
양식으로 중국문학사에서 중시되고 있는 문학 장르다. 원래 이 변문은
속강(俗講)에서 비롯되고 있는데, 속강은 불경의 해설을 그 목적으로 하
여 불경고사(佛經故事)를 강설(講說)하고 가창(歌唱)하던 것이 점차 불경과
무관한 내용으로 통속화가 이루어진 강경의식(講經儀式)을 말한다. 그런
데 이러한 속강의 대본격(臺本格)인 변문은 문체 면에서 산문과 운문이
유기적으로 결합되는 산운교직(散韻交織)의 특징적인 면모를 보여 주고
있는 것이다.[53)]

　물론 변문 중에는 그 전문(全文)이 산문(散文)으로만 구성되거나 또는 운문(韻文)으로만 구성되어 있는 경우도 있기는 하다. 그러나 이러한 형태가 변문의 일반적인 문체적 모습은 아니며, 역시 전형적이고 완정(完整)된 변문의 형식은 산문과 운문이 유기적으로 결합되어 있는 형태라 하겠다. 이러한 산운교직(散韻交織)·시문결합(詩文結合)의 문체적 특징을 지닌 문학 양식이 바로 변문인 것이다.54)

　이런 점에서 찬은 변문과 비교될 수 있는 여지를 지니게 된다. 다음에는 이들 양자의 비교를 통해 찬이 지닌 변문적 속성을 구체적으로 밝혀 보기로 한다.

1) 문체의 유사성

　찬과 변문의 첫 번째 유사점은 양자의 문체가 보여 주는 시문결합(詩文結合)·산운교직(散韻交織)의 양상이다. 이미 언급한 바 있듯이, 변문은 산문과 운문이 유기적으로 결합하여 하나의 서사 구조를 완결하고 있는 문학 양식이다. 일반적인 글에서 산문과 운문의 혼용은 산문이 서(序)가 되고 운문이 본문(本文)이 된다거나, 혹은 운문이 기(起)가 되고 산문이 본(本)이 되는 방식을 취하고 있음에 비하여, 변문에서는 운문과 산문이 자유스럽게 조화를 이루며 전체의 본의(本意)를 구성한다.55)

　그런데 이 변문이 산문과 운문을 결합하는 방식에는 크게 다음의 세 가지 종류가 있다. 그 첫째는 먼저 산문으로 어떤 사실을 설명하고 운문

---

53) 徐訏, 『小說彙要』, 正中書局, 1974, 146면 참조
54) 白化文, 「什麼是變文」, 『돈황변문논문록』, 明文書局, 臺北, 442면 참조
55) 김운학, 『신라불교문학연구』, 현암사, 1976, 339~340면 참조

으로 다시 이를 반복하는 방식이며, 둘째는 먼저 산문으로 기술하고 다시 운문으로 사실을 상술(詳述)하는 방식이며, 셋째는 산문과 운문의 연결에 법칙이 없는 방식이다.56) 변문이 보여 주는 이러한 산문과 운문의 결합 방식 중 찬을 수용하고 있는『삼국유사』소재 서사물들은 전술한 바, 기본형이든 변형, 복합형이든 공히 첫째 방식 즉 어떤 사실을 산문으로 먼저 서술하고 난 후, 이 선행 서사 내용을 운문으로 다시 요약·압축하는 방식을 따르고 있다.

변문이 이처럼 산문으로 어떤 사실을 길게 서술·강설한 다음에, 이 내용을 운문으로 다시 반복·가창하는 데에는 독자·청자의 이해를 돕고자 하는 의도가 담겨져 있다고 보아진다.57) 이와 마찬가지로『삼국유사』의 찬도 선행 서사 내용을 운문 형식인 찬으로 반복함으로써 독자의 이해를 도와주는 문학적 장치이기도 하다.

이러한 시문결합·산운교직의 문체 양식에서 운문이 산문으로 확대·부연되었는지, 아니면 산문이 운문으로 요약·축소되었는지 그 구체적인 사실을 밝히기는 쉽지 않아 보인다. 물론 이 두 경우가 다 가능한 것도 사실이다. 그런데 변문이 기본적으로 운문을 산문으로 확대·부연한 듯한 전후 관계를 지닌다는 점으로 미루어 볼 때,58)『삼국유사』소재 서사물의 경우에도, 물론 다 그런 것은 아니라 하더라도, 부분적으로 이런 경우도 있었으리라 가정해 볼 수는 있겠다. 이러한 추정은 앞에서 살펴 본 바 있듯이, 찬을 개입하고 있는 서사 조항의 제명이 찬을 근거로 붙여진 듯한 인상이 짙다는 사실을 고려할 때, 전혀 불가능한 것만은 아니라 하겠다.

---

56) 邱鎭京,『돈황변문술론』, 臺北商務印書館, 1974, 83～88면 참조
57) 구진경, 앞의 책, 83면 참조
58) 구진경, 앞의 책, 85면 참조

이와 같이 찬이 개입되어 있는『삼국유사』소재 서사물의 시문결합·산운교직의 문체는 변문의 그것과 유사한 것이 사실이다. 그리고 이러한 문체적 유사성은 찬이 변문적 속성을 지닌 문장 양식임을 보여 주는 하나의 중요한 단서라 하겠다.

2) 운문 형식의 유사성

찬과 변문의 두 번째 유사점은 운문 형식의 일치 양상이다. 일반적으로 변문에 등장하는 운문은 7언·5언·6언 형식이 다양하게 나타나며, 구(句)에서도 4구·8구 등 다양한 양식이 보인다. 이처럼 변문에서는 운문의 격식을 크게 문제시하지는 않았는데,[59] 그러나 그 중에서 7언의 운문 형식이 가장 보편적으로 나타나고 있다. 7언 다음으로는 7언과 3언이 섞인 형식이 주종을 이루는데 이것은 7언 형식의 변화로 보이며, 6언·5언 등의 운문 형식은 극히 적은 양이 보일 뿐이고, 아주 희귀하지만 3·4·5·6·7언이 혼합된 형식이 보이기도 한다.[60] 이처럼 변문의 운문 형식은 다양성을 보여 주지만, 그러나 그중 7언 형식이 가장 보편적인 형태라 하겠다.

변문의 운문 형식이 보여 주는 이 같은 7언 위주의 특징은『삼국유사』의 찬에서도 공통적으로 나타난다.『삼국유사』에 수록되어 있는 찬 역시 모두가 7언의 형식을 취하고 있는 것이다.『삼국유사』속에는「전후소장사리(前後所將舍利)」조에 작자 미상의 한 편의 찬이 보인다. 그런데 이 찬은 일연(一然) 소작의 찬의 형식과는 달리 4언의 형식을 취하고

---

59) 김운학, 앞의 책, 340면 참조
60) 구진경, 앞의 책, 76~83면 참조

있다. 이런 점으로 보더라도, 『삼국유사』에 수록된 일연의 찬은 변문에 등장하는 7언 위주의 운문과 형식면에서 친연성을 지닌다고 하겠다.

물론 이 7언의 운문 형식은 변문에서 뿐만이 아니라 우리의 한시(漢詩)에서도 보편적인 형식이다. 기실 이 7언시는 우리 한시 작품 중 양적으로 가장 풍부한 양상을 보여 준다.[61] 그러나 『삼국유사』 소재의 찬이 보여 주는 7언의 운문 형식은 이 한시의 형태보다는 변문의 운문 형식과 더 친연적인 관계에 있다고 보는 것이 타당하다.

『삼국유사』 내에는 찬 이외에도 다양한 양식의 운문이 보인다. 그 중 찬이 붙어 있는 서사물의 경우만을 보더라도, 이들 서사물 속에는 찬 이외에도 향가를 비롯하여 사(詞) · 시(詩) · 계(誡) · 계(戒) · 게(偈) · 가(歌) · 해(解) · 음(吟) 등 여러 명칭의 운문 양식들이 삽입되어 있다. 이러한 운문들의 형식을 보면 5언과 4언의 경우도 있긴 하지만, 그 대부분은 7언의 형식으로 되어 있다. 이로 보아 이들 운문 양식도 변문과 형식면에서 유사성을 지니고 있음을 알 수 있다. 또한 찬 이외의 운문 양식 명칭들도 변문에서 보이는 바인데, 예를 들면 변문의 운문 양식 명칭에서도 시(詩) · 게(偈) · 음(吟) 등을 찾아볼 수 있다. 이런 점 역시 『삼국유사』에 삽입되어 있는 운문들이 변문과 무관하지 않음을 보여 주는 예라고 볼 수 있겠다.

이처럼 『삼국유사』 소재의 찬을 비롯한 운문 양식들은 변문 중의 운문과 형식적인 면에서 대체로 일치하고 있다. 이러한 점 역시 찬이 변문적 속성을 지닌 문장 양식임을 보여 주는 또 하나의 단서라고 하겠다.

---

61) 민병수, 「한문소설의 삽입시에 대하여」, 『한국고전산문연구』, 동화문화사, 1981, 70면 참조

3) 속강과의 관련성

변문이 속강(俗講)과 밀접한 관련성을 맺고 있다는 것은 주지의 사실이다. 잘 아는 바와 같이, 속강은 불교의 교의(敎義)를 널리 알리기 위한 일종의 대중 포교의 한 형식으로서, 변문이 출현하는데 있어서의 결정적인 계기 구실을 하였다. 앞에서도 잠시 언급하였듯이, 속강은 신불 청중의 관심과 흥미를 유발하고 대중 포교의 효과를 높이기 위해, 전문적인 설법(說法)의 내용과 방법을 통속적인 방향으로 변화시켜 진행된 의식이다. 즉 속강은 정식(正式)의 강경의식(講經儀式)과 기본적으로 추구하는 바는 상통하지만, 엄격하게 경의(經義)를 탐색해 가는 그 의식과는 달리 서사문학성이 강한 경전 내의 고사(故事)를 뽑아 그것을 주로 설법의 소재로 활용하는 의식인 것이다.

이처럼 속강이 대중 포교의 효과를 극대화하기 위해 설법의 내용을 통속화하였기 때문에 중국의 경우 당대(唐代)에 많은 사람들이 이를 즐겨 듣게 되었고, 그리하여 속강은 크게 성행하게 되었던 것이다.[62] 변문은 바로 이런 속강에서 사용하는 대본(臺本)이다.

이러한 속강을 행하는 불승(佛僧)을 일컬어 속강승(俗講僧)이라 한다. 이 속강승은 신불 대중을 불교의 심오한 이치로 이끌기 위해 불경의 경의(經義)를 통속화하기도 하고, 또는 불경 중에서 문학적인 의미를 강하게 지니고 있는 고사를 취해 설법의 소재로 활용하게 된다. 이 때 속강승은 때로는 강설(講說)하고 때로는 가창(歌唱)하면서 설법을 진행하는데, 그리하여 그 대본인 변문의 문체도 위에서 살펴보았듯이, 산문과 운문이 유기적으로 결합되어 있는 모습을 지니고 있는 것이다.

---

62) 王慶菽, 「試談變文的産生和影響」, 『돈황변문논문록』, 명문서국, 265면 참조

찬과 이것이 수록되어 있는 서사물은 이미 검토한 바처럼 시문결합·산운교직의 문체적인 측면이나 7언 중심의 운문 형식면에서 변문의 그것과 매우 유사하다. 이러한 사실은 찬과 찬을 부기하고 있는 서사물이 변문의 경우처럼 대중 교화를 위한 설법의 소재·대본으로 활용되었을 수도 있다는 가능성을 보여주는 바이기도 하다.

속강에 대한 실제의 기록은 보이지 않지만, 신라와 고려를 중심으로 하여 다양하게 행해진 각종의 강경법석(講經法席)은 그 법석 개설의 발원(發願)과 보시자(布施者)의 계기, 그리고 주재법사(主宰法師)와 무대·내용 등에서 속강의 모습과 유사·상통하고 있다는 사실이 이미 학계에 보고된 바 있다.63) 따라서 『삼국유사』가 편찬되던 당시에는 이미 중국의 속강 형식을 수용하여 신불 대중들에게 불교의 교의를 알기 쉽게 전달하는 대중 포교의 방식이 전개를 보았을 것이며, 그러한 대중 포교의 현장에서 속강승적인 모습의 설법승에 의해 강설과 가창이 교차하는 설법이 행해졌을 것으로 짐작된다. 『삼국유사』 속의 서사물들은 그러한 대중 포교의 자리에서 설법의 대본 구실을 담당하기에 충분한 작품 면모를 지니고 있는 것이다.64)

기실 『삼국유사』의 서사물들은 산문과 운문을 적절하게 섞어 가며 서술되어 있으며, 불교적 주제의식과 포교적 목적성도 강하게 지니고 있다. 이런 점으로 보았을 때, 이들 서사물들은 대중적이고 통속적으로 진행되던 한국적 속강의 설법 현장에서 그 대본으로 행세했을 가능성은 커 보인다. 특히 찬을 개입시키고 있는 서사물들은 모두 불(佛)·법(法)·승(僧) 삼보(三寶)와 관련된 신앙적인 서사물이며, 동시에 그 삼보의 영

---

63) 사재동, 「불교계 서사문학의 연구」, 『어문연구』 제12집, 어문연구회, 1983, 151~168면 참조.
64) 사재동, 앞의 논문, 174~175면 참조.

이(靈異)와 영험(靈驗)을 강조하는 서사물이기 때문에 신불 대중의 관심과 흥미를 끌어내고 불교 교의를 전달하는데 효과적인 서사 성격을 가지고 있다. 이런 점에서 이들 서사물들이 설법에 활용되었을 여지는 더욱 크다고 하겠다.

이상에서 살펴본 바와 같이, 찬을 부기하고 있는『삼국유사』소재의 서사물들은 시문결합의 서술 문체나 삽입 운문의 형식 그리고 속강적 성격 등에서 변문과 상당히 흡사한 면모를 보여 주고 있다. 이들 서사물이 지닌 이러한 변문적 속성은 찬의 성격 구명에 있어서는 물론이거니와 찬이 끼어 들어 있는 서사물의 실체 구명을 위해서도 주목되어야 할 점이라 보아진다.

그런데 찬이 변문적 속성을 지니고 있다는 점을 주목할 때,『삼국유사』의 서사물들은 이 찬의 부기 유무(有無)에 따른 변문식(變文式) 구분도 가능해 보인다. 일반적으로 변문은 그 내용에 따라 불경고사(佛經故事) 변문과 사전고사(史傳故事) 변문으로 양분된다. 그런데 전자의 변문은 대체적으로 산문과 운문이 유기적으로 결합되는 문체 양상을 보여 주는데 비해, 후자의 변문은 산문과 운문의 결합 양상도 보이기는 하지만 순산문체(純散文體)나 대화체(對話體)를 취해 산문성(散文性)이 강화되고 있다.65) 『삼국유사』소재의 서사물도 앞에서 검토하였듯이, 역사적 성격의 기사를 다루고 있는 서사물과 불교적 성격의 기사를 다루고 있는 서사물로 이대분되는데, 역사적 서사물에는 기본적으로 찬이 개입되고 있지 않으며 불교적 서사물에는 찬이 집중적으로 개입되고 있다.

『삼국유사』에 수록되어 있는 서사물들이 보여 주는 이러한 양상은 변

---

65) 구진경, 앞의 책, 66~73면 참조

문이 보여 주는 양상과 그대로 일치한다. 이런 점에서『삼국유사』소재의 역사적 서사물과 불교적 서사물을 변문의 사전고사(史傳故事) 변문과 불경고사(佛經故事) 변문의 측면에서 고찰해 볼 필요도 있다 하겠다.

6. 맺음말

이상에서 본고는『삼국유사』소재의 찬이 지닌 변별적인 자질과 서사 구조 내에서의 위상 그리고 찬이 지닌 문학적인 기능과 아울러 변문적인 속성 등에 대해 검토해 보았다. 지금까지 논의된 내용을 요약·정리하여 결론을 삼고자 한다.

『삼국유사』의 전편(全篇)에는 모두 44개 항목에 총 48편의 일연(一然) 소작의 찬이 보인다. 이들 찬은 흥법(興法) 이하의 불교적 편목(篇目)에 집중되어 있는데, 이러한 현상은 자의적(恣意的)인 것이 아니라 찬자의 계획적인 의도에 따른 결과로 보아진다. 특히 불교적 내용을 지닌 서사물들은 그 서사 내용이 극히 단편적이거나 또는 동일한 내용의 반복적인 서술인 경우를 제외하고는 거의 대부분이 서사 문미(文尾)에 찬을 붙이고 있다. 이러한 점은 찬이 역사적인 내용의 서사물과 불교적인 내용의 서사물을 구별시켜 주는 하나의 기준이 될 수 있음을 보여주는 바라 하겠다.

서술 체재상 찬을 기본 요건으로 하고 있다 보아지는 불교적인 내용의 서사물들은 승전적(僧傳的) 성격의 서사물과 불격적(佛格的) 성격의 서사물로 양분된다. 승전적 서사물은 고승대덕이나 호법왕(護法王) 등 성자적(聖者的) 존재의 사적이며, 불격적 서사물은 불타의 다양한 상징적인 형상에 대한 서술이다. 이처럼 불교적인 내용의 서사물들이 서사하고 있는 인격체(人格體)나 불격체(佛格體)는 모두 숭배와 찬양 대상이다. 따라서 이런 신앙적 대상의 서사물에 찬자의 신앙심과 존경심의 표현인 찬이 개입되고 있는 것은 필연적인 귀결이라 보아도 무방하다 하겠다.

『삼국유사』 소재의 찬은 중송적(重頌的) 성격의 불교 운문으로서 선행 서사 말미에 위치함을 원칙으로 한다. 찬이 개입되고 있는 『삼국유사』 소재 서사물의 대다수는 이러한 서사 형태를 취하고 있다. 이처럼 서사 기록의 말미에 선행 서사 내용을 종합적으로 요약하는 찬이 붙어 있는 형태가 찬을 수용하고 있는 서사물의 기본 구조다. 그런데 표면적인 서사 구조에서 찬이 개입되고 있는 양상은 이러한 기본 구조를 근간으로 하여 여러 변모 양상을 보여 준다.

『삼국유사』 소재 서사물에 찬이 수용되고 있는 보편적인 형태는 서사 기록의 말미에 한 편 이상의 찬이 붙어 서사 구조가 종결되는 형태다. 이런 유형이 기본형이다. 변형은 이 기본형의 구조가 변모된 형식으로, 선행 산문의 말미에 한 편의 찬이 붙고, 그 뒤에 산문이 후행하는 형태다. 그리하여 이 변형에서는 찬이 전체 서사 구조 중간에 삽입되어 있는 모습을 취하고 있다. 복합형은 기본형의 구조가 두 개 합성된 형태로, 선행 산문의 말미에 찬이 붙고 후행 산문의 말미에 다시 한 편의 찬이 붙는 형태다.

찬은 서사물 속에 개입되어 여러 가지 중요한 문학적 기능을 수행한다. 우선 찬은 선행의 서사 내용을 효과적으로 요약·압축하는 중송적 불교 운문의 기능을 발휘한다. 또한 찬은 찬자의 신앙적 감명을 찬송하는 찬양시로써의 기능을 담당하기도 한다. 뿐만 아니라 찬은 달이나 용, 봄 등 다양한 종교적 상징을 시적으로 형상화하기도 하며, 여러 불교 현상에 대해 찬자의 개인적·주관적인 논평을 담고 있기도 하다. 이처럼 찬은 서사물 속에서 여러 기능을 수행하는 문학적 장치다.

찬은 서사물 속에 개입하여 해당 서사물의 문체적인 모습을 산문과 운문이 유기적으로 결합된 시문결합(詩文結合)의 양상으로 만들고 있다. 이처럼 찬이 개입된 서사물의 서술체재에서 산문과 운문이 긴밀하게 결합되고 있다는 점은 찬이 변문적(變文的) 속성을 지니고 있음을 보여 주는 하나의 의미 있는 예라 하겠다. 중국에서 당대(唐代)에 성행한 변문과 『삼국유사』소재 찬의 관련성은 이외에도 7언 중심의 운문 형식의 유사성, 대중적이고 통속적인 속강적(俗講的) 설법에서 활용되었을 것으로 보이는 대본적 성격의 유사성 등에서도 찾아 볼 수 있다. 찬의 이러한 변문적 속성을 고려할 때,『삼국유사』소재 불교적 서사물과 역사적 서사물은 불경고사(佛經故事) 변문과 사전고사(史傳故事) 변문의 차원에서 검토해 볼 여지도 있다 하겠다.

이와 같이『삼국유사』소재 찬은 그것을 부기하고 있는 서사물의 내용적인 성격을 특징적으로 규정지어 줄 뿐만 아니라 그 서사물의 구조·문체의 주요 특징이기도 하다는 점에서 그 서사문학적 의미를 찾을 수 있다. 따라서『삼국유사』의 찬은 불교 운문으로서의 문학적 연구는 물론이거니와 서사문학적인 차원에서의 검토도 보다 깊이 있게 이루어져야 할 것으로 보아진다.

참고 문헌

고경식, 「삼국유사 '찬' 연구」, 『고려시대 한문학연구(1)』, 집문당, 1995.

김성배, 『한국불교가요의 연구』, 문왕사, 1973.

김영태, 「삼국유사의 체재와 그 성격」, 『논문집』 13, 동국대, 1974.

──────, 「용신설화의 사상성」, 『삼국유사와 문예적 가치해명』, 새문사, 1982.

김운학, 『신라불교문학연구』, 현암사, 1976.

──────, 『불교문학의 이론』, 일지사, 1981.

민영규, 「일연의 선불교」, 『진단학보』 제36호, 진단학회.

사재동, 「불교계 서사문학의 연구」, 『어문연구』 제12집, 어문연구회, 1983.

소재영, 「삼국유사에 비친 일연의 설화의식」, 『숭전어문학』 제3집, 숭전대 국어국
      문학회, 1974.

이종찬, 「고려선시연구」, 한양대 대학원 박사논문, 1984.

인권환, 『고려시대 불교시의 연구』, 고려대 민족문화연구소, 1983.

일 연, 『삼국유사』, 최남선 편, 『증보삼국유사』, 민중서관, 1958.

장덕순, 『한국설화문학연구』, 서울대 출판부, 1970.

홍윤식, 「삼국유사와 불교의례」, 『불교학보』 제16집, 동국대 불교문화연구소, 1979.

황패강, 『신라불교설화연구』, 일지사, 1975.

구진경, 『돈황변문술론』, 대만상무인서관, 1974.

徐 許, 『小說彙要』, 正中書局, 1974.

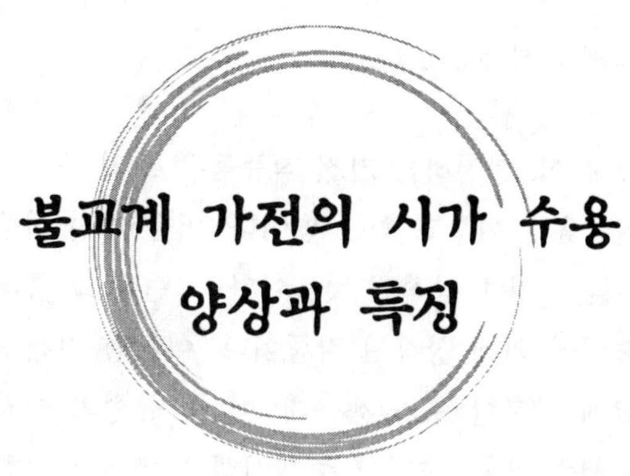

불교계 가전의 시가 수용 양상과 특징

1. 머리말

가전(假傳)은 의인화된 사물의 전(傳)이다. 그런데 이 가전은 허구적인 기법과 소설적인 면모 때문에 우리의 서사문학사에서 중요시되는 서사 양식 중의 하나다. 그리하여 이 서사 양식에 대해서는 그간 학계의 논의 도 적잖이 시도되었고, 그 연구 업적 역시 상당한 수준에 이르고 있다.[1]

---

1) 그간 학계에서 거둔 이 방면의 연구 업적 중 일부를 제시해 보면 다음과 같다.
  신기형, 「가전체문학논고 (상)」, 『국어국문학』 15, 국어국문학회, 1956.
  ──, 「가전체문학논고 (하)」, 『국어국문학』 16, 국어국문학회, 1957.
  이상익, 「가전체문학론에 대한 비판」, 『국어교육』 14, 한국국어교육연구회, 1968.
  조동일, 「가전체의 장르규정」, 『장암지헌영선생화갑기념논총』, 형설출판사, 1971.
  조수학, 「가전연구」, 『어문학』 29, 한국어문학회, 1973.
  ──, 「가전의 편철성」, 『영남어문학』 1, 영남어문학회, 1974.
  ──, 「전문학연구 ― 한국의 탁전 및 가전을 중심으로 ―」, 계명대 대학원 박사논

잘 아는 바와 같이, 현전하는 가전 작품들은 고려 중 말기로부터 상당 수준의 작품 실상을 보여주고 있는 편이다. 이들 가전 작품들은 그 대부분이 일반 문인들에 의해 창작된 것들이다. 그런데 그 중의 일부는 일반 문인이 아닌 승려에 의해 창작된 작품이다. 이처럼 가전 작품은 작가의 신분에 의해 크게 양분할 수 있겠는데, 이 두 유형의 가전 작품들은 그 서사 내용이나 서술 체재, 그리고 주제의식 등에서 상당한 차이를 드러내 보이기도 한다.2) 이런 점에서 가전 작품을 크게 두 유형으로 구분할 수 있는데, 일반 문인에 의해 지어진 작품들을 유교계(儒敎系) 가전이라 한다면, 승려에 의해 만들어진 작품은 불교계(佛敎系) 가전이라 할 수 있겠다.3)

현전하는 가전 작품 중 승려층 작가에 의해 찬술된 불교계 가전은 혜심(慧諶, 1178~1234)의 「죽존자전(竹尊者傳)」과 「빙도자전(氷道者傳)」 그리고 식영암(息影庵)의 「정시자전(丁侍者傳)」 등이며, 또한 이들 작품의 형성

문, 1986.

──, 『한국의 탁전과 가전』, 영남대 출판부, 1987.

안병설, 「고려 가전의 형성과 그 성격」, 『북악한학』 1, 국민대, 1978.

신숙현, 「가전체작품의 소설적 구성에 대한 고찰」, 성신여대 대학원 석사논문, 1980.

고경식, 「가전체 문학논고」, 『고황』 제25호, 경희대, 1980.

양광석, 「가전의 창작동기에 대하여」, 『우리문학연구』, 우리문학연구회, 1981.

신혜수, 「가전의 우의성」, 한국학대학원 석사논문, 1982.

성호경, 「가전체문학의 성격고찰」, 『경남대논문집』 제9집, 1982.

2) 조수학 교수는 일반 문인이 지은 가전은 전형적인 가전임에 비해 승려가 지은 가전은 파격적이고 독창적인 가전이라고 그 성격을 규정하기도 하였다.(조수학, 전문학연구 — 한국의 탁전과 가전을 중심으로—, 계명대 대학원 박사논문, 1986, 179면 참조)

3) 승려가 지은 가전 작품을 칭하는 명칭으로 '불가계(佛家界) 가전'(이채연, 「불가계 고려가전연구」, 『국어국문학』 제22집, 부산대 국어국문학과, 1984 참조), '불교 가전'(정규훈, 「고려 불교 가전고」, 『어문학』 47, 한국어문학회, 1986 참조)이란 용어가 사용되기도 하였다.

시기는 대체로 한국 가전사(假傳史)의 초기에 몰려 있다. 이처럼 불교계 가전은 현전하는 작품의 편수가 극히 영세하고, 시대적으로도 상당히 제한되어 있기 때문에 이들의 존재는 가전 문학에 대한 논의에서 간략하게 취급될 수 있는 소지도 없지 않다. 그러나 현전하는 고려대의 불교계 가전 작품이 유교계의 가전과는 비교되는 독창적인 작품 면모를 보여주고 있기 때문에, 이들 작품 유형에 대해서도 당연히 학계의 관심이 모아져야 하리라 보아진다.

그리하여 그동안 학계 일각에서도 이들 불교계 가전의 서사 내용이나 서술 체재적 특징에 대해 관심을 보인 바가 있고, 그 결과로 이 유형의 작품들이 지닌 특징적인 면모가 부각되기도 하였다.[4] 그러나 종전에 불교계 가전에 대한 문학적 접근에서, 이 서사 양식을 이해하는데 있어서 그 중요성의 비중이 적지 않음에도 불구하고, 소홀히 한 것 중의 하나는 이 작품 유형이 기본적으로 승전적(僧傳的) 작품과 동계의 서사 작품이라는 사실이다. 한국 서사문학사상 일찍이 출발을 본 승전문학은 고려대에 이르러 다수의 작품 양상을 보여주고 있는데, 현전하는 고려대의 불교계 가전은 이러한 당시의 불교 문원(文苑)의 문학적인 분위기와 관련이 있을 것으로 추정하는 일은 어렵지 않다.

이처럼 승전적 작품 면모를 지니고 있는 현전 고려대 불교계 가전의 서술 체재에서 주목되는 바는 운문(韻文) 양식의 개입 양상이다. 현전하는 고려대의 불교계 가전들은 모두 작품 내에 찬시(讚詩)·게송(偈頌)·가송(歌頌) 등 다양한 형식의 시가를 적절하게 수용하여, 이를 작품 구성을 위한 문학적 장치로 활용하고 있다. 현전 불교계 가전의 서술 체재상

---

4) 조수학, 앞의 논문, 179면 참조
   이채연, 앞의 논문, 230~240면 참조
   정규훈, 앞의 논문, 223~226면 참조

의 주된 특징이라고 할 수 있는 이러한 시가의 수용 양상을 구체적으로
살펴보고자 하는 것이 본고의 목적이다.

이를 위해 다음에서는 고려대 불교계 가전의 서술 체재의 실상을 검
토하여 우선 이 서사 양식의 승전적 작품 면모를 부각시키고, 작품 내에
불교 시가가 수용되고 있는 구체적인 실태를 검토하겠으며, 이러한 논의
를 토대로 하여 고려대 불교계 가전의 서술 방식이 지닌 특징에 대해 살
펴보기로 한다.

2. 승전적 작품 성격

1) 의인적 승전의 면모

현전의 고려대 불교계 가전은 그 작가가 승려층 인물일 뿐 아니라, 작
품상의 주인공 역시 비인격체인 사물로 의인화되긴 했으나 영험스러운
행적을 보인 초월적인 승려들이다. 잘 아는 바와 같이, 「죽존자전」은 대
나무를, 「빙도자전」은 얼음을, 그리고 「정시자전」은 지팡이를 입전(立傳)
의 대상으로 삼아 그 가물(假物)에 인격적인 품성을 부여하고 있지만, 이
들의 존재는 본질적으로 존자(尊者)·도자(道者)·시자(侍者) 등 학문과
덕행이 뛰어난 승려로 추앙되는 존재들인 것이다. 이와 같이 고려대의
불교계 가전은 고승대덕(高僧大德)의 품성을 가물에 의탁하여 그들의 영
험스러운 행적을 그려낸 작품으로서, 이들 작품에서 문학적으로 형상화
되고 있는 가물은 궁극적으로는 이상적인 승려상(僧侶像)인 것이다.

일반적으로 전(傳)이라는 양식이 인물을 중심으로 서술되며, 작가가

추구하는 이상적인 인간상의 창조에 역점을 둔다고 할 때,[5] 승려층 작가에 의해 만들어진 불교계 가전이 승려적 품성을 지닌 이상적・초월적인 고승상(高僧像)을 창조해 내고 있다는 사실은 자연스러운 현상이라고 할 수 있겠다. 그것은 작가 자신이 지향하는 이상적인 인간상의 형상화를 위해 우선적으로 입전 대상을 선택할 경우에, 그 대상은 작가 자신의 가치관이나 세계관 또는 종교관 등 주관적인 의지에 따라 결정될 가능성이 크기 때문이다.[6] 이런 점으로 인해 승려층 작가에 의해 만들어진 현전하는 고려대의 불교계 가전이 모두 그 입전 대상을 영험과 덕행을 지닌 이상적인 승려상으로 설정하고 있는 것으로 짐작된다.

  잘 아는 바와 같이, 고승대덕을 입전 대상으로 삼아 그들의 영험스런 일대기를 전기양식(傳記樣式)으로 작품화한 서사 유형은 승전(僧傳)이다. 이 승전은 문헌상의 기록으로 볼 때, 가장 오래된 작품이라고 할 수 있는 김대문(金大門)의 「고승전(高僧傳)」을 비롯하여 『삼국사기(三國史記)』와 『삼국유사(三國遺事)』에 인용된 다수의 자료들을 통해 이미 신라대에 활발하게 형성・유전되고 있었음을 알 수 있다. 또한 고려 초에 이르러 전기적(傳記的) 서사 구조를 지닌 승전 계통의 「균여전(均如傳)」이 찬술되었고,[7] 13세기에는 각훈(覺訓)에 의해서 승사적(僧史的)인 성격을 지닌 『해동고승전(海東高僧傳)』이 찬성된 바 있다. 그리고 이러한 승전의 서사 전통은 이후에도 꾸준히 이어져 한말(韓末)에 이르러 범해사(梵海師)에 의해 『동사열전(東師列傳)』이 출현을 보게 되었다.

---

5) 조수학, 앞의 논문, 19~22면 참조

6) 성기옥, 「전의 장르론적 검토」, 『울산어문논집』 제1집, 울산공대 국문과, 1984, 87면 참조

7) 李承璨, 「均如傳攷」, 『한국상고문학연구』, 제일문화사, 1978 참조
   정하영, 「균여전의 전기문학적 성격」, 『한국언어문학』 제20집, 한국언어문학회, 1981 참조

이와 같이 승전의 문학사적 전개는 신라대 이래로 서사문학의 한 지류(支流)를 형성하게 되었던 것이다. 게다가『삼국유사』에는 인용된 승전 자료 외에도 찬자(撰者)에 의해서 서술된 승전적 서사물이 다수 수록되어 있으며,[8] 승려와 관련된 행장(行狀)이나 비명(碑銘) 역시 승전적 서사 양식과 무관하지 않기 때문에,[9] 승전 양식은 우리의 서사문학사에서 중시되어야 할 문학 양식이라 하겠다.

현전하는 고려대의 불교계 가전이 이러한 승전 양식과 밀접한 관련이 있을 것으로 추정하는 일은 어렵지 않아 보인다. 앞에서 언급했듯이, 「죽존자전」의 죽존자나 「빙도자전」의 빙도자, 그리고 「정시자전」의 정시자는 비록 가물에 의탁했지만, 모두 탈속적이고 영험적인 덕성을 지닌 승려들이기 때문이다. 기실 이들 작품의 입전 대상인 대나무, 얼음, 지팡이 등의 가물은 속세에 살면서도 범인이 도달할 수 없는 경지에 도달한 초월적인 승려상인 것이다. 이렇듯, 고려대의 불교계 가전 작품들은 인물이 아닌 사물을 내세우고 있긴 하지만 승전의 모습을 취하고 있는 것이다.

주지하는 바대로, 「죽존자전」·「빙도자전」·「정시자전」 등의 작품들이 형성된 시기는 대략 고려 후기다. 그런데 이 무렵은 앞서 언급하였듯이, 신라대 이래 꾸준히 문학적인 전통을 이어져 오던 승전류의 서사물들이『해동고승전』이나『삼국유사』등을 통해 활발하게 문헌적으로 정착·찬술되던 시기이기도 하다. 이런 점을 고려할 때, 불교계 가전의 출현에 당시 불교 문원(文苑)에 보편화되어 있던 승전 문학의 영향이 적

---

8) 사재동, 「불교계 서사문학의 연구」,『어문연구』제12집, 어문연구학회, 1983, 179~181면 참조
9) 김승호, 「승전의 서술체재와 문학성의 검토」,『한국문학연구』제10집, 동국대 한국문학연구소, 1987, 258면 참조

지 않았을 것으로 짐작된다. 당시 보편화된 승전 양식을 근간으로 하고, 거기에 가전적인 표현 기법을 적절히 가미·조화시킴으로써 불교계 가전 작품의 탄생이 이루어졌던 것으로 보아진다. 그리고 이러한 불교계 가전의 탄생에서 산파역을 담당했던 자는 물론 문학적 소양과 관심이 있었던 고승대덕이었을 것으로 추정되며, 현전 작품의 작가인 혜심이나 식영암은 그들 중의 한 두 사람인 것이다.

「죽존자전」·「빙도자전」·「정시자전」 등의 불교계 가전은 우리 가전문학의 전개과정에서 초기의 단계에 출현하고 있는 작품들이다. 그럼에도 불구하고, 이들 가전 작품은 우리 가전문학을 형성시키는데 지대한 영향을 미친 바 있는 당(唐)·송(宋)의 가전 양식에 대한 모방 흔적이 별로 없을 뿐만 아니라, 여타의 유교계 가전 작품들과 비교할 때도 독창적이다.[10] 이러한 가시적인 현상은 바로 불교계 가전이 비록 가전 양식의 서사적인 틀을 빌어 왔지만, 그 틀을 통해 창조해 내고 있는 보다 본질적인 문학 양식은 승전이었기 때문으로 보아진다. 불교계 가전의 작가는 가전 양식을 의식하고 작품을 창작한 것이 아니라, 승전 양식의 작품을 찬술할 의도에서 이들 작품을 만든 것이며, 그 과정에서 가전적인 수법을 활용하고 있는 것이다.

이처럼 「죽존자전」·「빙도자전」·「정시자전」 등의 작품은 가전적 수법에 의한 승전인 것이다. 일반적인 승전에서 입전 대상으로 삼고 있는 고승은 기본적으로 실존 인물들로, 그들의 생애는 비록 종교적 진실성의 부각을 위한 방편으로 허구화·신이화 되었다 하더라도 역사적·사실적인 기반을 지니게 된다. 그러나 위의 불교계 가전 작품은 일반적인 승전과는 달리 고승적 품성을 지닌 비인격적인 사물을 입전 대상으

---

10) 조수학, 앞의 논문, 148면.

로 삼고 있는 것이다.

이런 점에서 「죽존자전」·「빙도자전」·「정시자전」 등의 작품은 경험적 존재인 실존 승려를 대상으로 한 실전적(實傳的) 성격의 일반 승전과 구별하여 의인적(擬人的) 승전이라 일컬을 만하다. 승전은 입전 대상인 고승의 이적이나 영험을 통해 그의 탁월성을 드러내는데, 고려 불교계 가전은 탈속적이고 영험적인 덕성을 지닌 의인화된 승려들의 행적을 그려내고 있기 때문이다. 불교계 가전의 작가는 의인화의 기법을 통해 자신이 추구하는 이상적 승려상을 형상화하고, 그 의인화된 승려의 삶을 통해 자신이 꿈꾸는 종교세계를 그려내고 있는 것이다.

이처럼 고려대의 현전 불교계 가전은 비인격체적 승려를 입전 대상으로 한 의인적 성격의 승전으로서, 작가의 허구화(虛構化)의 의도가 강하게 드러나고, 그의 문학적인 상상력이 풍부하게 담겨진 승전이기도 하다. 「균여전」이나 『삼국유사』 소재의 승전 계통의 서사물에서 입전 대상의 승려들도 영웅적 존재들로 허구화·신격화되고 있다. 그러나 고려대 불교계 가전 작품 속의 의인화된 승려들은 거기서 더 나아가 성신적(聖神的)인 존재로까지 승화되고 있는 것이다. 불교계 가전의 작가들은 자신의 상상력에 의해 의인화한 이런 성신적(聖神的)인 승려의 삶을 통해, 그가 추구하는 이상적인 승려상과 종교적인 이상세계를 구현해 내고 있는 것이다.

물론 이 의인적 승전이 풍부한 상상력을 바탕으로 하여 실전적 승전보다도 허구성이 더 강화된 것은 사실이지만, 그렇다고 역사성과 현실성을 전혀 무시한 그런 동화적인 이야기는 아니다. 이 의인적 승전은 아래의 인용 예문이 보여주는 바처럼, 작품상에 빈번히 역사적 인물의 성명을 거론하기도 하고, 또는 작자를 직접 서사 사건 내에 개입시키는 등

허구적 서사 사건 속에 역사화·사실화를 위한 문학적 장치를 마련해
놓기도 한다.

> 당(唐) 나라 때의 소황(蕭悅), 송(宋) 시절의 노천(老泉), 문여가(文與可)와
> 우리 고려(高麗)의 정공(丁公) 등이 다 그를 알아주는 지기(知己)의 벗이었다.
> 가장 두터웁고 또 가까운 데다가 실지의 모양을 그대로 그려낼 줄을 알았으니,
> 그 그려내는 바를 세상에서 진기하게 여기었다.[11]

> 입동(立冬)날 어둑한 새벽에 식영암(息影庵)이 암자 안에서 벽에 의지하여
> 조는데, 밖에서 누가 뜰에 절하며, "새로운 정시자(丁侍者)가 뵙나이다." 하며
> 문안드리는 소리가 들려서, 이상히 여겨 나가 보니 사람이 섰는데, 형체가 가늘
> 고 길며, 빛이 검고 빛나며,[12]

의인적 승전이 활용하고 있는 이러한 역사화·사실화를 위한 문학적
인 장치는 일반적으로 전문학이 추구하는 사실지향성의 일단으로 볼 수
있다.[13] 이처럼 의인적 승전도 일반 전문학처럼 사실성을 추구하면서,
실전적 승전보다 허구화의 강도를 높이고 있는 창조적인 승전인 것이다.

---

11) 唐之蕭悅 宋之老泉文與可 本朝丁公等 皆知音也 最厚且親 又能寫眞 其
   所寫者 世以爲珍(「竹尊者傳」, 이 작품의 번역문은 김창룡, 『한국가전문학선』,
   정음사, 1985, 39~40면에서 인용, 이하 이 작품의 번역문은 이 책의 인용 면수만
   을 밝히기로 함.)
12) 立冬日昧爽 息影庵在菴中倚墻睡 聞外有庭拜問訊聲 云新到丁侍者參 怪
   而出視之 有人焉形纖而長 色默而光(「丁侍者傳」, 『국역 동문선』 Ⅷ, 민족문
   화추진회, 1982, 90면에서 인용, 이하 이 작품의 번역문은 이 책의 인용 면수만을
   밝히기로 함.)
13) 성기옥, 앞의 논문, 75~80면 참조

2) 승전적 서술 체재

이상에서 살펴본 것처럼, 현전 고려대의 불교계 가전은 의인적 승전의 모습을 보여준다. 이들 작품들은 모두 승려로 의인화된 죽존자, 빙도자, 정시자 등의 영험적인 삶을 극도로 압축하여 서술하고 있는 것이다.

> 존자의 덕은 이루 다 적을 수가 없거니와, 대략 헤아려 보면 열 가지를 지니고 있었다. ……(중략)…… 때로 이바지하는 바가 있어 상서로운 봉(鳳)을 불러들이고, 혹은 신통력을 나타내는데 가서는 흉맹한 용(龍)을 사그라뜨려 변화케 하였다. 비록 그 어느 땅에 있더라도 몸이 여러 가지로 나타나지만 항상 승승시(崇勝寺)에 머물러 지냈다.[14]

위의 인용문은 「죽존자전」의 일부다. 이 내용이 보여주듯, 이 작품에서 죽존자는 덕성적 면모와 영이(靈異)한 행적을 보여주는 승려다.

> 공이 평생 먹지 아니하여도 주리는 일 없고, 몸을 씻지 아니해도 더러운 때 아니 타며, 자리에 눕는 일이 없고, 그 자취 티끌을 밟지 아니하고, 겨울날 화롯불을 지피지 아니하고, 여름에 결하(結夏)를 하지 아니하고, 겨울철에 이르러 승려들이 전점(煎點)하는 저녁이면 공(公)은 반드시 나아가 그 대열 가운데 들어가서는 말도 아니하고 웃지도 않은 채 해 돋을 무렵까지 꼼짝 않고 앉았으되 한순간도 눈 하나 깜빡거리지 않으니, 승려들이 사랑하여 떨어질 줄 몰랐다.[15]

---

14) 尊者之德 不可勝記也 略計有十種 ……(中略)…… 有時辦供 能招瑞鳳 或處現通 解化獰龍 雖遍界分身 而常住崇勝寺(「竹尊者傳」, 40면)

15) 公平生 不食而不飢 不浴而不垢 脇不至席 迹不蹋塵 冬不開爐 夏不結制 至冬月 衲子煎點之夕 公必赴之 俎豆其中 不言不笑 兀坐達旦 目不暫瞬 衲子愛之忘去(「氷道者傳」, 김창룡, 『한국가전문학선』, 정음사, 1985, 48면에서 인용, 이하 이 작품의 번역문은 이 책의 인용 면수만을 밝히기로 함.)

위의 예문은 「빙도자전」에서 인용한 것이다. 이 내용에서는 얼음의 속성을 바탕 삼아 빙도자의 청정하고 탈속적인 승려상을 형상화하고 있다.

> 후덕(厚德)스럽구나. 정상좌(丁上座), 옛 성인(聖人)의 남긴 몸이여. 뿔이 무너지지 않았음은 장(壯)함이요, 눈이 도망하지 않음은 용(勇)이요, 몸에 옷칠하여 은혜와 원수를 생각함은 신(信)이요, 의(義)요, 쇠주둥이로 민첩히 묻고 대답함은 지(智)요, 변(辯)이요, 붙들어 모심을 직책으로 함은 인(仁)이요, 예(禮)요, 돌아가 의지할 것을 택함은 정(正)이요, 명(明)이다. 이 여러 미덕(美德)을 모아 길이 살아 늙거나 죽지 아니하니, 성인이 아니면 곧 신(神)이라.16)

위의 인용문은 「정시자전」에서 작가인 식영암(息影庵)의 입을 통해 찬양되고 있는 정시자의 모양이다. 여기에서 그려지고 있는 정시자 역시 신성(神聖)의 경지에 도달한 초월적인 승려의 모습이다.

이렇듯 의인적 승전에서 형상화하고 있는 이상적인 승려상은 승려나 불신도는 물론, 작가가 지향하는 절대적인 승려상인 것이다. 그리고 그들이 행한 이적이나 영험들은 작가가 추구하는 종교적·수도적 차원의 절대 가치로 파악될 수 있으며, 이는 이 작품을 통해 작가가 표방하고 있는 주제의식을 탐색해 가는데 있어서 나침반 구실을 하게 된다.

이와 같이 현전하는 고려대 불교계 가전 작품에서 형상화되고 있는 의인화된 승려상은 작가가 지향하는 절대적 가치를 지닌 존재이기 때문에, 작가는 작품 내에 등장하여 이들에 대한 예찬을 하기도 한다.

---

16) 德哉 丁上座古聖之遺體也 角不崩壯也 目不逃勇也 漆身以念恩讎 信也義也 鐵觜以掩問對 智也辯也 職扶侍 仁也禮也 擇歸附 正也明也 集斯衆美 長生不老死 非聖卽神(「丁侍者傳」, 91~92면.)

어려서 풍혈사(風穴寺)에 의지하여 뜻을 깨끗이 하고 몸을 가다듬었는데, 면목(面目)은 음냉(陰冷)하여 범할 수 없는 늠름스러움이 있었다. 장성하자 한산(寒山), 상화(霜華), 설두(雪竇) 등을 두루 찾아가 구경하면서 가는 곳마다 은밀히 인기(印記)를 전수 받았다. 도랑과 골짜기 사이의 속세간에 묻혀 사니 세상에선 그를 알아보는 자가 없었는데, 무의자(無衣子)가 한 번 보고는 비범하다 생각하여 드디어는 그를 승려로 일으켜 세웠고 이로 말미암아 빙도자(氷道者)라 부르게 되었던 것이다.17)

위의 예문은 「빙도자전」의 일부분이다. 여기에서는 이 작품의 작가인 무의자(無衣子) 혜심(慧諶)이 세인(世人)이 알아주지 않는 음응정(陰凝淨)을 비범하게 생각하여 천거하여 승려로 삼고 '빙도자(氷道者)'라 칭하게 된 사연을 서술하고 있다. 빙도자의 덕성은 작가 혜심이 지향하는 종교적·수도적 절대 가치인 것이다.

어찌 내가 너를 부릴 것이냐. 나는 이 중의 하나도 가진 것이 없으니, 그대의 친구라도 마땅하지 않거늘, 하물며 스승이 될 수 있으랴. 화도(華都)에 또 화(花)란 이름을 가진 산이 있는데, 각암 늙은 화상(和尙)이 그 산에 주(住)한 지 이미 2년이라. 산은 비록 이름이 같으나 사람은 덕이 같지 않으니, 하늘이 그대를 가라고 명한 것은 이곳이 아니요, 대개 그곳이리라. 그대는 그리로 갈지어다.18)

위의 대사는 「정시자전」에 서술되어 있는 작가 식영암(息影庵)의 말이

---

17) 幼依風穴寺 潔志律身 面目陰冷 凜然不可犯 既壯 歷衆寒山霜華雪竇 皆密受印記 陸沈溝壑 世莫有識之者 無衣子一見而奇之 乃擧以立僧 因號爲氷道者(「氷道者傳」, 45~46면)

18) 烏可企也 予不敢有一於此 不當子之所友 況所師乎 華都復有山花其名者 菴老和尙 住彼山二年 山雖同名 人不同德 天命子往者 非于此蓋于彼也 子往矣(「丁侍者傳」, 92면.)

다. 작가는 작중 사건에 등장하여 자기를 스승으로 모시겠다고 찾아온 정시자(丁侍者)에게 자신은 부덕(不德)하여 불가하다고 말하고 있는 것이다. 정시자에 대한 작가의 예찬적 표현이다.

의인화된 이상적 승려에 대한 작가의 찬양·찬미가 집약적으로 표출되고 있는 것은 작품의 말미 부분에 위치하고 있는 찬송적 성격의 시가(詩歌)다. 「죽존자전」의 말미에는 죽존자에 대한 흠모와 찬양의 정을 읊고 있는 작가의 찬시(讚詩)가 붙어 있으며, 「빙도자전」의 말미에도 빙도자의 덕행을 찬미·찬양하는 작가의 가송(歌頌)이 붙어 있다. 그리고 「정시자전」의 경우도 이와 마찬가지로 정시자의 대덕(大德)을 찬양하는 작가의 가송을 작품의 말미에 부기하고 있다.

이처럼 의인적 승전의 면모를 보여주는 불교계 가전의 말미에는 공통적으로 찬송적 시가가 덧붙여져 있는 것이다. 이들 시가는 작가가 추구하는 종교적 가치를 문학적으로 형상화한 승려상에 대한 작가의 찬양심과 존경심의 발로다. 그런데 고려 불교계 가전이 공통적으로 취하고 있는 이 같은 모습은 일반 전문학(傳文學)의 형태와는 대조적인 모습이라는 사실을 주목할 필요가 있다.

주지하는 바와 같이, 전문학(傳文學)은 입전 대상의 가계와 출생 등의 사실을 기술하는 도입부(導入部)와 입전 대상의 평생의 행적을 기술하는 본문부(本文部), 그리고 입전 대상에 대한 작가의 논평(論評)을 가하고 있는 종결부(終結部) 등의 세 부분으로 구성되고 있다.[19] 가전 역시 이런 구성 방식을 취하긴 마찬가지다. 이러한 세 부분 중 불교계 가전의 말미에 개입된 찬송적 시가에 견줄 수 있는 부분은 종결부의 작가 논평이다. 그런데 일반적인 유교계 가전의 종결부를 보면 '태사공왈(太史公曰)'이나

---

19) 조수학, 앞의 논문, 12면 참조

'사신왈(史臣曰)', '사씨왈(史氏曰)'이란 평제어(評題語)에 이어서 입전 대상
에 대한 작가의 논평이 산문 양식으로 기술되고 있는 것이다.[20] 이처럼
유교계 가전이 일반 전문학과 마찬가지로 산문적인 작가의 논평으로 종
결되고 있는 것과 비교할 때, 찬송적 시가로 작품이 종결되고 있는 불교
계 가전의 구성 방식은 매우 이질적이다.

고려대 불교계 가전의 종결부가 일반 전문학의 결말 구성 방식과 차
이를 드러내고 있는 근본적인 이유는 앞에서 이미 지적했듯이, 불교계
가전이 기본적으로 승전적 속성을 지니고 있기 때문인 것으로 보아진다.
불교계 가전처럼 작품의 종결부를 시가 형태의 작가의 찬송으로 구성하
고 있는 예는 일반 전문학에서는 찾아보기 어렵지만, 『삼국유사』 속에
수록된 실전적 성격의 승전류 작품에서는 다수 찾아볼 수 있기 때문이
다.

『삼국유사』 소재의 승전류 작품들은 그 대부분이 서사 말미에 7언 4
구의 한찬(漢讚)을 부기하고 있다. 이 한찬은 고승의 영험적인 행적을 예
찬·찬송한 불교 운문으로서, 선행하는 서사 내용인 고승의 행적을 극
도로 압축·요약하면서 동시에 찬자(撰者)의 신앙적인 감명과 존경심을
시화(詩化)하고 있다.[21] 따라서 이들 찬(讚)은 '고승찬(高僧讚)'이라 할만한
특성을 지니게 되는 것이다.[22] 그런데 『삼국유사』 소재 승전류 작품의
찬은 그 서사 기능이나 서술 체재상의 위치 면에서 불교계 가전의 종결
부에 위치하고 있는 찬송적 시가와 부합되고 있다는 사실은 중시할 만
하다.

---

20) 조수학, 앞의 논문, 13~14면 참조
21) 경일남, 「삼국유사 소재 찬의 서사문학적 의미」, 『어문연구』 제16집, 어문연구회,
    1987, 84~89면 참조
22) 金岡昭光, 「關語敦煌本 高僧傳因緣」, 『고전문학』 제7집, 學生書局, 臺灣 참조

실전적 승전 중에도 『해동고승전』 소재 작품들의 종결부는 『삼국유
사』의 경우와는 달리 산문 형태의 찬(贊)이 붙어 있다. 이 산문 형태의
찬(贊)은 『삼국유사』에 개입된 찬송적인 운문 형태의 찬(讚)과는 달리 사
찬(史贊)이나 사평(史評)의 성격을 지니고 있다.[23] 이런 점에서 의인적 승
전인 불교계 가전은 『해동고승전』 계통의 승전보다는 『삼국유사』 계통
의 승전과 더 친연적 관계에 있음을 알 수 있다.

이와 같이 현전하는 고려대의 불교계 가전은 승전적 속성을 지닌 문
학 양식이기 때문에, 산문적 사평(史評)으로 작품을 종결짓는 일반 유교
계 가전의 종결 구성과는 달리 찬송적 시가로 종결부를 대신하고 있는
것이다. 이처럼 불교계 가전이 구성 방식에 있어서 『삼국유사』 소재의
승전류 작품의 서술 체재와 유사성을 보여주고 있다는 점은 이 유형의
가전을 이해하는데 있어서 시사하는 바가 적지 않아 보인다.

3. 불교 시가의 수용 양상

현전하는 고려대의 불교계 가전의 작품 면모는 일반 유교계 가전의
작품 면모와 여러 면에서 변별적인 모습을 보여준다. 그러한 양자간의
주된 차이점은 앞에서 검토하였듯이, 불교계 가전이 유교계 가전과는 달
리 종결부의 논평(論評)을 찬송적인 시가(詩歌)로 마무리하고 있다는 점이
며, 또한 작품 내에 시가를 삽입하고 있다는 점이며, 그리고 입전 대상
의 평생 행적을 서술함에 있어 시적(詩的) 성향을 띄는 문답(問答)을 많이

---

23) 김상현, 「해동고승전의 사학사적 성격」, 『藍史鄭在覺博士古稀記念 東洋學論
    叢』, 논총간행위원회, 1984, 195면 참조

활용하고 있다는 점이다. 그런데 이러한 양자간의 차이점이 종합적으로
보여주는 바는 불교계 가전이 유교계 가전과는 달리 작품 내에 시가를
많이 삽입하고 있다는 사실이다. 다음에는 불교계 가전의 서술 체재가
지닌 주요 특징이라 할 수 있는 불교 시가 수용 양상에 대해 구체적으로
살펴보기로 한다.

1) 중송적 운문에 의한 종결

현전하는 고려대의 불교계 가전 작품에 수용된 두드러진 운문의 유형
은 종결부의 찬시(讚詩)나 가송(歌頌)이다. 유교계 가전의 종결부는 '태사
공왈(太史公曰)', '사신왈(史臣曰)', '사씨왈(史氏曰)' 등의 평제어(評題語)에
이어지는 입전 대상에 대한 산문 형태의 작가 논평으로 이루어져 있다.
이에 비해 고려 불교계 가전 작품들은 입전 대상에 대한 작가의 찬양적
인 시가(詩歌)로 종결부를 구성하고 있는 것이다. 이러한 불교계 가전의
종결부에 개입된 시가의 구체적인 모습은 「죽존자전」의 종결부인 찬시
(讚詩), 「빙도자전」의 종결부인 게송(偈頌), 그리고 「정시자전」의 종결부
에 해당하는 가송(歌頌) 등이다.
「죽존자전」은 덕행이 뛰어난 죽존자를 작가가 직접 예찬하는 내용을
담은 5언 8구 형태의 찬시로 작품이 종결된다.

> 나, 죽존자의
> 세한(歲寒) 추위며 여름날의 더위에 끄덕하지 않음을 사랑하노니.
> 해가 거듭할수록 절개 더욱 힘쓰며,
> 오랜 세월 흐르도록 허심(虛心) 더욱 하였다.

> 달빛 아래 맑은 그림자를 농하고,
> 바람결에 불경(佛經) 노래 부친다.
> 머리엔 하이얀 눈발을 이고,
> 그윽한 정취 우거진 숲 가운데 일어난다.[24]

「빙도자전」의 종결부에서 작가가 입전 대상인 빙도자를 7언 8구 형태로 찬미한 게송의 실상은 다음과 같다.

> 달빛 어리인 빈 굴 바람 고요할 제 이슬은 맺어 걸리고,
> 남전(藍田) 따사론 해에 옥 같은 연기 인다.
> 이 세상 갖가지 일러줌도 하마 이루기는 어렵거니,
> 애닲다, 노래로도 못 다하는 이 심사여.
> 햇님 같은 밝음, 우뚝하긴 산과 같네,
> 차디차긴 물보다, 옥(玉)도곤 더 빛남이여!
> 문득 스러져내려 무상(無常) 의미 보였나니,
> 온 누리에 깨우치잔 그 우심(憂心) 족하였네.[25]

「정시자전」의 종결부를 이루고 있는 시가(詩歌)는 자기를 스승으로 모시겠다는 정시자를 돌려보내면서 부른 작가의 가송이다. 이 노래의 실상은 다음과 같다.

> 정(丁)아, 성큼성큼 각암의 뜰로 가거라.
> 나는 여기서 박과 오이처럼 매어 사는 몸.

---

24) 我愛竹尊者 不容寒暑侵 年多彌勵節 日久益虛心 月下弄淸影 風前送梵
  音 皓然頭戴雪 標致生叢林(「竹尊者傳」, 44면.)
25) 月窟風恬露凝掛 藍田日暖烟生玉 千般世喩況難成 嗟嘆咏歌之不足 明似日
  兮峻似山 寒於水兮瑩於玉 忽然崩倒示無常 警世老婆心已足(「氷道者傳」,
  49면.)

너 정(丁)만 못하구나.26)

이처럼 종결부를 시가로 구성하고 있는 고려대 불교계 가전의 형식은 일반 가전의 그것과 비교할 때 그 독자적인 성격이 강하다. 그런데 불교계 가전의 이러한 종결부의 처리 방식은 전술한 바와 같이, 『삼국유사』 소재 승전류 서사물의 종결부 처리 방식과 그대로 일치하는 것으로서, 이는 불교계 가전과 『삼국유사』 소재 승전류 서사물과의 친연성을 보여주는 하나의 예이기도 하다.

잘 아는 바와 같이, 『삼국유사』 소재의 승전류 서사물들은 그 서사 말미에 선행 서사 내용을 요약·압축하면서 찬자(撰者)의 신앙적 감명을 읊은 7언 4구의 찬(讚)이 붙어 있다. 그러한 예를 하나 제시해 보기로 한다.

> 각승의 살매축을,
> 일찍이 열어 두고
> 춤 추며 무애병을,
> 거리 거리 걸었도다.
> 요석궁에 달 밝을 제,
> 봄밤 깊이 잠들더니.
> 분황사 문 닫히고,
> 그림자만 돌아보네.27)

위의 시(詩)는 『삼국유사』 소재 「원효불기(元曉不羈)」조에서 인용한 7

---

26) 丁哉趨而之乎菴之庭 予匏爪於此不若汝丁(「丁侍者傳」, 92면.)
27) 角乘初開三昧軸 舞壺終掛萬街風 月明瑤石春眠去 門掩芬皇顧影空(『三國遺事』 권4, 의해 제5, 「元曉不羈」, 이가원 역, 『삼국유사신역』, 태학사, 1991, 327면.)

언 4구의 한찬(漢讚)이다. 이 「원효불기」조는 '원효전(元曉傳)'이라 할만한 승전적 서사물로서, 이 서사물의 서사 구조는 입전 대상인 원효의 생애를 서술한 다음에 그 서사 내용을 요약·압축하여 운문화(韻文化)한 찬을 덧붙이고 있는 형태를 취하고 있다. 위의 인용시(引用詩)가 바로 이 찬이다.

「원효불기」조가 보여주는 이러한 서사 구조는 『삼국유사』 소재 승전류 서사물이 대부분 취하고 있는 형식적 특징이기도 하다.[28] 그런데 이같은 서사 구조에 개입되고 있는 종결적 운문인 찬은 일찍이 불교 경전에서 보이고 있는 중송(重頌)과 같은 유형의 불교 운문으로 볼 수 있다. 기실 대부분의 불교 경전은 장행(長行)의 산문 내용을 요약하거나 또는 부연하기 위해, 해당 산문의 중간이나 말미에 그 내용을 시가(詩歌)의 형태로 중복하는 중송이라는 운문을 지니고 있다.[29] 그런데 이러한 불경 속의 중송은 『삼국유사』의 승전 작품에 개입된 찬과 기능 면에서 부합된다.

현전하는 불교계 가전 작품의 종결부에 해당하는 운문 형태는 『삼국유사』 소재 승전류에서 보여주는 찬의 모습은 아니다. 앞서 예시했듯이, 고려대의 불교계 가전에는 시(詩)·송(頌)·가(歌) 등 다양한 형식의 종결적 운문이 등장한다. 그런데 불교계 가전의 종결 운문들 역시 찬과 마찬가지로 선행 서사 내용을 요약·논평하면서 입전 대상인 죽존자나 빙도자, 그리고 정시자의 불교적 덕성을 찬송하고 있다. 이런 점에서 불교계 가전의 종결부 시가도 중송적 성격의 불교 운문이라 하겠다.

---

28) 경일남, 앞의 논문, 89~93면 참조
29) 周叔迦, 「漫談 變文的 起源」, 『敦煌變文論文錄』, 明文書局, 臺北, 249면 참조

2) 시·게의 본문 내 삽입

현전하는 불교계 가전 작품에는 위에서 검토한 종결부의 중송적(重頌的) 운문 외에도 본문 내에 시(詩)·게(偈) 등의 운문이 삽입되어 있기도 하다. 이러한 양상은 「죽존자전」과 「빙도자전」에 나타난다.

> 높다란 절개 훤칠한 몸, 늙어도 시드는 법 없어,
> 한평생 풍골(風骨)은 절로 맑고 또 야위었다.
> 그대를 아끼는 맘, 긴 대(竹)를 일러 존자(尊者)라 높이니,
> 어이없다 매운 계절의 저 소나무, 대부(大夫) 노릇이 우습고나.
> 같이 참(參)하던 목상좌는 보이지 않고,
> 부질없이 석어토(石於菟)만 남아 설법을 듣는구나.
> 가을빛을 가져다가 바리때 공양할 새,
> 달이며 바람이며 배 부를 게 무엇인가.30)

위의 인용 시는 「죽존자전」에서 당(唐)의 선사(禪師)인 홍각(洪覺)이 죽존자에게 지어준 일종의 증시(贈詩)다. 작가의 중송적(重頌的) 찬시(讚詩)에 바로 앞서 삽입되어 있는 이 7언 8구의 증시를 통해, 「죽존자전」의 작가는 입전 대상이 지닌 덕성을 예찬하고 있다.

> 온 몸 환하여 신비로운 이 빛,
> 깊숙히 환히 비치니 숨겨 가림 다 끊었다.
> 저근덧 물되어 사라짐을 의아해 마라,
> 무상의 터전이 곧 진상(眞常)임을 보이고저 함이니.31)

---

30) 高節長身老不枯 平生風骨自淸癯 愛君修竹爲尊者 却笑寒松作大夫 未見
同參木上座 空餘廳法石於菟 戲將秋色供齋鉢 扶月批風得飽無(「竹尊者
傳」, 43~44면.)

「빙도자전」에서 그리고 있는 빙도자의 행적은 그의 열반으로 끝을 맺고 있다. 그는 문인(門人)들을 모아놓고 사리를 얻는다고 세인(世人)들을 현혹시키지 말고 향리(鄕里)에 장사하라고 고한 후 입적한다. 위의 인용시는 이때 빙도자가 읊은 7언 4구의 열반게(涅槃偈)다.

입전 대상의 행적을 서술하고 있는 본문부에 불교 운문이 삽입되고 있는 양상을 「정시자전」에서는 찾아볼 수 없다. 따라서 본문 내 시·게의 삽입 양상을 현전하는 고려대 불교계 가전의 공통적인 현상이라고 할 수 없는 것은 사실이다. 그러나 일반 유교계 가전과 비교할 때, 이 같은 불교 시가의 본문 삽입 양상을 불교계 가전이 지닌 서술 체재상의 특징이라고 규정하는 데에 별 무리가 없다 하겠다.

「죽존자전」이나 「빙도자전」은 본문 내에 불교 운문을 삽입함으로써, 이들 작품의 전체 서사 문맥은 산문과 운문이 유기적으로 결합된 양상을 지니게 된다. 이러한 유기적인 시문결합(詩文結合)의 문체적 특징은 후술하겠지만, 중국문학사에서 중시되는 변문(變文)의 문체와 상통하는 것으로서, 이는 불교계 가전의 문학 양식의 기본 속성을 이해하는데 시사하는 바가 많다 하겠다.

3) 문답의 선시적 표현

현전하는 불교계 가전 작품에서 찾아볼 수 있는 또 하나의 불교 시가 수용 양상은 선시적(禪詩的) 모습의 문답(問答)이다. 「죽존자전」이나 「빙도자전」 그리고 「정시자전」 등 불교계 가전은 대체로 본문 구성에 있어

---

31) 通身不昧箇靈光 透秀穿皮絶諱藏 莫訝須臾成水去 示無常處是眞常(「氷道者傳」, 48~49면.)

서 문답식 서술 방식을 택하고 있다. 그런데 이 문답의 형식은 단순한 산문 양식의 대화가 아닌 불교적 깨달음을 시적으로 표현한 선시(禪詩)의 면모를 보여주고 있는 경우가 대부분이다.

고려대 불교계 가전의 본문 구성상의 주요 특징인 문답식 전개의 장면은 주재법사(主宰法師)가 질의에 응하여 설법하는 담선법회적(談禪法會的)인 강경의식(講經儀式)의 현장을 연상케 해준다.

> 공이 세상에 나오는데 이르러서는 승려들이 한 곳에 모여들었다. 법당을 열던 날에 문답(問答)이 있었다. ……(중략)……
> "불법엔 취(取)도 사(舍)도 없는데, 태양사(太陽寺)의 청함에 나아가지 않았음은 웬일인지?"
> "그대들의 간여할 일은 아님이거니."
> "차가움은 불로 향하는 법인데, 법사 어인 일로 불에 향하지 아니하는가?"
> "나는 차가움을 두려워 아니한다. 누구라 말했던가, 생명은 어찌하여 뜨겁게 하였을 때 한층 더 생동하는가고?"
> "나는 음식을 받아들이지 아니한다."
> "삼세(三世)의 모든 부처가 불길 속에 계셔서 거룩한 법륜(法輪)을 행하셨는데 법사께서 오히려 만족해 하시는 바는 없으신지?"[32]

위의 인용문은 「빙도자전」의 한 부분으로, 빙도자가 개당일(開堂日)에 승려들과 문답하는 장면이다. 여기에서 승려들의 질문에 대한 빙도자의 답변은 마치 선승(禪僧)의 법어(法語)와 같이 함축된 의미를 지니고 있음을 알 수 있다. 따라서 이는 마치 화두(話頭)로 제시하여 그것을 해석해

---

32) 致公出世 衲子輻輳 開堂日 ……(中略)…… 問 法無取舍 爲什麽不赴太陽 請 曰 非干汝事 問 寒向火 師爲什麽不向火 曰 我不畏寒 誰云轉生作熟 時作麽生 曰 我不受食 問 三世諸佛 在火焰裏 轉大法輪 師還甘也無(「氷道者傳」, 46~47면.)

나가는 선문답(禪問答)의 공안(公案)과 흡사한 양상을 보여주는 것이다.33)
이러한 본문의 문답식 구성은 유교계 가전과 구별되는 불교계 가전의
구성상의 특질인 것이다.

이러한 본문의 선문답식(禪問答式) 구성 양상은 「죽존자전」과 「빙도자
전」에서 특히 두드러지게 나타난다. 「정시자전」의 경우에는 이 두 작품
에 비해 선문답적인 색채가 약화되어 있다. 그러나 「정시자전」 역시 본
문부의 구성은 식영암과 정시자의 문답적 대화로 이루어져 있다. 이처럼
그 정도에서는 다소의 차이가 있긴 하지만, 현전 고려대의 불교계 가전
작품들은 모두 본문부를 문답식 구성 방식에 의해 서술하고 있는 것이
다.34)

그런데 여기서 주목되는 바는 이 문답식 구성에 등장하는 문답(問答)
이 대체로 선시적(禪詩的) 성격을 지닌 불교 운문이라는 점이다.

> 자리를 피해 치욕을 멀리하면,
> 지인(智人)이라 이름할 수 있는 것.
> 어이하면 철면(鐵面)을 돋보여,
> 우리 스승 진면목을 무너뜨릴까?35)

위는 「죽존자전」의 문답식 구성 중 승려의 질문 중의 하나다. 5언 4구
의 시적 형식으로 제시되고 있는 질문이다. 이 질문에 대한 죽존자의 선
답(禪答) 역시 5언 8구의 시적 형식을 제대로 갖추고 있다.

---

33) 이채연, 앞의 논문, 233면 참조
34) 조수학, 「석식영암문학연구」, 『고려시대의 언어와 문학』, 한국어문학회, 1975, 404면
  참조
  정규훈, 앞의 논문, 216~219면 참조
35) 避地遠耻辱 可名爲智人 胡爲秀鐵面 漫壞吾師眞(「竹尊者傳」, 42면.)

해탈하여 문수(文殊) 칠 때,
대장부(大丈夫)라 일컫고
운문(雲門)이 석가(釋迦)를 몽둥이로 칠 적에,
참된 일가(一家)를 이룩했다 이르는 것이니.
저쪽에 이미 교만심 없어진 마당,
내 또한 부끄러 얼굴 붉힐 일 없네.
은혜를 아는 사람이라 이를 것이니,
장차는 은혜 갚을 수 있으리.36)

「죽존자전」에서 죽존자의 선답은 위의 예 이외에도 대체로 시적 형태를 취하고 있다. 원래 선(禪)은 '직지인심(直指人心) 견성성불(見性成佛)'을 목표로 하여 오도(悟道)를 중시하는 것으로서, 한 물건을 들어 법성해(法性海)의 전체에 통하기도 하고, 하나의 게송(偈頌)을 지어 법성일여(法性一如)의 감회를 읊기도 한다.37) 죽존자의 답변이 표면적으로는 평범한 내용인 듯 하지만, 그 내면에는 무한한 종교적인 함축을 내포하고 있는 것은 이 답변이 곧 선승(禪僧)의 시게(詩偈)이기 때문인 것이다.

고려대 불교계 가전에 개입된 선문답의 선시적(禪詩的) 모습은 「빙도자전」의 경우에서도 발견되는 현상이다.

"법사는 뉘 노래를 부르며,
어느 분의 종풍(宗風)과 풍도(風度)를 이어 받았느뇨?"
"눈 헤친 틈 사이의 햇살,
서리 벗어난 찬란한 기상."38)

---

36) 解脫打文殊 時稱大丈夫 雲門棒釋迦 世號眞作家 彼旣非憍慢 我亦無慙
    赧 可謂知恩人 方能解報恩(「竹尊者傳」, 42〜43면.)
37) 김운학, 『불교문학의 이론』, 일지사, 1981, 78〜79면 참조
38) 有問 師唱誰家曲 宗風嗣阿誰 曰 開雪竇日 出霜華氣(「氷道者傳」, 46면.)

위의 내용은 「빙도자전」에서 빙도자와 승려가 주고받은 문답의 일부
다. 5언 2구의 승려의 질문에 대한 4언 2구의 빙도자의 답변이 모두 시
적 경향을 띠고 있다. 그리고 「빙도자전」의 문답 말미 부분에서 빙도자
는 5언 4구의 형식을 갖춘 일종의 답시(答詩)를 설하고 있다.

> 내 마음은
> 깨끗이 희고 맑은 푸르런 못 속의 가을 달님과 같아
> 뉘라도 겨를 자는 없으니
> 내게 어찌 설교한단 말가?39)

「빙도자전」에서 입전 대상인 빙도자는 작품 내에서, 사후(死後)에 융
일선사(融一禪師)라는 시호(諡號)를 받고 있다. 이로 보아 입전 대상인 빙
도자는 선승적(禪僧的) 존재임을 알 수 있다. 따라서 선승적인 빙도자가
승려들에게 들려주고 있는 답변을 선시적 색채의 답변으로 그려내고 있
음은 작가의 의도에 따른 결과로 이해된다.

이처럼 「죽존자전」이나 「빙도자전」의 선문답은 불교 운문의 모습을
보여주고 있으며, 특히 선승적인 죽존자나 빙도자의 선답은 선시적 성격
을 지닌 운문으로 볼 수 있다. 이러한 점은 이들 작품의 작가인 진각국
사(眞覺國師) 혜심(慧諶)이 선사적(禪師的)인 위치와 아울러 불교 시인의 면
모를 동시에 지니고 있었다는 사실과도 무관하지 않은 것으로 보아진다.
혜심은 스승인 보조국사(普照國師) 지눌(知訥)의 대를 이은 대선사(大禪師)
일 뿐만 아니라, 선사상을 문학적으로 형상화한 선가문학(禪家文學)의 개
척자이기도 하다.40) 또한 그는 선시(禪詩)의 진보(眞寶)라 할 수 있는 『무

---

39) 吾心似秋月 碧潭淸皎潔 無物堪比倫 敎我如何說(「氷道者傳」, 47면.)
40) 조동일, 『한국문학사상사시론』, 지식산업사, 1978, 89∼100면 참조

의자시집(無衣子詩集)』을 통해 고려조 시문학의 새로운 경지를 마련한 불교 시인이기도 한 것이다.[41) 따라서 혜심에게 있어서는 심오한 종교적인 진리를 표현하는데 있어서 산문적인 서술보다는 선시적인 함축을 활용하는 편이 더욱 용이했으리라는 것은 쉽게 짐작되는 바이다.

「죽존자전」이나 「빙도자전」에 보이는 선문답의 시적 표현은 이런 이유에서 기인된 결과로 보아진다. 심오한 선사상(禪思想)을 문답 속에 담아내는데 산문적(散文的)인 대화보다는 함축적인 시(詩) 양식이 훨씬 효과적이겠기 때문이다. 그런데 앞에서도 지적하였듯이, 「정시자전」의 경우는 문답식 구성을 취하고는 있으나 선문답적 색채가 약한데, 그 문답 역시 시적 경향이 약하다. 이와 같이 작품에 따라 차이가 있기는 하지만 불교계 가전에는 선시적 형태의 문답이 개입됨으로써 운문적 분위기가 강화되고 있으며, 이러한 선시적 표현을 통해 작가는 자신이 표방하고자 하는 심오한 종교적 주제·사상을 보다 효과적으로 드러내고 있는 것이다.

4. 서술방식의 특징

위에서 살펴본 바와 같이, 불교계 가전은 작품의 종결부를 시(詩)·송(頌)·가(歌) 등의 중송적 운문으로 처리하고 있을 뿐만 아니라, 입전 대상의 행적을 기술하고 있는 본문부에도 시(詩)·게(偈) 등을 삽입하거나 문답 방식의 선시(禪詩)들을 개입시키는 등 다양한 불교 운문을 수용하고 있다. 다음에는 이처럼 다양한 불교 운문을 수용하고 있는 불교계 가

---

41) 이종찬, 「고려선시연구」, 한양대 대학원 박사논문, 1984 참조

전의 서술방식이 지닌 특징에 대해 살펴보기로 한다.

1) 시문결합의 서술방식

현전하는 고려대 불교계 가전이 유교계 가전과 구별되는 여러 가지 차이점 중 두드러진 것은 이미 검토한 바 있듯이, 종결부(終結部)의 중송(重頌) 운문에 의한 처리와 본문부(本文部)의 불교 운문 삽입이다. 그리하여 고려대 불교계 가전은 유교계 가전과는 달리 서술방식에 있어서 시문결합(詩文結合)의 문체적인 특징을 보여준다. 산문과 운문이 유기적으로 연결된 이러한 산운교직(散韻交織)의 서술 문체는 강창양식(講唱樣式)의 문학 작품이 기본적으로 지닌 서술방식이다.

잘 아는 바와 같이 강창(講唱)이란 중국문학사에서 중시되는 문학 양식 중의 하나로, 산문과 운문이 유기적인 완결성을 지니면서 총체적인 서사 구조를 이루고 있는 작품 유형을 일컫는다.[42] 이러한 유형의 문학은 실연될 경우 산문 부분은 강설(講說)되고, 운문 부분은 가창(歌唱)된다는 특징을 지닌다. 그런데 이 강창 양식의 문학 유형은 중국의 경우 이미 당오대(唐五代)에 본격적으로 출발하였고 송대(宋代), 원대(元代), 명청대(明淸代)를 거치면서 다양한 양식의 강창문학(講唱文學)으로 전개되었다.

이러한 강창 양식에 의해 이루어진 본격적인 서사적 산물은 당대(唐代)의 변문(變文)이다. 물론 변문 중에는 산문과 운문이 유기적으로 결합되는 전형적인 강창 양식에 의한 서술 체재 외에도 전문(全文)이 산문으

---

42) 葉德均, 『宋元明 講唱文學』, 河洛圖書出版社. 臺北, 1∼7면 참조

로 구성되고 중간이나 결미에 몇 구의 운문이 사용되고 있는 경우도 있고, 또는 순산문이나 순운문 만으로 구성되고 있는 경우도 있긴 하다. 그러나 완정(完整)된 변문의 서술방식은 산문과 운문이 유기적으로 연결·결합되면서 완결된 서사 구조를 만들어내는 시문결합의 형태라 하겠다.43) 이처럼 변문은 강설 부분은 산문으로, 그리고 가창 부분은 운문으로 조직된 대표적인 강창 양식의 문학이다.

이렇듯이 강창의 원류에 해당하는 변문이 출현하는데 있어서 결정적인 계기가 된 것은 속강의식(俗講儀式)이다. 속강은 대중 포교를 위해 불교 경문(經文)을 부연하고 그 내용을 통속화하여 진행하던 강경의식을 말한다. 그런데 이 속강이 진행될 때, 거기에서 사용하는 대본을 일컬어 변문이라고 한다. 이 변문은 속강의 성격에 맞게, 경전의 내용을 통속적으로 변개하여 기술함으로써 일반 대중들이 그 내용을 쉽게 이해할 수 있도록 하였다.

그런데 중국의 이 같은 속강의식은 불교 전래 이후에 우리 나라에도 영향을 미쳤을 것으로 족히 짐작되며, 그로 인해 한국적인 속강의식의 전개도 가능하게 되었을 것으로 추정된다. 그리고 한국적인 전개를 본 속강풍(俗講風)의 의식은 중국의 경우와 마찬가지로 우리 나라에서도 그 대본격인 변문적 속성을 지닌 작품을 출현시킨 산파역을 담당했으리라는 점도 미루어 짐작해 볼 수 있다.44)

불교의 전래 이후, 삼국에서는 불법의 확산과 대중 교화 등 갖가지 필요성에 따라 다양한 형태의 강경의식(講經儀式)을 거행하였다. 그런데 이러한 다양한 강경의식 중에는 신불대중(信佛大衆)의 신앙적·지식적 수

---

43) 白化文, 「什麽是變文」, 『돈황변문논문록』, 明文書局, 臺北, 442면 참조
44) 사재동, 앞의 논문, 151〜176면 참조

준을 고려하여 그 의식을 속강적인 분위기로 이끄는 경우도 있었을 것이다. 그리고 강경 법회의 성격이 속강적인 분위기로 흐를수록 강경의 내용은 본래 지향하던 불교 경전에 대한 엄격한 해설에서 점차 이탈하여 통속적인 방향으로 변개가 이루어졌을 것은 물론이다. 한국적 변문의 탄생은 이런 상황 속에서 이루어졌을 것으로 보아진다.

원래 속강에서는 청중의 신앙적·지식적 수준과 그리고 그들이 요구하는 바에 따라 설법의 내용을 불교 경전에만 국한하지 않고 통속적인 고사를 적극 활용하였다. 사실상 각종 강경 법회의 청중은 출가승(出家僧)에만 국한된 것은 아니었다. 법회에서 설법하는 대상은 이들 승려층 외에도 왕족이나 귀족과 같은 상류층, 일반 식자층, 그리고 천민층에 이르기까지 실로 다양했을 것이다. 따라서 설법의 효과를 극대화하기 위해서는 설법의 대상이 누구냐에 따라 그 설법의 내용도 달리했을 것은 당연한 일이라 하겠다. 그리하여 설법 대상층의 신분이 낮을수록 그 법회는 속강적인 분위기로 흘렀을 것이며, 설법의 내용도 경전의 해설이 아니라 신이한 영험담, 경험적인 세속담을 위주로 통속화되었던 것이다.

속강적 의식의 통속화가 강화되면 표면적으로는 불교적인 색채가 거의 배제되고 오락성이 강조되면서 연희적인 의식으로 변질되기에 이른다. 이 의식을 주재하는 법사는 반예인적인 연희승적인 모습을 지니게 되고,[45] 이 의식 절차에는 채붕·기악이나, 가송·가무 등의 연희적 수단과 방법이 끼어 들게 되는 것이다.

이처럼 연희화된 한국적인 속강의식의 흔적은 신라대의 원효(元曉)·대안(大安)·혜공(惠空) 등이 행한 대중 교화를 위한 연희적인 행적을 통

---

45) 碼宇, 「漫談 變文的 名稱·形成·淵源 及 影響」, 『돈황변문논문록』, 명문서국, 臺北, 370면 참조

해 확인해 볼 수 있겠다.[46) 또한 신라 당시의 불교 문화와 예술 상황, 그리고 『삼국유사』에 기록된 자료로 미루어 볼 때 무수히 존재했을 것으로 추정되는 불교적 벽화(壁畫)나 정화(幀畫)들도 그러한 상황을 짐작할 수 있게 해주는 좋은 예라고 하겠다. 이들은 변문과 자매격이라 할 수 있는 변상적(變相的) 회화로써, 이것들은 각종 불교의식에서 무대·배경으로 장식되었을 것이 분명하다. 또한 이 변상적 회화들은 각종 불교의식의 무대·배경에서 머무르지 않고, 그 그림 속의 고사와 관련하여 강설(講說)·가창(歌唱)을 산출해 낼 충분한 소지도 지니고 있는 것이다.[47) 이처럼 변문과 절대적으로 친연적인 관계에 있는 변상적 회화가 신라대에 대중 포교에 적극적으로 활용되었다고 할 때, 그 속강적 의식의 산물로서의 변문적 작품은 그 당시에 이미 다양하게 존재했을 것이 확실하다고 하겠다.

이와 같이 산운교직의 강창 양식에 의해 이루어진 한국적인 변문계통 작품의 존재 가능성과 그 구체적인 작품의 실태에 대해서는 이미 학계의 논의가 이루어진 바 있다.[48) 그런데 이러한 산운교직의 강창 양식을 고려대 불교계 가전의 서술방식이 지니고 있는 것이다. 앞서 살펴 본 것처럼, 불교계 가전이 종결부의 운문과 본문부의 운문 삽입 등에서 유교계 가전과 상이한 작품 면모를 보여주는 것은 바로 이 불교계 가전이 강

---

46) 사재동, 앞의 논문, 174면 참조

47) 사재동 교수는 최근 발견된 화엄경 사경(寫經) 변상도(變相圖)가 당대(唐代) 돈황 석굴의 유마변상(維摩變相)·미륵하생경변상(彌勒下生經變相)과 근사하다는 점을 중시하면서, 신라대의 변상의 실태를 구체적으로 논의한 바 있다.(사재동, 앞의 논문, 165~167면 참조)

48) 사재동, 앞의 논문.
張籌根, 「화청의 문학사적 연구」, 『논문집』 제22집, 경기대, 1988.
조종업, 「강창과 변문의 溯源」, 『고소설연구논총』, 다곡이수봉선생회갑기념논총간행위원회, 1988.

창적 작품 속성을 지니고 있기 때문인 것이다.

기실 현전하는 고려대 불교계 가전이 출현하던 시기에는 적잖은 강창 작품들이 존재하고 있었다. 그간의 학계의 논의에서 지적되고 있듯이, 우리의 강창 작품은 삼국·통일신라기를 거치면서 형성·발전되었고, 고려조에 이르러서는 그 형태와 양식이 완성되어 성행을 보기에 이른 것으로 추정된다. 『삼국유사』나 『석가여래십지수행기(釋迦如來十地修行記)』, 『안락국태자경(安樂國太子經)』, 『목련경(目連經)』 등은 그러한 사실을 구체적으로 보여주는 예들이다. 현전하는 고려대의 불교계 가전은 이러한 불교 문원의 흐름 속에서 탄생을 본 작품 유형 중의 하나라 하겠다.

2) 강창적 작품 속성

현전하는 불교계 가전은 불교적 주제·내용과 시문결합·산운교직의 강창 양식을 지니고 있는 작품으로, 이런 점으로 인해 일반 유교계 가전과는 이질적인 작품 면모를 드러내고 있다. 다음에서는 이들 불교계 가전의 주요 특질 중의 하나라 할 수 있는 강창적(講唱的) 작품 속성에 대해 검토하기로 한다.

현전 불교계 가전이 보여주는 강창적 작품 성격은 우선적으로 이들 작품이 취하고 있는 강창 양식에서 찾아 볼 수 있다. 앞에서 살펴보았듯이, 고려대 불교계 가전 작품은 정도의 차이는 있지만 '산문 — 운문 — 산문 — 운문 — 산문 — 운문' 형태의 강창 구조에 의해 작품이 구성되고 있다.

불교계 가전의 본문부는 시(詩)·게(偈)와 문답 형식의 선시(禪詩) 등이 삽입되어 산문과 운문이 연쇄적으로 결합되고 있는 형상을 보이고 있고, 종결부는 시(詩)·송(頌)·가(歌) 형태의 운문으로 마무리하여 전체적인 시문결합(詩文結合)의 과정을 운문으로 끝맺음하고 있다. 이처럼 산문과 운문이 유기적으로 결합된 문체는 강창의 기본 요건으로서, 불교계 가전이 이 같은 강창 구조를 바탕으로 하고 있다는 점은 이들 작품이 기본적으로 강창적 장르 속성과 무관하지 않음을 보여주는 바라 하겠다.

현전하는 고려대 불교계 가전의 강창적 작품 속성은 이들 작품에 삽입되어 있는 운문의 형식을 통해서도 짐작할 수 있다. 현전하는 이들 가전에 삽입된 운문의 가장 보편적인 자수율(字數律)은 7언이다. 이 7언시는 우리의 한시(漢詩)가 취하고 있는 형태 중 양적으로 가장 우세한 운문 형태이기도 하다.49) 그러나 불교계 가전의 작품적 성격이나 특징, 그리고 그들 작품에 삽입되고 있는 운문의 장르적 속성과 내용 등으로 보아, 이들 작품 속에 개입된 찬시(讚詩)·선시(禪詩)·게송(偈頌)·가송(歌頌) 등의 불교 운문은 한시의 형태보다는 불교 경전이나 변문 내의 운문의 형태와 관련성이 짙다고 하겠다.

일반적으로 불교 경전의 운문 형식이 7언 위주임은 주지의 사실인데, 변문의 운문 역시 7언 형식이 가장 보편적인 형태다. 현전하는 불교계 가전 속에 개입되어 있는 불교 운문의 7언 형식은 이들 운문 형식과 동계의 것으로 파악된다. 그리고 불교계 가전 작품에는 이러한 7언 외에도 5언의 형식을 취하고 있는 운문이 적잖이 보인다. 그런데 이 5언 형식도 변문의 운문이 취하고 있는 일반적인 형식이기도 하다.50) 이와 같이 현

---

49) 민병수, 「한문소설의 삽입시에 대하여」, 『한국고전산문연구』, 장덕순선생화갑기념논문집 간행위원회, 동화문화사, 1981, 70면 참조
50) 5언의 운문 형식을 보여주는 변문 작품으로 대표적인 것은 『八相變』, 『維摩詰經講經文』 등을 꼽을 수 있다.

전하는 고려대 불교계 가전 작품에 삽입되어 있는 불교 운문의 형식은 변문의 운문 형식과 일치하는 양상을 보여주는데, 이 점 역시 고려대 불교계 가전이 강창적 작품 속성을 지니고 있음을 보여주는 바라고 하겠다.

고려대 불교계 가전의 강창적 속성을 보여주는 또 하나의 사실은 불교적 덕성이 뛰어난 고승의 영험적 행적을 그리고 있는 이들 작품이 설법(說法)의 소재로 활용될 만한 소지가 충분하다는 점이다. 기실 고승의 신이한 행적을 서사적으로 흥미롭게 풀어내는 승전류의 서사물은 신불 대중의 관심을 끌고, 나아가 그들로부터의 대중적인 환영을 받기에 충분한 설법의 자료다. 설법승(說法僧)들은 대중의 신심(信心)을 고취시키고 그들의 수도정진(修道精進)을 강조하기 위해 그러한 모범을 보인 고승의 생애를 흥미롭게 강설·가창했을 것이며, 그 자리에 모인 청중 신자(信者)는 그 설법을 통해 문학적 감동과 종교적 감명을 받았을 것이다.

그리하여 이들 승전류의 서사물들은 일찍부터 사찰을 중심으로 하여 승려나 신불 문사에 의해 찬성을 보았고, 이를 설법승들은 대중 포교를 위한 설법의 대본(臺本)으로 적극 활용하였던 것이다.[51] 의인적 승전의 작품 면모를 보여주는 불교계 가전은 바로 이러한 전통을 계승하고 있는 작품이라 하겠다.

이들 작품은 의인화의 수법을 이용하여 허구화의 폭을 확장시킴으로써 신불 청중의 호기심을 이끌어 내기에 용이하며, 또한 탈속적이고 심오한 주제의식을 다루면서도 일반 대중에게 친숙한 주변적이고 일상적인 소재를 끌여 들여 문학적으로 형상화하고 있기 때문에 대중 교화에

---

51) 사재동 교수는 승전이 속강적 강경법석의 실상을 제대로 묘사하고 있으며, 그 자체로도 대중 교화를 위한 설법의 대본으로 활용될 수 있는 요건과 작품 면모를 갖추고 있다고 주장한 바 있다.(사재동, 앞의 논문, 180면 참조)

효과적이라는 특징을 지니고 있다. 이러한 작품 특성은 대중 설법의 자료가 지녀야 할 성격과 그대로 부합된다고 보아진다. 이런 이유로 하여 고려대의 불교계 가전은 찬자(撰者)나 또는 제 3자의 설법승에 의해 어떤 계기에 대중 설법의 대본으로 활용되었을 여지가 충분하다 하겠다.

그 경우 이들 불교계 가전은 그 자체가 지닌 산운교직(散韻交織)·시문결합(詩文結合)의 강창적 작품 속성에 따라 산문은 강설되고, 운문은 가창되면서 대중적 흥미와 포교의 효과를 동시에 기할 수 있었을 것으로 보인다. 사실상 이들 작품의 본문부는 선문답적인 구성방식을 취하고 있는데, 이 부분은 곧바로 담선법회(談禪法會)의 한 장면을 연상케 해준다. 본래 강경 법회는 논의문답(論議問答)과 강경(講經)의 전후에 각종 범패(梵唄)와 가창(歌唱)을 적절히 안배하여 그 의식의 절차 자체가 '운문 — 산문 — 운문 —산문 ……' 형태의 강창 구조를 취하고 있다.52) 따라서 불교계 가전의 본문부에서 그리고 있는 선문답적인 장면이 담선법회의 그것과 동궤(同軌)의 것이라고 할 때, 이들 작품은 대중 포교의 현장에서 자연스럽게 강설과 가창의 반복적인 진행으로 설법되어질 수 있는 기본 속성을 지니고 있다 하겠다.

현전하는 불교계 가전 작품에 삽입되어 있는 불교 운문들은 모두 가창하기에 용이한 양식의 시가 작품들이다. 「정시자전」의 종결부에 해당하는 중송적 운문은 그 자체가 가요의 형태이기 때문에 가창의 실상을 그대로 보여준다. 「빙도자전」이나 「죽존자전」의 본문부와 종결부에 삽입된 게송(偈頌), 선시(禪詩), 찬시(讚詩) 등 게송류에 해당하는 불교 운문들도 가창하기에 적합한 시가임은 마찬가지다.

---

52) 황패강, 『신라불교설화의 연구』, 일지사, 1976, 208~210면 참조
　　사재동, 앞의 논문, 168~170면 참조

잘 아는 바와 같이, 게송류의 운문은 이미 불교 경전에서 적극적으로 활용하던 운문 양식으로, 이 경전상의 게송은 원래 가창을 전제로 한 운문인 것이다.53) 이와 같이 「빙도자전」이나 「죽존자전」의 게송류 운문 역시 가창에 용이한 운문인 것이다. 따라서 불교계 가전이 설법의 대본으로 활용될 경우, 작품 속의 불교 운문은 자연스럽게 가창할 수 있었을 것으로 짐작된다.

불교계 가전이 어떤 계기로 인해 대중 교화를 위한 설법의 대본으로 활용되었을 때에는 문학적·연예적 재능이 많은 설법승에 의해 그 서사 내용이 더욱 영험적이고 허구적이며 대중적으로 확대·부연되어졌을 가능성도 완전히 배제할 수는 없다 보아진다. 돈황에서 발견된 자료 중에 고승의 행적을 초록(抄錄)한 「고승전인연(高僧傳因緣)」이 있다. 그런데 이 자료의 서사량은 극히 단편이지만, 이 자료가 실제 대중 설법의 현장에서는 매우 상세하게 강창·실연되었다고 한다.54) 이러한 사실은 불교계 가전이 대본으로 활용되었을 설법의 현장에서도 가능하리라고 보아지기 때문이다.

5. 맺음말

이상에서 본고는 혜심(惠諶)의 「죽존자전」과 「빙도자전」, 그리고 식영암(息影庵)의 「정시자전」 등 현전하는 고려대 불교계 가전의 승전적 작

---

53) 周叔迦, 앞의 논문, 249면 참조
54) 金岡照光, 「關於敦煌本 高僧傳因緣」, 『고전문학』 제7집, 學生書局, 臺灣, 281면 참조

품 면모와 불교 시가의 수용 양상, 그리고 서술방식상의 특징에 대하여 검토해 보았다. 지금까지 논의된 내용을 요약·정리해 보면 다음과 같다.

불교계 가전은 의인화시킨 가물(假物)을 통해 작가가 지향하는 초월적 승려상을 형상화하고, 그의 탈속적인 영웅적 행적을 통해 작가가 추구하는 이상적 종교세계를 그려내고 있는 승전계통의 작품으로, 실전적(實傳的) 승전과 구분하여 의인적(擬人的) 승전이라 할 만하다. 이처럼 불교계 가전은 신라대 이래로 꾸준히 전개되면서 고려대에 이르러 불교 문원(文苑)에 보편화되어 있던 승전 문학의 영향을 받아, 승전 양식을 근간으로 하고 거기에 가전적 표현 기법을 가미·조화시켜 탄생된 것으로 보아진다.

승전 문학의 영향을 받고 있는 고려대 불교계 가전은 일반 유교계 가전과는 작품 속성에서 차이를 드러내고 있다. 일반적인 전문학과 마찬가지로 유교계 가전은 종결부를 산문적인 사평(史評)으로 마무리하고 있다. 그러나 불교계 가전은 이와는 달리 입전 대상을 찬양하는 시가로 종결부를 대신하고 있다. 불교계 가전이 보여주는 이러한 종결부 처리 방식은 『삼국유사』 소재 승전류 서사물의 서술 체재와 유사한 것으로서, 이는 이들 양자간의 친연적 관계를 보여주는 바로 주목할 필요가 있다.

불교계 가전에는 다양한 불교 시가가 수용되고 있다. 불교계 가전에 수용된 불교 운문 중 우선적으로 관심을 끄는 것은 작품의 종결부에 위치한 중송적(重頌的) 성격의 운문이다. 현전 고려대의 불교계 가전은 공히 작품의 마무리를 시가로 처리하고 있는데, 이들 작품의 종결부에는 시(詩)·송(頌)·가(歌) 등 다양한 형식의 종결적 운문이 등장하고 있다. 그런데 이들 종결 운문은 선행 서사 내용을 요약·논평하면서 입전 대상인 죽존자·빙도자·정시자 등의 불교적 덕성을 찬송하는 불교 운문으로서, 『삼국유사』 소재 승전류 서사물의 말미에 개입되고 있는 찬(讚)과 동일한 서사 기능을 지닌 중송적 시가다.

불교계 가전의 본문부에도 불교 시가의 삽입 양상이 보인다. 이들 시가는 「죽존자전」에서 당(唐)의 선사(禪師) 홍각(洪覺)이 지은 일종의 증시(贈詩), 「빙도자전」에서 빙도자가 입적하기 직전 지은 열반게(涅槃偈)다. 불교계 가전은 이런 시(詩)·게(偈)의 삽입을 통해 시문결합(詩文結合)·산운교직(散韻交織)의 문체를 만들어 놓고 있다.

불교계 가전에는 이들 불교 시가 외에도 선시적(禪詩的) 형태의 운문을 수용하고 있기도 하다. 이 선시적 운문은 작품 내에서는 선문답(禪問答) 형태로 등장하고 있다. 그런데 이들 선문답은 단순한 산문적(散文的)인 대화가 아니라 불교적 깨달음을 시적으로 표현하고 있는 선시(禪詩)인 것이다. 불교계 가전은 작품의 본문부를 이런 선시적 문답으로 구성함으로써, 운문적 분위기를 강화하고 나아가 작가가 표방하는 종교적 주제·사상을 효과적으로 표현해 내고 있는 것이다.

고려대 불교계 가전의 서술방식이 지닌 두드러진 특징 중의 하나는 산문과 운문이 유기적으로 연결되면서 완결된 서사 구조를 만들고 있다는 점이다. 그런데 이러한 시문결합(詩文結合)·산운교직(散韻交織)의 문체는 실연될 때에는 산문은 강설되고, 운문은 가창된다. 이러한 강창(講唱)의 양식은 삼국·통일 신라기를 거쳐 고려대에 이르면 활발한 전개를 보았을 것으로 보아지는데, 이러한 당시의 불교 문원의 흐름 속에서 출현한 문학 양식 중의 하나가 불교계 가전으로 짐작된다.

불교계 가전 작품은 정도의 차이는 있지만 대체로 '산문 — 운문 — 산문 — 운문 — 산문 — 운문' 형태의 강창 구조를 취하고 있다. 그리고 그 강창 구조의 한 축을 이루고 있는 운문의 형식은 강창의 원류라 할 수 있는 변문(變文)의 운문 형식과 유사한 모습을 보여준다. 뿐만 아니라 불교계 가전 작품들은 의인적 수법으로 허구화의 폭을 확장시켜 청중의 흥미를 유발시키는데 용이하며, 심오한 주제·사상을 신불 대중에게 친숙한 주변적이고 일상적인 소재를 통해 제시하고 있다. 이런 점에서 불교계 가전 작품들은 대중 교화를 위한 설법(說法)의 대본(臺本)으로 활용될 수 있는 충분한 소지가 있다고 보아지기도 한다. 이런 사실로 미루어 볼 때, 불교계 가전은 강창적 작품 속성을 지니고 있다고 규정지을 수 있겠다.

참고 문헌

김승호, 「승전의 서사체재와 문학성의 검토」, 『한국문학연구』 제10집, 동국대 한국
　　　문화연구소, 1987.

김운학, 『불교문학의 이론』, 일지사, 1981.

김창룡, 『한국가전문학선』, 정음사, 1985.

사재동, 「불교계 서사문학의 연구」, 『어문연구』 제12집, 어문연구회, 1983.

성기옥, 「전의 장르론적 검토」, 『울산어문논집』 제1집, 울산공대 국문과, 1984.

성호경, 「가전체문학의 성격고찰」, 『경남대논문집』 제9집, 1982.

신기형, 「가전체문학논고 (상)」, 『국어국문학』 15, 국어국문학회, 1956.

―――, 「가전체문학논고 (하)」, 『국어국문학』 16, 국어국문학회, 1957.

신혜수, 「가전의 우의성」, 한국학대학원 석사논문, 1982.

양광석, 「가전의 창작동기에 대하여」, 『우리문학연구』, 우리문학연구회, 1981.

이상익, 「가전체 문학론에 대한 비판」, 『국어교육』 14, 한국국어교육연구회, 1968.

이종찬, 「고려선시연구」, 한양대 대학원 박사논문, 1984.

張籌根, 「화청의 문학사적 연구」, 『논문집』 제22집, 경기대, 1988.

정규훈, 「고려 불교 가전고」, 『어문학』 47, 한국어문학회, 1986.

정하영, 「균여전의 전기문학적 성격」, 『한국언어문학』 제20집, 한국언어문학회, 1981.

조동일, 「가전체의 장르규정」, 『장암지헌영선생 화갑기념논총』, 형설출판사, 1971.

―――, 『한국문학사상사시론』, 지식산업사, 1978.

조수학, 「가전연구」, 『어문학』 29, 한국어문학회, 1973.

―――, 「석식영암문학연구」, 『고려시대의 언어와 문학』, 한국어문학회, 1975.

―――, 「전문학연구」, 계명대 대학원 박사논문, 1986.

―――, 『한국의 탁전과 가전』, 영남대 출판부, 1987.

황패강, 『신라불교설화연구』, 일지사, 1976.

邱鎭京, 『돈황변문술론』, 臺灣商務印書舘, 1974.

葉德均,『宋元明 강창문학』, 河洛圖書出版社, 1978.
鄭郁卿,『고승전연구』, 文津出版社, 1987.

『석가여래십지수행기』에 삽입된 시가의 양상과 기능

1. 머리말

잘 아는 바와 같이, 『석가여래십지수행기(釋迦如來十地修行記)』는 불법의 대중적인 포교를 위해 불경(佛經)의 고사(故事)를 쉽고 흥미롭게 변개시킨 작품집이다. 이 작품집은 제1지(地)에서부터 제10지(地)에 이르는 10개의 서사 단편으로 구성되어 있는데, 이 10개의 서사 단편을 통해 석가(釋迦)의 일대기를 그려내고 있는 것이 바로 이 『석가여래십지수행기』다.[1]

원래 십지(十地)란 석가의 보살(菩薩) 시대의 수행단위(修行單位)로써 불전(佛傳) 중에 기술되어 있다.[2] 『석가여래십지수행기』는 이러한 불전(佛

---

[1] 『석가여래십지수행기』의 10개의 서사 단편은 제1지(善色鹿王), 제2지(忍辱太子), 제3지(布施國王), 제4지(捨身太子), 제5지(忍辱仙人), 제6지(善友太子), 제7지(金牛太子), 제8지(善慧童子), 제9지(布施太子), 제10지(悉達太子)다.

[2] 장원규, 「보살십지설의 전개에 대한 고찰」, 『불교학보』 제2집, 동국대 불교문화연구소, 1964 참조

傳)의 십지설(十地說)에 기초하여 석가의 일대기를 서사하고 있는데, 제1
지에서 제9지까지는 석가의 전생 인연담(因緣談)으로 구성해 놓고 있으
며, 마지막 제10지에서는 실달태자(悉達太子)의 영웅적인 일생을 서사하
고 있다. 이처럼 『석가여래십지수행기』는 10개의 서사 단편을 유기적으
로 연결하여 전체적으로 석가전(釋迦傳)이라는 장편적인 서사 구조를 취
하고 있는 것이다.[3)]

이러한 『석가여래십지수행기』가 우리 불교문학사 내지는 서사문학사
에서 차지하는 비중은 적지 않다. 그리하여 그간 학계에서도 이 작품집
에 대한 관심을 보여온 것이 사실이다. 이 작품집 속에 수록되어 있는
서사 단편에 대한 부분적인 논의는 비교적 일찍부터 시작되었고,[4)] 근자
에 이르러서는 이 작품집을 연구 대상으로 하는 보다 종합적인 논의들
이 이루어지고 있다.[5)]

---

3) 사재동, 「불교계 서사문학의 연구」, 『어문연구』 제12집, 어문연구회, 1983, 185면 참조
4) 김태준, 『조선소설사』, 학예사, 1939.
   인권환, 「적성의전 근원설화연구」, 『인문논집』 제8집, 고려대, 1967.
   사재동, 「선우태자전연구」, 『어문연구』 제9집, 어문연구회, 1976.
   ──────, 「금송지전의 유통양상」, 『낙은강전섭선생화갑기념논총』, 창학사, 1992.
   박광수, 「선우태자전승의 계통적 연구」, 『어문연구』 제19집, 어문연구회, 1989.
   최진봉, 「금송지전의 구조와 의미」, 『숭실어문』 제10집, 숭실어문연구회, 1993.
5) 사재동, 「불교계 서사문학의 연구」, 『어문연구』 제12집, 어문연구회, 1983.
   김한춘, 「한국불전문학의 연구」, 『어문연구』 제22집, 어문연구회, 1991.
   김진영, 「불교계 강창문학의 연구」, 충남대 대학원 석사논문, 1992.
   최호석, 「석가여래십지수행기의 소설적 전개」, 고려대 대학원 석사논문, 1993.
   전진아, 「『석가여래십지수행기』의 구성방식」, 『한국고전연구』 제3집, 한국고전연구학
           회, 1997.
   박병동, 「석가여래십지수행기연구」, 충남대 대학원 박사논문, 1998.

　이러한 그간의 연구는『석가여래십지수행기』의 불교문학적인 실체를 드러내고, 또한 이 작품집의 문학사적 위상을 크게 부각시키는데 나름대로 기여한 바 있다. 그러나 이 작품집의 중요성에 비추어 볼 때, 각각의 서사 단편에 대한 개별적인 작품 분석은 물론 이들 단편 전체를 망라하는 총체적인 검토는 앞으로도 계속되어야 할 것으로 보아진다.

　그간의 논의를 통해 구체적으로 밝혀졌듯이,『석가여래십지수행기』에 수록된 서사 단편들은 변문적(變文的) 성격의 서사물들이다. 잘 아는 것처럼 변문은 대중 포교를 위해 불교 경문(經文)을 부연하고 통속화하여 불법(佛法)을 신불 청중에게 전달하던 설법의 대본으로, 이것을 토대로 하여 강설(講說)과 가창(歌唱)을 섞어가며 불법을 쉽고 흥미롭게 풀어 밝히게 된다. 이처럼 변문이 강설과 가창으로 실연되기 때문에, 이것의 문체는 산문과 운문이 유기적으로 연결되는 시문결합(詩文結合)·산운교직(散韻交織)의 특징을 보여주게 된다. 따라서 변문적 작품 속성을 지닌『석가여래십지수행기』의 서사 단편에 시가(詩歌)가 삽입되고 있는 것은 당연한 현상이라 할 수 있다.

　실제로 이 작품집에 수록된 상당수의 서사 단편들은 작품의 서사 구조 내에 시가를 삽입하고 있다.『석가여래십지수행기』의 서사 단편에 시가가 수용되고 있는 구체적인 양상은 어떠하며, 또한 그 시가들은 작품 내에서 어떤 문학적 기능을 수행하고 있는 지를 살펴보고자 하는 것이 본고의 목적이다. 이러한 논의가『석가여래십지수행기』에 수용된 시가의 실체를 보다 분명히 구명하고, 나아가 이 작품집에 수록된 서사 단편의 변문적 속성을 보다 구체적으로 드러내는데 기여하는 바가 있기를 기대한다.

2. 시가의 수용 양상

『석가여래십지수행기』에 들어 있는 10편의 서사 단편 중 시가(詩歌)를 삽입하고 있는 경우는 제1지「선색녹왕(善色鹿王)」, 제3지「보시국왕(布施國王)」, 제7지「금우태자(金牛太子)」, 제9지「보시태자(布施太子)」, 제10지「실달태자(悉達太子)」 등 모두 5편이다.6) 이 5편의 서사 단편에 삽입되어 있는 시가의 수(數)는 총 36수(首)인데, 제1지와 제3지에는 각각 1수씩의 시가가 삽입되어 있고, 제9지에는 8수의 시가가 들어 있으며, 제7지와 제10지에는 각각 13수의 시가가 삽입되어 있다.7) 다음에는 이들 삽입 시가의 유형과 형식의 구체적인 실상에 대해 살펴보기로 한다.

2) 삽입 시가의 유형적 실상

『석가여래십지수행기』에 삽입되어 있는 총 36수의 운문 중 그 대부분은 게(偈)다. 이들 게의 구체적인 실태를 보면 제1지「선색녹왕」에 1수, 제3지「보시국왕」에 1수, 제7지「금우태자」에 7수, 제9지「보시태자」에 8수 그리고 제10지「실달태자」에 13수 등 모두 30수다.8) 이처럼 총 36수의 운문 중 제7지에 삽입되어 있는 6수의 시(詩)를 제외한 나머지 삽입 운문은 모두 게송류(偈頌類)의 운문인 것이다.

---

6) 『석가여래십지수행기』가 상당한 刪削을 당해 축약되었다는 점으로 볼 때, 시가의 삽입이 보이지 않는 일부 서사 단편의 경우도 원형적으로는 시가의 개입이 있었을 것으로 추정해 볼 수도 있겠다.(사재동, 앞의 논문, 185면 참조)
7) 박병동, 앞의 논문, 75면 참조
8) 박병동, 앞의 논문, 75면 참조

　이렇듯 게송류(偈頌類)의 운문은『석가여래십지수행기』에 삽입된 시가의 주종을 이루고 있다. 이 게송류 운문은 이미 경전(經典)에서 적극적으로 활용하던 운문 유형으로, 불교문학의 주요 부류를 형성하기도 한다.9) 이러한 순불교적인 게송류의 운문이 석가의 전생담과 현세담을 통해 그의 영웅적인 일대기를 그려내고 있는『석가여래십지수행기』에 집중적으로 개입되고 있는 것은 당연한 현상이라 하겠다.

　『석가여래십지수행기』의 서사 단편에 삽입된 게송류 운문에 해당하는 작품의 구체적인 예를 들어보기로 한다.

> 만상 가운데에 누가 이 주인이던가,
> 천당과 지옥이 모두 마음뿐이로다.
> 중생이 저절로 윤회 길을 걸음 함이여,
> 죽음이 닥쳐옴에 누가 능히 대신하랴.
> 자식과 어미가 서로 사랑함이여,
> 오늘 아침 모자간에 같이 죽게 되었구나.
> 내가 너를 대신하여 황천길을 걸어볼까,
> 내일 아침 이른 새벽 저 임금을 가 뵈리라.10)

　위의 인용 시는 제1지「선색녹왕」에 삽입되어 있는 무상게(無常偈)다. 각각 무리 오백을 거느리고 있는 선색녹왕(善色鹿王)과 악색녹왕(惡色鹿

---

9) 불교문학은 비유·설화·게송의 3대 장르로 구분되는데, 그중 게송은 불교문학 중 가장 많이 활용되고 있으며, 문학성 역시 가장 우수하다고 할 수 있다.(김운학,『불교문학의 이론』, 일지사, 1981, 70면 참조)

10) 萬像之中誰是主 天堂地獄總心王 衆生自造輪回路 死至頭來誰肯當 母愛兒身兒愛母 今朝子母合雙亡 吾今替汝歸泉路 明朝淸晨見帝王(제1지「선색녹왕」, 번역문은 정서운역해,『佛陀의 十地行蹟』, 명문당, 1978, 14면에서 인용함. 이하『석가여래십지수행기』의 번역문은 이 번역본에 따르며, 인용하는 경우에는 그 인용 면수 만을 밝히기로 함.)

王)이 있었는데, 그들의 사슴 무리 중 한 마리는 매일 금파국왕(金波國王)
의 어찬(御饌)을 위해 희생되어야만 했다. 그러던 어느 날 악색녹왕 무리
중의 사슴이 희생되어야할 순서였는데 그 사슴은 마침 임신한 사슴이었
다. 그 어미 사슴은 악색녹왕에게 새끼를 낳은 후 희생되게 해달라 청하
나 거절당하자, 할 수 없이 선색녹왕을 찾아가 사정한다. 그러자 선색녹
왕은 두 목숨을 구하기 위해 자신이 희생하기로 한다. 이때 그가 읊은
것이 위의 무상게(無常偈)다.

> 이련하(泥蓮河) 안에 금신(金身)을 목욕하시니,
> 한량이 없는 제천이 탄신을 축하 하도다.
> 소 먹이던 두 여자가 유미죽을 드리니,
> 사바세계 곳곳마다 대법륜을 전하도다.[11]

　위에 인용한 게송류의 운문은 제10지 「실달태자」에 삽입되어 있는 찬
불게(讚佛偈)다. 이 「실달태자」는 석가의 일생을 서술한 일종의 불전(佛
傳)으로, 실달태자는 생노병사(生老病死)의 인생고(人生苦)를 목격한후 왕
궁을 나와 수행을 하게 된다. 그리하기를 6년, 실달태자는 마침내 불과
(佛果)를 증득하여 석가가 된다. 이때 길상장자는 석가에게 풀 자리를 드
리고, 소먹이는 두 여인은 우유 죽을 드리며, 사천왕(四天王)은 그를 찬양
하는 게를 지어 바친다. 위의 찬불게(讚佛偈)가 바로 이것이다.

　『석가여래십지수행기』에 삽입되어 있는 운문 중 게송류의 운문보다
는 종교적인 색채가 약화된 양식은 시 계통(詩系統)의 운문이다. 이 시 계
통의 운문은 게송류의 운문이 지닌 전문적인 불교 운문의 틀을 벗어버

---

11) 泥蓮河內浴金身　無量諸天賀誕辰　牧牛二女來獻粥　娑婆世界轉法輪(제10
　　지 「실달태자」, 148면)

림으로써, 문학적인 색채를 더 강하게 지니게 된다. 이 유형의 운문은 제7지 「금우태자」에서만 찾아볼 수 있다. 이 「금우태자」의 서사 단편에는 앞에서 언급했듯이 모두 6수의 시 계통(詩系統) 운문이 삽입되어 있는데, 다음에는 그 중의 하나를 예시해 보기로 한다.

> 털을 덮어쓰고 네 발을 가졌다고,
> 송아지의 그 모양이 더욱 밉다 마소서.
> 남자들이 겉모양만 귀할 것이 무엇이며,
> 여자 역시 교태만이 귀할 것이 없습니다.
> 송아지로 부마됨이 이상하다 마옵소서,
> 금지옥엽 혼인으로 하늘이 정한 배필이로다.
> 좋은 인연 되었을 때 버리기가 어려우니,
> 송아지를 잡지 마십소서 나는 따라 가겠습니다.[12]

「금우태자」에서 보만 부인(普滿夫人)의 아들로 태어난 태자는 수승(殊勝)·정덕(淨德) 두 부인의 시기로 암소에게 먹히게 되어 금송아지의 모습으로 다시 태어나게 된다. 그러나 금송아지가 태자인 줄 알게된 두 부인은 병을 핑계로 금송아지의 간이 자신들의 병에 좋다하여 다시 그를 죽이려 한다. 백정의 도움으로 이 위기를 넘긴 금송아지는 고려국(高麗國)으로 도망하는데, 그곳의 공주가 그를 보고는 혼인하고자 한다. 그러나 부왕(父王)이 허락하지 않자 공주는 금송아지를 부마로 삼을 것을 부왕에게 요청한다. 위의 시는 이때 공주가 부왕에게 지어 올린 7언 율시(律詩)다.

---

12) 莫謂披毛帶四蹄 休言牛兒醜容儀 男兒貌好非爲貴 女子嬌姿未足奇 莫道牛兒招畜類 何須直待嫁金枝 因緣旣就難相捨 願免金牛我向之(제7지 「금우태자」, 73~74면)

이와 같이 『석가여래십지수행기』에 삽입되고 있는 시가의 주류는 경전에서 전형화되고 있는 게송류 운문이다. 『석가여래십지수행기』에서 시가를 삽입하고 있는 서사 단편 중 「금우태자」를 제외한 여타의 경우는 삽입 시가가 모두 이런 게송류의 운문이다. 다만 「금우태자」의 경우에만 시 계통의 운문이 삽입되어 있는데, 이 운문은 게송류 운문에 비해 종교적 성격은 약화되는 대신 문학성이 강화되고 있다.

2) 삽입 시가의 형식적 실상

『석가여래십지수행기』의 서사 단편에 삽입되어 있는 운문의 형식은 제3지 「보시국왕」에 개입되어 있는 돈오게(頓悟偈) 한 수를 제외하고는 모두가 7언(言)의 자수율(字數律)을 보여주고 있다. 이런 점에서 『석가여래십지수행기』에 삽입되어 있는 운문의 보편적인 형식은 7언시임을 알 수 있다.

잘 아는 바와 같이, 불교 경전의 운문이나 또는 불경을 근거로 하지만 포교의 효과를 높이기 위해 경문을 부연하고 그 내용을 통속화시킨 변문의 운문이 취하고 있는 가장 보편적인 형식은 7언시 형태다. 변문의 운문은 7언·6언·5언 등 격식을 문제시하지는 않았으나, 그러나 그 중에서 가장 주도적으로 나타나는 것은 7언시 형태의 운문이었던 것이다.13) 『석가여래십지수행기』의 삽입 시가가 보여주는 7언시 위주의 형식은 이런 불경 내지는 변문의 운문 형식의 영향으로 파악된다. 물론 이 7언시의 형식은 우리의 한시(漢詩)에서도 가장 많은 작품 양을 보여주는

---

13) 김운학, 『신라불교문학연구』, 현암사, 1976, 340면 참조

운문 형태이기도 하다.[14] 그러나 일종의 「석가전」을 지향하고 있는 『석가여래십지수행기』의 작품 속성으로 미루어 볼 때, 이 작품집에 삽입되어 있는 운문의 형식은 한시보다는 당연히 불교 경전이나 변문 내의 운문 형식과 관련성이 짙다고 하겠다. 이러한 삽입 시가의 성격은 더 나아가 이 작품집 자체의 성격이 불경 내지는 변문과 직결되고 있음을 보여주는 바이기도 하다.

『석가여래십지수행기』의 7언시 형식의 삽입 시가는 대체로 7언 4구의 모습이나 7언 8구의 모습을 취하고 있다. 7언 4구의 삽입 시가는 제10지 「실달태자」에 집중적으로 나타나고 있으며, 제7지 「금우태자」와 제9지 「보시태자」에는 7언 8구의 삽입 시가가 압도적으로 많이 나타나고 있다.

> 광음이 황혼하여 멈추기가 어렵거늘,
> 술 생각과 꽃 탐하기 쉴 새가 없었도다.
> 다만 금생 그 뿐이지 후세 일을 누가 알랴,
> 얼른얼른 몰란 결에 흰털이 덮었구나.[15]

위에 인용된 삽입 시가는 제10지 「실달태자」에 개입되고 있는 게(偈)다. 실달태자는 서천국(西天國) 정반왕궁(淨飯王宮)에서 태어나 성장한다. 그는 십 구 세의 나이에 이르렀을 때, 성문 밖을 구경하게 된다. 이때 그는 정거천(淨居天)이 변신한 노인의 모습을 목격하게 된다. 위의 삽입 시가는 실달태자가 노인의 늙음을 보고 이를 탄식하며 7언 4구의 형식으

---

14) 민병수, 「한문소설의 삽입시에 대하여」, 『한국고전산문연구』, 장덕순선생화갑기념논문집 간행위원회, 동화문화사, 1981, 470면 참조

15) 光陰易邁景難留 戀酒貪花色未休 只管今生不顧後 滔滔不覺老臨頭(제10지 「실달태자」, 129면)

로 지어 읊은 게송류 운문이다.

> 오늘 아침 말을 하여 그대에게 알리노니,
> 도를 닦는 마음 공부 이맘 때가 적당하다.
> 수행이 독실한 제 친생자(親生子)도 버림이요,
> 보시가 원만할 제 결발처(結髮妻)를 아낄 손가.
> 소의 수레 급히 따라 불타는 집 떠남이요,
> 마치 연꽃 깨끗하여 뜻글 속에 솟았도다.
> 이와 같은 공부 힘이 물러서지 아니하면,
> 결정코 장래에는 보리도를 이루리다.[16]

제9지「보시태자」는 섬파국(瞻波國)의 수달라(須怛拏) 태자의 보시행(布施行)을 그리고 있는 서사 단편이다. 수달라 태자는 빈민을 구제하기 위해 부왕의 창고에서 금은보화를 다 꺼낸 벌로 처자와 함께 궁궐 밖으로 쫓겨난다. 그의 가족은 산에 들어가 토굴을 만들어 살면서 수행하게 된다. 그러던 중 태자는 처자를 모두 보시하는 공덕(功德)을 행하게 된다. 위에 인용된 삽입 시가는 노인의 모습으로 태자 앞에 나타나 그의 보시심(布施心)을 시험하던 천제석(天帝釋)이 태자의 보시 공덕을 보고 지은 게송으로 형식은 7언 8구의 격식으로 되어 있다.

『석가여래십지수행기』에 삽입된 7언시 형태의 운문은 대부분이 이처럼 구(句)에서는 4구와 8구의 형식을 취하고 있다. 그런데 제7지「금우태자」에는 이런 형태와는 다른 삽입 시가의 모습이 보이기도 하는데, 그것은 7언 20구 형태의 운문이다.

---

16) 今朝留語報君知 養道體心正是時 修行能捨親生子 布施難爲結髮妻 還追牛車離火宅 又如蓮朶出淤泥 如是道心堅不退 當來決定證菩提(제9지「보시태자」, 111～112면)

자식 생각하느라고 깊어 가는 밤도 몰랐구나,
가슴 타서 재가 되고 눈물 흘러 비가 되네.
죽은 고양이를 가져다가 태자 몸을 바꿔치고,
청양산에 상소하여 임금까지 놀라게 하여.
오늘 아침 나에게 벌을 주어 말 방아를 돌리는데,
사람 두어 감시하니 가끔가끔 호령이라.
　　……(중략)……
원하노니 우리 자식 목숨만이라도 붙어 있고,
모진 사람 죄 값 대로 모진 벌을 받으소서.17)

　보만 부인은 태자를 출산하여 수승·정덕 두 부인의 질투를 받게 된다. 수승·정덕 두 부인은 태자를 외양간에 버린 후, 보만 부인이 기형아를 낳았다고 임금에게 거짓 상소한다. 이에 파리국의 임금은 그녀를 말 방앗간에 보내 잠시도 쉬지 않고 일을 하게 하는 형벌을 내린다. 이런 처절한 상황에서 보만 부인은 자신의 신세를 한탄하고, 태자의 생사를 걱정하는 심정을 시로 읊으며 탄식하게 된다. 위에 인용된 삽입 시가가 바로 그것으로 보만 부인의 복받치는 감정과 간절한 소망을 담아 내기 위해 시의 형식은 자연 길게 확산되어 20구 형태를 취하고 있다.
　앞에서 이미 언급한 바 있듯이, 『석가여래십지수행기』의 삽입 시가 중 7언시의 형식에서 벗어난 유일한 예는 제3지「보시국왕」에 들어 있는 돈오게(頓悟偈)로, 이 삽입 게송은 5언시의 형식을 취하고 있다.

　　애착이 있기에 번뇌가 생기고,
　　애착이 있기에 두려움이 생기느니라.

---

17) 憶兒不覺打初更　煩惱悽惶雨淚傾　用死猫兒換太子　清凉轉奏主人驚　今朝
　　罰我常推磨　又被宮人來喝罵　……(中略)……　只願我兒性命存　惡人自有惡
　　人報(제7지「금우태자」, 61～62면)

> 만일 능히 애착을 떠나면 번뇌도 없고,
> 또한 두려움도 없느니라.[18]

보시국왕은 다보국(多寶國)의 왕이다. 그는 선지식(善知識)을 만나면 4구의 돈오게를 구하겠다고 서원(誓願)한다. 그러나 12년이 지나도록 선지식을 만나지 못하던 왕 앞에 어느 날 귀신이 나타나 4구의 게를 설하겠으니 왕후와 태자를 달라고 한다. 이에 왕이 허락하자, 귀신은 왕후와 태자를 먹어 삼킨 후 2구 만을 설한다. 왕이 나머지 2구의 게를 설하길 원하자, 귀신은 왕의 몸을 먹으면 그리 하겠노라고 말한다. 왕이 또한 허락하자, 귀신이 나머지 2구를 설하고는 천제석(天帝釋)으로 변한다. 위에 인용한 4구의 게송이 바로 다보국왕의 보시심(布施心)을 시험하기 위해 천제석이 귀신으로 몸을 바꿔 설한 돈오게로, 5언시의 형식으로 되어 있다.

『석가여래십지수행기』에는 단 1수의 예만 보이는 이 5언시의 운문 역시 변문에서도 발견되는 운문 형식 중의 하나다. 변문에서는 7언시의 형식이 가장 보편적으로 나타나고, 그 다음으로는 7언과 3언이 섞인 형식이 주종을 이루는데 이는 7언시의 개사(改寫)로 보아지며, 그리고 양적으로 많은 편은 아니지만 5언시나 6언시도 보인다.[19] 이런 점으로 보아, 『석가여래십지수행기』에 삽입되고 있는 5언시의 운문도 7언시의 삽입 운문과 마찬가지로 변문과 연관 지워 고려해 볼 수 있겠다.

---

18) 有愛故生惱 有愛故生怖 若能離愛者 無惱亦無怖(제3지 「보시국왕」, 26〜28면)
19) 邱鎭京, 『돈황변문술론』, 臺灣商務印書館, 1974, 76〜83면 참조

3. 삽입 시가의 문학적 기능

현전하는『석가여래십지수행기』의 실상이 원형적 모습보다 축약되어 졌을 가능성을 고려해 볼 수도 있긴 한데, 여하튼 지금 보여주는『석가 여래십지수행기』의 서사 단편 중 시가를 삽입하고 있는 작품은 모두 5 편이다. 이 5편의 서사 단편은 정도의 차이는 있지만 작품 내에 운문을 개입하고 있으며, 이들 삽입 운문은 작품 내에서 중요한 문학적 기능을 발휘하게 된다. 다음에는 이들 삽입 시가가 작품 내에서 담당하고 있는 문학적 기능에 대해 구체적으로 검토해 보기로 한다.

1) 사건 내용의 시적 압축 기능

『석가여래십지수행기』에 삽입되어 있는 시가의 문학적 기능 중 우선 주목되는 것은 서사 사건의 내용을 요약·압축하여 시가화(詩歌化)하고 있는 기능이다.『석가여래십지수행기』속의 삽입 시가가 지닌 이 같은 기능은 이 작품집의 서사 단편들이 변문적 속성의 서사물이기 때문으로 보아진다.

앞에서도 언급한 바와 같이, 변문은 강설(講說)과 가창(歌唱)을 적절하 게 섞어가며 불교 경문을 쉽고 재미있게 풀어나가는 대중적이고 통속적 인 설법의 대본이기 때문에, 그 대본은 산문과 운문의 조합으로 되어 있 다. 그런데 변문이 산문과 운문을 합성하는 방식에는 그 양자가 내용적 인 중복 없이 진행적으로 결합되고 있는 경우도 있지만, 동일한 내용을 담고 있는 산문과 운문을 중복적으로 결합하고 있는 경우도 있다. 이 후자의 합성 방식은 이미 불경의 체재에서 전형화된 방식으로, 불경 중에는 이처럼 산문으로 서술한 내용을 게송으로 중창(重唱)하고 있는 예가 허다하다.[20]

이러한 게송을 중송(重頌)이라 하는데, 대부분의 불경은 긴 분량의 산문 내용을 요약·압축하기 위해 경문(經文)의 중간이나 말미에 그 산문의 내용을 중복 서술하는 중송적 게송을 지니고 있는 것이다.[21] 불경의 서술 체재가 보여주듯, 산설(散說)한 다음에 그 내용을 운문으로 반복하는 이 같은 산문과 운문의 결합 방식은 변문의 산운결합 방식에서도 보편화된 현상이다. 이런 점으로 미루어, 변문적 작품 속성을 지니고 있는 『석가여래십지수행기』의 서사 단편에 산문적 내용의 서사 사건을 요약·압축하는 중송적 시가가 삽입되고 있는 것은 당연한 결과라 하겠다.

기실 서사 사건을 요약·압축하고 있는 삽입 시가는 문체상의 차이만 있을 뿐 그 내용에 있어서는 선행의 서사 사건과 거의 동일하다. 이렇듯 중송적 성격의 삽입 시가는 선행의 사건 진행을 반복적으로 가창하기 때문에 독자·청자의 이해를 보다 용이하게 해줄 수 있다는 기능도 아울러 지니게 된다.[22]

다음에는 삽입 시가가 선행의 서사 사건 내용을 요약·압축하여 중복적으로 시가화하고 있는 구체적인 실례를 제시해 보기로 한다.

> 보만(普滿) 궁중(宮中) 태자 나서,
> 고양이 새끼로 바꾸어 치웠으니 어려움이 어찌 있으랴.
> 천가지 계교에도 몸은 전혀 죽지 않고,

---

20) 關德棟, 「談變文」, 『돈황변문논문록』, 명문서국, 臺北, 218면 참조
21) 周叔迦, 「漫談 變文的 起源」, 『돈황변문논문록』, 명문서국, 臺北, 249면 참조
22) 邱鎭京, 앞의 책, 83면 참조

만가지로 구타하나 목숨만은 남아 있다.
깊은 산에 던졌건만 용호(龍虎)조차 피하더니,
반가웁다 무진 소가 몸채로 삼켰구나.
왕궁의 태자로서 황천에 돌아가니,
보기 싫던 눈의 가시 없어진 것 상쾌하다.[23]

위에서 인용한 시는 제7지 「금우태자」에 삽입되어 있는 7언 율시다. 앞에서도 약간 언급했듯이, 파리국(波利國)의 셋째 왕비인 보만 부인이 태자를 출산하자 수승·정덕 두 왕비는 이를 질투하여 태자와 고양이 새끼를 바꿔치기 한 후, 태자를 죽이려 별 짓을 다한다. 두 왕비는 하인으로 하여금 갓 태어난 태자를 산에 버리게 했으나 호랑이도 태자를 먹으려 하지 않았다. 이 일이 허사로 그치자 두 왕비는 다시 태자를 궁중의 외양간에 버린다. 그러자 사나운 암소가 갓난 태자를 집어 삼켜 버린다. 위에서 인용한 삽입시는 바로 이런 장면을 보면서 수승·정덕 두 부인이 손뼉을 치고 좋아하며 지은 것인데, 이러한 일련의 선행 서사 사건을 고스란히 담아내면서 이를 시적으로 압축해 놓고 있다.

동풍이 문득 불어 왕겁의 봄을 부르니,
오백생(五百生) 중에 혼인 맹세 있었네.
선혜선동(善惠仙童)이 몸을 나투어 오기를,
수없이 여자도 되고 남자도 되었네.
아홉겹의 쇠북을 가볍게 뚫고서,
백만정병을 패군으로 만들었네.
태자가 오늘 아침 부마가 되니,

---

23) 普滿宮中生太子　猫兒換了不爲難　千般巧計身不死　萬種凌遲命也全　送在
　　深山龍虎避　謝天却被惡牛飡　王宮太子歸冥路　且喜怨家離眠前(제7지 「금
　　우태자」, 59～60면)

야수(耶輸)는 원래 꽃파는 사람이라네.24)

위의 게송은 제10지 「실달태자」의 삽입 시가다. 실달태자가 나이 17세가 되었을 때, 비람국(毗藍國)의 왕이 사신을 보내 만일 태자가 아홉 겹으로 된 쇠북을 활로 쏘아 뚫으면 야수(耶輸) 공주를 태자비가 되게 하겠노라고 한다. 이에 실달태자가 꽃피는 봄철, 백마를 높이 타고 비람국에 들어가 아홉 겹의 쇠북을 뚫고 비람국의 부마가 된다. 위의 삽입 시가는 이러한 서사 사건 뒤에 개입되어 있는 게송으로, 선행의 사건 내용을 시적으로 요약·압축하여 반복하고 있다.

이와 같이 『석가여래십지수행기』의 삽입 시가는 선행의 서사 사건 내용을 효과적으로 요약하고, 동시에 시적으로 압축하는 기능을 수행하기도 한다. 이러한 중송적 기능을 하고 있는 삽입 시가는 선행하는 서사 사건과 친연적이고 상보적인 관계에 있다 하겠는데, 내용의 중복적 표현으로 인해 독자의 이해를 보다 용이하게 해줄 수 있다는 이점도 삽입 시가가 갖게 된다.

2) 의사 전달의 기능

『석가여래십지수행기』에 삽입된 운문의 활용 양상 중 가장 일반적인 것은 이들이 작중 인물들 사이에서 대화의 방편으로 이용되고 있다는 점이다. 서사 단편에 등장하고 있는 작중 인물들은 삽입 시가를 통해 의

---

24) 東風擺綻劫前春 五百生中有誓因 善惠仙童來托化 蘇多女子又翻身 九重
鐵鼓輕穿透 百萬精兵作敗軍 太子今朝爲駙馬 耶輸原是賣花人(제10지 「실
달태자」)

사소통을 하는 경우가 많다. 그들은 자신의 생각이나 주장을 상대 인물에게 전달하고자 할 때, 산설적(散說的)인 대화 양식 대신에 운문적(韻文的)인 대화 양식을 이용하고 있기도 한 것이다.

일반적으로 대화가 발화자(發話者)나 수신자(受信者) 사이의 의사 소통에 주된 목적이 있듯이, 대화적 용도의 시가도 이런 기능을 수행하게 된다. 그런데 운문 형태로 개입되고 있는 대화는 산문 형태의 대화보다 극적·서정적인 분위기를 연출하기도 하고, 대화의 설득력을 얻는 데에도 더 효과적으로 작용하게 된다.

대화적 제시에 의해 발화자의 의사를 작중 수신자에게 전달하는 삽입 시가의 구체적인 모습을 살펴보기로 한다.

> 좋은 황궁(皇宮) 버리시고 산중 고초 겪으시니,
> 뜻 가운데 맺힌 보배 희사할 줄 짐작이라.
> 금 은이 보배런들 그게 무슨 좋은 거며,
> 비단 의복 귀타 해도 역시 탐탁치 않을테지.
> 나는 전생 무슨 죄로 자식 인연 닦지 못해,
> 한 쌍 부부 늙고 썩어 일신 고단 한탄이라.
> 특별히 찾아온 뜻 두 남매를 데려 갈까,
> 미심커라 태자께서 쾌히 승락하시리까.25)

위의 게송은 제9지 「보시태자」에서 인용한 삽입 시가로, 보시심이 뛰어난 수달라 태자에게 한 노인이 찾아와 나무도 하고, 물심부름도 시키고자 하니 태자의 두 아이를 달라고 요청하고 있는 대화적 용법의 운문

---

25) 棄了皇宮山野居 知君能捨意中珠 金銀寶貝無心戀 錦繡羅帷沒意圖 前世
不修兒女分 一雙老朽嘆身孤 特來敎化兒和女 未審而今許也無(제9지 「보
시태자」, 95∼96면)

이다. 이러한 게송 형태로 표현된 노인의 보시 요구에 대한 수달라 태자
의 답변 또한 7언 8구의 운문으로 이루어지고 있다.

> 내가 지금 노인 말씀 자세히 듣고 보니,
> 얼른 대답 못하고서 속마음에 걱정이라.
> 사내 자식 딸 자식이 황궁에 있을 적에,
> 백성의 집 보통 아해 많은 고생 비할손가.
> 깊은 산중 들어옴에 세상 시비 잊잖더니,
> 웬 노인이 찾아와서 우리 남매 비노매라.
> 저희 어멈 과일 따다 우연히 돌아 오면,
> 서로서로 의논한 후 데려감이 어떠하오.[26]

수달라 태자는 이 게를 통해, 두 아이를 위해 과일을 따러 산에 올라
간 자기의 처가 돌아오면 상의할 터이니, 그 후에 아이들을 데려가는 것
이 어떠한 지 노인에게 화답(和答)하고 있는 것이다.

> 소첩은 오늘 아침 전하께 아뢰노니,
> 천 가지 다른 물건 기특하다 못하리다.
> 비단옷을 가져다가 나라 사직 못받들며,
> 화초 과일 심어 놓고 임금 위를 이룰손가.
> 천한 몸에 바양으로 성자(聖子)를 품음이여,
> 가을 바람 건듯 불면 금지옥엽 낳을지라.
> 대왕께서 하루 아침 난가(鸞駕)를 돌이키면,
> 나는 정녕 아기 안고 어전(御前)에 바치리다.[27]

---

26) 太子聞聽年老語　出言無答暗思慮　嬌兒嬌女在皇宮　不比庄家曾受苦　自到
　　山中少是非　公公又來覓男女　他娘採果偶然到　同共商量捨得否(제9지「보
　　시태자」, 96～97면)
27) 小姜今朝奏我主　千般巧計未爲奇　錦衣豈用扶皇社　花果焉能壯帝基　賤體
　　妊娠懷聖子　秋來決定降金枝　大王一日回鸞駕　我在御前獻子兒(제7지「금

위에서 인용한 삽입 시가는 제7지 「금우태자(金牛太子)」에서 보만 부인이 읊은 7언 8구의 게송이다. 파리국(波利國)의 왕이 꿈의 계시에 따라 청량산(淸凉山)에서 피서를 하게 되었다. 출발에 앞서 왕은 수승·정덕·보만 세 부인에게 자신이 환궁하는 날 무엇으로 영접하겠느냐고 묻는다. 위의 게송은 이때 보만 부인이 왕의 질문에 대한 대답 형식으로 읊은 것으로, 태자를 낳아 그를 안고 왕을 영접하겠노라고 하였다. 왕은 이 게송을 듣고 무척 기뻐한다.

이와 같이 『석가여래십지수행기』에 삽입되어 있는 시가는 작중 인물들 사이에서 의사 전달을 위한 대화의 방편으로 적극적으로 활용되고 있는 것이다. 이러한 대화적인 용도의 삽입 시가는 작중 발신자의 심리적 상황까지도 담아내면서 의사전달을 하여, 산설적 형태의 대화보다 기능성이 강화된 대화 방식이기도 하다.

3) 심회 표현의 기능

『석가여래십지수행기』 속에 삽입되어 있는 시가는 작중 화자의 내면적인 심회(心懷)를 드러내는 문학적 장치로서 기능하기도 한다. 그리하여 이들 삽입 시가 중에는 자기 입장의 변명, 자탄적인 고백, 간절한 염원의 갈구, 비밀스런 내적 감정의 표출 등 작중 인물의 심리 세계를 담고 있는 예가 적지 않다. 이처럼 이들 삽입 시가가 작중 인물의 내면 세계를 드러내기 때문에 이것은 그 인물의 성격을 부각시켜 주는 문학적 기능도 아울러 지니게 된다. 서사 단편 속에서 이런 문학적 기능을 수행하

우태자」, 55면)

고 있는 삽입 시가는 대체로 작중 발신자에 의한 독백의 형태로 작품 내에 개입되고 있다.

독백적인 방식으로 제시되고 있는 삽입 시가는 상대 인물에 대한 뚜렷한 인식 없이 작중 발신자가 혼자 자신의 심사를 토로한다는 점에서 대화적인 방식으로 제시되는 삽입 시가와 구별된다. 물론 대화적 제시의 삽입 시가나 독백적 제시의 삽입 시가가 그 시가를 통해 화자 자신의 감정이나 사고 그리고 심적 갈등 등을 드러내고 있다는 점에서는 양자간에 기능적으로 일치하는 바가 있는 것도 사실이다. 그러나 독백적인 방식으로 개입되고 있는 삽입 시가는 의사전달을 근간으로 하는 대화적인 방식의 삽입 시가와는 달리 화자의 자기 고백적이고 감탄적인 내용을 드러내기도 하며, 이를 통해 그 인물의 성격 형상화에도 나름대로 기여하기도 한다는 점에서 개성적이다.

이처럼 독백적인 제시 방식에 의해 작중 화자의 내면적 심회를 고백적으로 표출해 내고 있는 삽입 시가의 예를 몇 개 들어보기로 한다.

> 오늘 아침 목숨 살아 길을 향해 떠남이요,
> 눈물은 흘러 비가 되니 온 가슴에 적시는구나.
> 전생에 원한 없으니 피할 곳이 있으리라,
> 이 세상에 태어나면 언제라도 만날거다.
> 두 부인 나를 해치니 일천 가지 고통을 겪고,
> 어미 소가 집어 삼키어 이 몸으로 변했도다.
> 어느 날 운이 열려 높은 자리에 오를 때면,
> 살려 주신 그 은덕을 만 가지로 갚으리라.[28]

---

28) 今朝得命在途中　拔淚悲傷滴下胸　前世寃家難躱避　此生之內却相逢　夫人害我千般苦　牛母呑來在肚中　一日運登尊貴位　公然報德萬千重(제7지「금우태자」, 69～70면)

위의 삽입 시가는 제7지 「금우태자」에서 인용한 것으로, 금우태자가 읊조린 7언 8구의 게송이다. 앞에서 살펴본 바 있듯이, 파리국(波利國)의 태자는 태어나면서 곧바로 수승(殊勝)·정덕(淨德) 두 부인의 계책에 의해 암소에게 잡아 먹혀 금송아지의 모습으로 다시 태어나게 된다. 그 후에 금송아지는 또 다시 그 두 부인의 음해를 입어, 그 두 부인의 거짓 병을 고친다는 구실 하에 죽임을 당하기에 이른다. 이 같은 위급한 상황에서 백정의 도움으로 겨우 목숨을 구한 금송아지 모양을 한 태자는 밤중에 몰래 몸을 피하게 된다. 위에 인용한 삽입 시가는 이때 길을 떠나면서 금우태자가 슬픔을 억제치 못하고 지어 읊은 게송이다. 금우태자는 이 삽입 게송을 통해 자신의 처참한 신세를 하소연하고, 동시에 백정의 은혜에 꼭 보답하겠다는 기원을 고백적으로 토로하고 있다.

> 이번 일을 생각함에 그 무엇이 목적인가,
> 우리 임금 한편으로 나쁜 뜻이 많을새라.
> 하루 아침 보만이가 태자를 낳게 되면,
> 고양이 새끼를 바꾸어 치고 예리한 칼로 죽이어서.
> 성문밖에 사람 보내 멀리멀리 버릴 적에,
> 깊은 산에 집어 던져 호랑이로 먹게 하리.
> 임금 행차 우연히도 궁궐에 오시면,
> 보만을 데려다가 모진 형벌 베풀 테지.29)

제7지 「금우태자」에서 인용한 위의 삽입 시가는 수승 부인이 지어 읊은 7언 8구의 운문이다. 수승(殊勝) 부인은 보만(普滿) 부인이 태자를 출산

---

29) 思量這件事如何 我主偏心惡意多 普滿一朝生太子 猫兒換却利刀搓 令人
    送出皇門去 盍在深山狼虎拖 御駕偶然回鳳闕 必將普滿上干戈(제7지 「금
    우태자」, 57~58면)

하면 왕이 그녀를 정궁왕후(正宮王后)로 삼을 것을 시기한다. 그리하여 수승 부인은 보만 부인이 태자를 낳으면 태자와 껍질 벗긴 고양이를 바꿔치기 하라고 산파(産婆)를 재물로 매수한다. 산파가 이 청을 받아들이자, 수승 부인은 기뻐하며 그 사악한 감정을 그대로 시적으로 표현해 낸다. 위에 제시한 삽입 시가가 바로 그 실체로, 자신의 사심(邪心)을 채우기 위해 어린 생명을 죽이는 것을 아무런 죄의식 없이 행하고 이를 기뻐 노래하는 그녀의 음성을 통해 그 인물의 간악성이 여지없이 드러나고 있다.

이처럼『석가여래십지수행기』에 삽입되어 있는 시가는 작중 화자의 심리적인 내면 세계를 표면화하는 언술적 장치로서 기능하기도 하는 것이다. 이러한 독백적인 방식의 삽입 시가는 대화적인 방식의 그것보다 작중 인물의 심리적 상황과 갈등적 감정 등을 드러내는데 효과적인 장치다. 따라서 이러한 삽입 시가는 작중 인물의 내적 고백을 통해 그 인물의 개성적 성격을 형상화하는 데에 있어서도 적잖은 기여를 하기도 한다.

또한 이 독백적 방식으로 제시되고 있는 삽입 시가는 화자의 속내를 그대로 드러내는 수단으로서, 화자 자신의 참담한 처지에 대한 자탄적(自歎的)인 고백뿐만 아니라, 자신의 염원을 드러내는 기원적 언술 장치로서의 역할을 수행하기도 하는 등 기능성이 풍부하다.

4) 사건 전개의 기능

『석가여래십지수행기』에 개입되어 있는 시가의 문학적 기능 중 빼놓을 수 없는 것은 이들 삽입 시가가 서사 구조의 적재 적소에 위치하여 사건 진행과정에서 중요한 기능을 담당하기도 한다는 점이다. 기실 이들 삽입 시가는 단순한 장식적인 장치로 작품 내에 존재하는 것이 아니라, 서사 사건의 전개에 필요한 구성 요소로 작용하기도 하는 것이다. 다음에는 이들 삽입 시가가 사건 전개적 기능을 발휘하고 있는 몇 개의 구체적인 실례를 살펴보기로 한다.

> 동풍이 슬슬 불어 봄소식을 전함이여,
> 꽃 피고 열매 맺어 왕겁이면 분명하리라.
> 고려국의 공주가 부마를 선택할 때,
> 금송아지 오늘날에 혼인 언약 맺게 되리라.[30)

위의 삽입 시가는 제7지「금우태자」에서 인용한 것이다. 수승·정덕 두 부인의 악행으로 인해 거듭되는 위기 상황을 모면한 금우태자는 길을 방황하다가 한 노인을 만나 고려국에 이르게 된다. 이때 공중에서 종이 한 장이 금송아지 등에 떨어지는데, 그 종이에는 7언 4구의 시가 적혀 있었다. 위에 인용한 삽입 시가가 바로 그것이다. 이 시의 내용처럼 금송아지는 고려국의 공주와 혼인하게 된다. 이처럼 위의 삽입 시가는 금우태자가 고려국의 공주와 혼인을 이루는 결연 사건에 끼어 들어 그 혼인의 예정성과 신이성을 부각시키며, 동시에 그 혼인의 성사를 암시하는 등 사건 진행 과정에서 자신에게 부여된 소기의 역할을 수행하고 있다.

---

30) 東君鼓動劫前春 廣大由來各有因 高麗國中招駙馬 金牛時下必成親(제7지「금우태자」, 71면)

> 나는 오늘 성심으로 산군에게 알리노니,
> 어쩌자고 길을 막아 일색이 저물었오
> 일찌감치 일어나서 바구니를 옆에 끼고,
> 과일 따서 돌아오나 날 저물어 어이 가리.
> 토굴 속에 앉은 태자 웬일인가 놀랠거요,
> 한 쌍 남매 배가 고파 그 정성이 가련하다.
> 바라건대 산군께서 길을 열어 주옵시고,
> 모진 발톱 베풀어서 공포심을 돕지 마소[31]

『석가여래십지수행기』의 제9지 「보시태자」는 보시행(布施行)이 뛰어난 섬파국(瞻波國)의 수달라(須怛拏) 태자의 행적을 서사한 작품이다. 그가 궁궐에서 나와 산중의 토굴(土窟) 속에서 수행을 할 때, 노인의 요구에 두 자녀를 보시하게 된다. 제석(帝釋)은 이 사실을 태자의 처 만제 부인(曼提夫人)이 알면 자녀의 보시를 극구 반대하여 보시 공덕에 대한 태자의 서원(誓願)이 어그러질까 염려한다. 그리하여 제석은 호랑이의 몸으로 변해 부인이 산에서 과일을 따서 토굴로 돌아오는 길목을 지키고 있다가 그녀의 앞길을 가로막는다. 위에서 인용한 삽입 시가는 이때 만제 부인이 길을 열어 달라고 호랑이에게 빌며 읊은 7언 8구의 게송이다.

이 게송을 듣고 호랑이는 가로막았던 길을 열어주게 된다. 그리하여 만제 부인은 호랑이를 피해 무사히 토굴로 돌아오게 되고, 태자의 보시로 인해 자녀들이 없어진 사실을 확인하게 된다. 이에 그녀는 노인이 간 길을 바로 뒤쫓아가서 끌려가고 있는 자녀를 만나게 된다. 이처럼 위의 삽입 게는 위기적인 작중 사건 속에 끼어 들어 사건 전개를 이끌어 가기

---

31) 夫人禱告獸王知 攔路當前日向西 早起提藍來採果 回來日暮未曾歸 庵中
太子生驚怪 一對嬌兒忍飢餓 伏望獸王放過路 忽施瓜牙逞綱維(제9지 「보
시태자」, 102~103면)

위한 구성적인 장치로 활용되고 있는 것이다.

삽입 시가가 작품 내에 개입하여 사건 전개에 결정적인 영향력을 발휘하고 있는 경우는 제3지 「보시국왕」에서 찾아볼 수 있다. 이 삽입 시가는 이미 앞에서 인용·소개한 바 있는 돈오게(頓悟偈)다. 이 돈오게는 5언 4구로 된 게송인데, 이런 5언 4구의 총체적 모습으로 작품 내에 개입되어 있지 않고, 전반(前半) 2구와 후반(後半) 2구의 형태로 분리된 채 삽입되어 있다.

선지식(善知識)을 만나 4구의 돈오게를 듣고자 서원한 다보국(多寶國)의 왕의 보리심(菩提心)을 시험하기 위해 천제석(天帝釋)이 귀신의 모습으로 나타난다. 귀신 모습의 천제석은 게를 설할 테니 황후와 태자의 몸을 보시하라고 한다. 이에 왕이 허락하자 귀신은 황후와 태자를 집어삼키고, 전반 2구만을 설한다. 왕이 후반 2구를 마저 설할 것을 부탁하자, 귀신은 왕의 몸을 보시할 것을 요구한다. 후반 2구는 왕이 이 요구에 응했을 때 설해진다.

이와 같이 제3지 「보시국왕」의 서사 사건은 전반 2구와 후반 2구로 양분되어 삽입되어 있는 돈오게를 중심 축으로 하여 긴밀하게 전개되고 있다. 이렇듯 이 돈오게는 사건 전개에 긴장감과 호기심을 부여하는 흥미 요소일 뿐만 아니라, 작중의 갈등적 사건을 야기하고 그것을 더욱 증폭시켜 주는 구성적 장치인 것이다.[32]

이상에서 살펴본 것처럼, 『석가여래십지수행기』에 삽입된 시가는 서사 사건의 진행을 효율적으로 이끌어 가기 위한 구성적 장치로서 작품 내에서 작용하기도 하는 것이다. 이처럼 이들 삽입 시가가 작중 사건을 긴장감 있게 전개시키기도 하고, 또한 갈등적 상황을 해소해 주기도 하

---

32) 박병동, 앞의 논문, 87~91면 참조

는 등 작품 내에서 서사적 기능을 수행하고 있다는 사실은 주목할 만한
부분이라 하겠다.

5) 분위기 조성의 기능

『석가여래십지수행기』에 삽입된 시가가 지닌 기능 중에는 작중 분위
기를 조성하고, 그것을 고조시켜 작품 구성에 기여하는 기능도 있다.
『석가여래십지수행기』의 삽입 시가는 시가(詩歌)로서의 서정성과 게송
(偈頌)으로서의 종교성을 함유하고 있다. 삽입 시가는 이 서정성으로 인
해 작중 분위기를 정서적 분위기로 연출해 내기도 하고, 또한 그것이 지
닌 불교성으로 하여 삽입 시가는 작중의 상황을 엄숙하고 경건한 종교
적 분위기로 변화시키기도 하며, 이 양자가 중첩되면서 긴장감 도는 분
위기를 연출해 내기도 한다.

다음에는 이처럼 작품 내에서 분위기 조성을 위한 문학적 장치의 역
할을 수행하고 있는 삽입 시가의 예를 들어 보기로 한다.

> 아버지께 아뢰노니 저희 말씀 들으세요,
> 이 산중에 들어와서 그 고생이 얼마인지.
> 불쌍하신 어머니는 우리 배고 열 달 고생,
> 출생한 후 삼 년까지 젖을 먹여 애썼도다.
> 여자라고 생겨나서 모친 은혜 갚았으며,
> 남자 역시 오늘까지 모친 은공 갚았으리.
> 잠깐동안 기다리면 우리 엄마 오실 텐데,
> 어찌하여 우리들을 가라고만 하십니까.33)

---

33) 上告父親聽我語　山中受了悽惶苦　阿孃十月懷耽胎　生下三年並乳哺　女子

위의 삽입 시가는 제9지 「보시태자」에 들어 있는 7언 8구의 게송이다. 산중에서 수행하고 있는 수달라 태자에게 한 노인이 찾아와 두 자녀를 보시하라고 하자, 태자가 보시행을 이루기 위해 이를 허락하고 자녀들에게 노인을 따라 가라고 한다. 그러자 두 아이는 태자의 옷자락을 더욱 세게 붙잡고 통곡하며 애원하기를, 허기를 채우기 위해 산 속으로 과일을 따러간 어머니가 오시면 우리를 찾으실 텐데 어찌하여 보내려 하시느냐고 울부짖는다. 불과(佛果)를 이루고자 하는 수달라 태자의 굳은 의지에 담긴 종교적인 엄숙함과, 부모 곁을 떠날 수 없다고 울부짖는 아이들이 보여주는 인간적인 처절함이 중첩되면서 묘한 분위기를 연출해 낸다.

이 같은 상황은 다음의 예에서도 동일하게 연출되고 있다.

　　　태자께서 얼굴 들어 나의 말을 자세 듣소,
　　　어찌하여 오늘 나는 생각이란 그 뿐이요
　　　끝이 없는 보리도를 구하겠다 칭탁하고,
　　　제 아내를 버리어서 이별만을 일삼을가.
　　　세상 인정 모르기는 임자 밖에 없으리라,
　　　살아 있는 내외로서 별거한 것만 원이던가.
　　　이 산중에 죽어져서 고혼이 될지언정,
　　　어찌 참아 이별하고 이 늙은이 따라갈가.34)

위의 삽입 시가 역시 제9지 「보시태자」에서 인용한 7언 8구의 게송이

未酬悲母恩　男兒豈報親慈父　暫時等待我娘來　怎肯將吾便捨去(제9지 「보시태자」, 99～100면)

34) 太子擡眸聽告訴　如何今日只胡做　爲求無上菩提因　却把妻娥別丈夫　世上無恩是你身　鴛鴦當下各分離　山中寧死作孤魂　怎肯隨他老者去(제9지 「보시태자」, 108～109면)

다. 이 게송을 지어 읊은 작중 인물은 수달라 태자의 아내인 만제 부인 (曼提夫人)이다. 위에서 살폈듯이 수달라 태자가 두 자녀를 보시한 후에, 천제석(天帝釋)은 태자를 시험하기 위해 노인으로 변신하여 태자 앞에 나타난다. 그리고는 그에게 아내를 보시할 것을 요구한다. 태자는 이 요구를 받아들이고, 아내인 만제 부인에게 노인을 따라 가라고 한다. 위의 삽입 게송은 이때 만제 부인이 성을 내고 하소연하면서 부르짖은 것이다. 이러한 장면에 끼어 들어 있는 이 게송은 세속적 비극성과 종교적 청정심(淸淨心) 사이에서 긴장감 있고 갈등적인 분위기를 연출해 내는데 효과적으로 작용한다.

> 이 몸은 진흙 따르고 혈기는 바람 따라,
> 한 조각 굳은 가죽 피고름을 가렸도다.
> 사대육근(四大六根) 본 고향에 돌아가면,
> 그 가운데 뉘를 불러 주인공이라 할까.35)

위에 인용한 삽입 시가는 제10지 「실달태자」에 개입되어 있는 4구게 (四句偈)다. 세상의 애욕에 전혀 물들지 않은 실달태자는 나이 19세에 이르러 성 밖 구경을 하게 된다. 이때 그는 생노병사(生老病死)의 인생고를 목격하게 되고, 윤회를 면하고자 도를 닦기 위해 궁궐을 나서게 된다. 위의 삽입 게송은 실달태자가 궁 밖에서 시신(屍身)을 놓고 사람들이 통곡하는 장면을 목격하고 울며 읊조린 4구게다. 죽음이란 인생고를 앞에 놓고 깨달음을 구하고자 읊은 이 삽입 시가는 작중 상황을 엄숙하고 비장한 종교적인 분위기로 유도한다.

---

35) 身隨泥土氣隨風　一片頑皮裏臭膿　四大六根歸故里　箇中誰是主人公(제10지 「실달태자」, 133∼134면)

4. 맺음말

　이상에서 본고는 『석가여래십지수행기』에 시가가 수용되고 있는 양상과 그것이 서사 단편 내에서 수행하고 있는 다양한 문학적 기능에 대해 검토해 보았다. 지금까지 논의된 내용을 요약·정리하여 결론을 삼고자 한다.

　『석가여래십지수행기』에는 총 36수의 운문이 삽입되어 있다. 이 중 6수의 시가류(詩歌類) 운문을 제외한 나머지 30수의 삽입 시가는 게송류(偈頌類)의 운문이다. 이처럼 『석가여래십지수행기』에 삽입된 운문의 주종을 이루는 것은 게송류의 운문이다. 이 게송류의 운문은 이미 불교 경전에서 전형화된 운문 양식으로 일종의 「석가전(釋迦傳)」을 표방하고 있는 『석가여래십지수행기』에 불경의 대표적인 운문 양식인 게송류 운문이 집중적으로 개입되고 있음은 당연한 결과라 하겠다.

　『석가여래십지수행기』에 삽입된 운문은 5언시 형태를 취하고 있는 1수의 삽입 시가를 제외하고는 35수 모두가 7언시의 형태를 보여주고 있다. 이 7언시 형태의 운문 형식은 우리의 한시(漢詩)에서도 양적으로 가장 풍부한 양상을 보여주기는 하지만, 변문(變文)의 운문이 취하고 있는 가장 보편적인 형식이기도 하다. 그런데 『석가여래십지수행기』의 7언시의 형식은 이 작품집의 변문적 속성으로 미루어 불경 내지는 변문의 운문 형식과 친연적 관계에 있는 것으로 보는 것이 타당하리라 보아진다.

　『석가여래십지수행기』 속에 삽입되어 있는 운문은 단순한 장식물로 작품 내에 존재하는 것이 아니다. 이들은 서사 단편 속에 끼어 들어 작품 구성을 위해 다양한 기능을 수행하는 문학적인 장치인 것이다.

　『석가여래십지수행기』의 서사 단편 속에 삽입되어 있는 운문이 지닌 문학적인 기능 중 우선 주목되는 것은 이들 운문 중에는 앞서 전개된 서사 사건의 내용을 시적(詩的)으로 요약·압축하고 있는 경우가 적지 않다는 점이다. 이처럼 선행 서사 사건의 내용을 중복하여 운문화(韻文化)한 형태는 이미 불경의 중송적(重頌的) 게송에서 찾아볼 수 있다. 『석가여래십지수행기』의 삽입 게송 역시 작품 내에서 이 같은 중송적 기능을 담당하기도 하는데, 산설(散說)한 내용을 중복함으로써 독자의 이해를 용이하게 해줄 수 있다는 문학적 효과도 기대할 수 있다.

『석가여래십지수행기』에 삽입되어 있는 운문은 작중 인물들의 의사 소통을 위한 대화의 수단으로 작품 내에서 적극 활용되고 있다. 이러한 기능의 삽입 시가는 작중 화자의 심리적 상황까지를 작중 수신자에게 전달하면서 설득력을 높이기도 하고, 대화의 분위기를 서정적이고 극적인 상황으로 연출해 내기도 한다. 이처럼 삽입 시가를 통한 대화는 산설적인 대화보다 작품 내에서 기능성이 확대된 대화의 방식이라 하겠다.

삽입 시가가 『석가여래십지수행기』의 서사 단편 내에서 담당하는 또 다른 기능은 이것들이 작중 화자의 내면적 심회를 표현하여 그 인물의 성격을 부각시키는데 일조를 하기도 한다는 점이다. 이러한 기능을 하는 삽입 시가는 대체로 독백의 형태로 작품 내에 개입되어 작중 화자의 개인적 입장의 변명, 자탄적 고백, 염원의 갈구, 비밀스런 내적 감정의 표출 등의 기능을 수행한다.

삽입 시가가 『석가여래십지수행기』의 서사 단편에서 담당하는 기능 중에는 서사 사건의 진행과 관련된 것도 있다. 삽입 시가 중에는 서사 구조의 적재 적소에 개입하여 서사 사건의 전개를 효율적으로 이끄는 매체로 작용하기도 하며, 갈등적 상황을 해소해 주는 수단으로 활용되기도 한다. 이처럼 삽입 시가는 작품 내에서 사건 전개적인 기능도 발휘하고 있는 것이다.

『석가여래십지수행기』에 삽입된 운문은 작중 분위기를 연출하는데 일조를 담당하기도 한다. 『석가여래십지수행기』의 삽입 시가는 시가로서의 서정성과 게송으로서의 종교성을 공유하고 있는데, 이러한 성격을 통해 작중 분위기를 정서적 분위기로 이끌기도 하고, 엄숙하고 비장감 있는 종교적인 분위기로 유도하기도 한다.

이와 같이 『석가여래십지수행기』에 끼어 들어 있는 삽입 시가는 작품 구성을 위한 주요한 기능을 발휘하고 있다. 이런 점에서 이들 삽입 시가에 대한 논의는 앞으로 보다 본격화될 필요가 있다고 보아진다.

참고 문헌

김운학, 『신라불교문학연구』, 현암사, 1976.

──, 『불교문학의 이론』, 일지사, 1981.

박병동, 「석가여래십지수행기연구」, 충남대 대학원 박사논문, 1998.

사재동, 「불교계 서사문학의 연구」, 『어문연구』 제12집, 어문연구회, 1983.

인권환, 「적성의견 3연구」, 『인문논집』 제8집, 고려대, 1967.

장원규, 「보살십지설의 전개에 대한 고찰」, 『불교학보』 제2집, 동국대 불교문화연
　　　구소, 1964.

전진아, 「「석가여래십지수행기」의 구성방식」, 『한국고전연구』 제3집, 한국고전연
　　　구학회, 1997.

최호석, 「석가여래십지수행기의 소설적 전개」, 고려대 대학원 석사논문, 1993.

邱鎭京, 『돈황변문술론』, 臺灣 商務印書館, 1974.

葉德均, 『宋元明 강창문학』, 河洛圖書出版社, 1978.

찾아보기

ㅈ

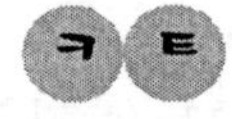

■ **경일남**

· 충남대학교 국어국문학과 졸업
· 충남대학교 대학원 수료(문학박사)
· 청주대 · 목원대 · 배재대 강사 역임
· 현재 충남대학교 국어국문학과 교수

【주요논문】
· 「부설전」의 인물대립 의미와 작가의식
· 「만복사저포기」의 구조와 의미
· 「만강홍」의 공간구조와 작가의식
· 「숙향전」의 고난양상과 결연의미 외 다수

고전소설과 삽입
문예 양식

인 쇄   2002년 12월 16일
발 행   2002년 12월 23일
지은이   경 일 남
펴낸이   이 대 현
편 집   이은희 · 안현진 · 조유미 · 박진희
펴낸곳   도서출판 역락 / 서울 성동구 성수2가 3동 301-80
         (주)지시코 별관 3층(우133-835)
Tel 대표 · 영업 3409-2058 편집부 3409-2060 FAX 3409-2059
E-mail yk3888@kornet.net / youkrack@hanmail.net
등 록   1999년 4월 19일 제2-2803호
ISBN 89-5556-187-3-93710

가격 12,000원

*잘못된 책은 교환해 드립니다.